기독교적 회심의
해석과 실천

기독교적 회심의 해석과 실천

Copyright ⓒ 새세대 2023

초판 발행 2023년 2월 12일

지은이 　 김선일
펴낸곳 　 도서출판 새세대
발행인 　 곽요셉
이메일 　 churchgrowth@hanmail.net
홈페이지 www.newgenacademy.org
출판등록 2009년 12월 18일 제20009-000055호
주소 　　경기도 성남시 분당구 정자동 210-1
전화 　　031)761-0338 팩스 031)761-1340

이 출판물은 저작권법에 의해 보호를 받는 저작물이므로
무단 전재와 무단 복제를 할 수 없습니다.

ISBN 979-11-88604-12-8 (93230)

잘못된 책은 구입처에서 교환해 드립니다.
책값은 뒤표지에 있습니다.

이 저서는 2018년 대한민국 교육부와 한국연구재단의 지원을 받아 수행된 연구임
(NRF-2018S1A6A4A01036242)

기독교적 회심의
해석과 실천

김선일 지음

도서
출판 새세대

목차

■ 서론 · 8

1부 회심의 해석학

1장 종교적 체험으로서의 회심 · 15
1. 회심(conversion)이란? · 15
2. 윌리엄 제임스의 회심 이해 · 18

2장 회심의 유형론 · 35
1. 제임스의 종교 체험 유형 · 35
2. 루이스 램보의 회심 유형 · 46
3. 헨리 호렌의 회심 경력 이론 · 48

기독교적 회심의
해석과 실천

| 3장 | **회심의 과정 이해** (루이스 램보의 이론을 중심으로) · 57

    1. 상황(Context)의 단계 · 58
    2. 위기(Crisis)의 단계 · 70
    3. 탐구(Quest)의 단계 · 78
    4. 대면(Encounter)의 단계 · 83
    5. 상호작용(Interaction)의 단계 · 98
    6. 헌신(Commitment)의 단계 · 110
    7. 결과(Consequence)의 단계 · 118

| 4장 | **회심의 사회학적 이해** · 122

    1. 종교 선택의 합리성 · 123
    2. 종교 선택과 사회적 자본(social capital) · 125
    3. 사회적 자본과 대규모 회심(mass conversion) · 138
    4. 종교집단의 역동성과 종교경제론 · 142

2부 회심의 신학적 서술

|5장| 기독독교적 회심에 대한 신학적 탐구 · 159
1. 신학적 용어로서의 회심 · 159
2. 회심의 성경적 전거 · 170
3. 신약의 회심 단계 · 179

|6장| 신약성경의 회심 내러티브 · 189
1. 예수께 나아오는 회심 · 189
2. 예수의 회심 사역과 상황 · 191
3. 예수의 회심 사역과 위기 · 196
4. 예수의 회심 사역과 탐구 · 198
5. 예수의 회심 사역과 대면: · 200
   하나님 나라의 옹호자(advocate)이신 예수
6. 예수의 회심 사역과 상호 교류 · 203
7. 예수의 회심 사역과 헌신 · 205
8. 예수의 회심 사역과 결과 · 207
9. 바울의 회심 내러티브 · 209

기독교적 회심의
해석과 실천

| 7장 | 회심의 신학적 전통과 구성　　　　　· 222
　　1. 기독교 전통에서의 회심　　　　　　· 222
　　2. 회심의 신학적 구성요소들　　　　　· 231

| 8장 | 회심의 실천적 영역들　　　　　　　· 252
　　1. 회심과 신앙성장론　　　　　　　　· 252
　　2. 회심과 신앙 감정론　　　　　　　　· 257
　　3. 회심과 복음전도　　　　　　　　　· 263
　　4. 회심과 기독교 윤리　　　　　　　　· 277

| 9장 | 회심과 타문화 선교　　　　　　　　· 281
　　1. 세계화 시대의 종교적 회심　　　　　· 281
　　2. 세계 기독교운동과 회심 이해　　　　· 283
　　3. 회심 과정의 도식화　　　　　　　　· 286
　　4. 경계집합 vs. 중심집합　　　　　　　· 289
　　5. 회심과 세계관　　　　　　　　　　· 293

　■ 결론 · 297
　■ 참고문헌 · 300

서론

인간만이 갖고 있는 중요하고 유일한 특징 가운데 하나는 변화라고 할 수 있다. 물론 동물들도 환경에 따라 변한다. 하지만 그것은 의지적, 주체적 변화가 아닌 환경에 적응하는 것이다. 인간은 성격 뿐 아니라, 삶의 목표와 가치관, 행동양식 등에서 계속 변화를 겪게 된다. 변화의 양태와 차이는 있을지언정, 대부분의 사람들은 변화를 추구하며 실제로 변화를 경험한다. 종교에 귀의하는 과정인 회심은 인생에서 가장 중대한 변화 가운데 하나다. 기독교는 그 어느 종교보다 더욱 강력하고 열정적으로 회심을 추구한다. 따라서 기독교적 회심에 대한 연구는 우선적으로 전도와 선교의 영역에서 주된 관심사다.

그러나 회심은 전도와 선교의 주제에만 국한되지 않는다. 또한 기독교 신학을 넘어서 다른 학문 분야(주로 종교심리학과 종교사회학)들에서도 다루는 보편적인 주제다. 여러 학문 분야들의 통찰과 조우한다는 점에서 융합적이다. 회심 자체가 종교적 변화의 현상이기 때문에 기독교에 고유한 주제가 아니라는 것은 당연하고, 회심을 이해하는 데에는 신학적 작업 뿐 아니라, 내면의 변화를 이해하는 심리적 연구, 사회적 상황과 관계라는 측면에서 접근하는 사회적 연구, 그리고 각 문화에 따른 차이에 주목하는 인류학적 연구가 수반된다.

회심은 종교적 체험을 통한 변화를 가리키는 말이다. 다문화, 다종교 현상이 심화되는 오늘날의 상황에서 종교적 회심이나 변화에 관한 논의는 더욱 중요해진다. 종교의 정체성에 관한 이해는 그 종교에 귀의하게 되는 과정과 실체에 대한 이해를 수반할 수밖에 없다. 세계 종교들 속에서 기독교가 공적인 책임과 기여를 감당하기 위해서는 기독교 신앙이 요구하는 삶의 형성(formation)과 변화(transformation)에 대한 공정한 이해를 정립해야만 한다. 다원화되어가는 세상 속에서 기독교를 다른 종교들의 획일화된 대열 속에 동화시키는 것이 아니라, 기독교 신앙의 귀의 과정과 내용에 대한 고유한 이해를 통해 기독교의 독특성과 역할을 파악하는 일이 선행되어야 할 것이다.

회심은 개인의 인생 뿐 아니라 그 변화의 궤적에 들어선 이들의 삶 또한 역사적으로 변화시킨다. 회심은 그러한 측면에서 개인의 종교적 체험에 머무르지 않고, 공적, 사회적 변혁의 물꼬를 트기도 한다. 실제로 기독교 역사에서 회심은 거대한 변화를 일으키는 추동력의 출발점이었다. 중대한 종교적 체험으로서 회심은 종교의 본질을 재고하는 계기가 되며, 종교가 새롭게 되며 다시 부흥할 수 있는 역량을 축적한다. 내적으로 충만하며 일관된 회심을 추구하는 종교는 회심을 통한 견고한 성장을 유발할 수 있다. 이 책은 종교적 회심의 실천신학적 접근을 연구 주제로 삼았기에 주로 기독교적 회심의 경험과 이야기들에 집중할 것이다. 하지만 인간의 삶에 중대한 변화를 일으키는 종교적 경험에 대한 심리, 사회적 연구를 최대한 참고하며 기독교적 회심의 해석과 실천적 의미를 탐구하고자 한다.

이 책의 1부는 회심의 해석학이라는 제목 아래 주요한 회심 연구들을 살펴볼 것이다. 윌리엄 제임스의 종교적 체험에 대한 선구적 저작 이후 종교학 관련 분야에서 회심에 대한 관심은 지속적으로 늘어났다. 종교사회학, 종교심리학, 인류학, 또는 문학 등에서 회심에 대한 연구들이 등장했다. 1부에서는 윌리엄 제임스의 종교적 체험 연구와 루이스 램보의 회심 단계론, 헨리 호렌의 회심 경력 이론, 그리고 회심과 사회적 자본에 대한 로드니 스타크의 이해 등을 소개하고자 한다.

2부에는 종교적 회심의 신학적 이해를 서술하고자 한다. 우선은 기독교적 관점에서 회심에 대한 연구 성과들인 베벌리 가벤타와 리쳐드 피스가 제시한 회심의 성서적 내러티브와 고든 스미스가 말하는 회심의 신학적 구성요소들을 살펴보며, 특히 램보의 회심단계론을 예수와 바울의 사역에 적용한 스콧 맥나이트의 모델을 소개할 것이다. 또한 신앙성장, 신앙감정, 전도, 윤리 등의 실천적 주제들과 회심의 관계를 고찰하며, 끝으로는 타문화 선교의 측면에서 회심이 어떻게 이해되는지를 주요 선교학자들의 논의를 통해서 조명할 것이다.

    회심에 대한 연구는 계속해서 이어지는 다양한 주제들에 대한 관심으로 연결된다. 한편으로 회심 연구의 이러한 특성은 필자를 매료시키면서도, 산적한 미완의 연구 과제들과 대면하게 했다. 그럼에도 불구하고 지난 수년간 웨스트민스터신학대학원에서 '회심연구'라는 생소한 수업한 참여한 학생들의 날카로운 질문과 피드백은 필자에게 계속 이 주제에 대한 책임감을 갱신시켜주었다. 교수의 미완성 강의를 성실하게 듣고 깊은 관심을 보여준 그들에게 학문과 사역 동반자로서의 고마움을 전한다.

회심의 해석이란 종교적 회심 현상에 관한 대표적인 관점들을 서술하고자 하는 것이다. 물론 주로 서구권의 회심 연구는 기독교와 관련된 경험들을 토대로 구축되었기 때문에 회심 경험에 대한 비신학적 접근 방식 또한 많은 경우 기독교와의 연관성을 갖고 있다. 1부에서는 회심이라는 종교적 체험에 대한 심리학적 연구, 회심의 유형을 이해하는 방식, 회심의 단계와 과정에 대한 사회학적 접근, 회심과 사회적 자본의 관계, 또는 회심에 대한 종교경제적 접근 등에 대한 소개를 할 것이다.

1부

회심의
해석학

1장

종교적 체험으로서의 회심

종교적 체험으로서의 회심에 관한 주요 논의들을 점검하기에 앞서, 먼저 회심에 대한 객관적, 개념적 이해를 정리하는 일이 필요할 것이다. 이 연구에서 사용할 회심이라는 용어 자체에 대한 분류와 정립을 통해서 작업적 이해를 도모하고자 한다.

1. 회심(conversion)이란?

회심(回心)이라는 용어는 사전적으로 마음을 바꾸거나 돌이키는 현상을 말한다. 이는 일반적으로는 정신적 혁신 내지는 전회(轉回)를 뜻하고, 신학적으로는 반대의 길을 걷다가 신과 신의 법에 따르기로 마음을 바꾸는 일을 의미한다. 회심이라는 사건은 주로 종교적인 경험을 기술하는데 쓰이지만, 비종교인의 생활에서도 발생하는 중대한 전환을 가리킬 수 있다. 꼭 종교인이 아니더라도 인간으로서 자기 안의 내면과 갈등을 극복하고 더욱 온전한 자아와 통합적 정체성을 추구할 수 있기 때문이다. 다만, 종교적인 차원에서 회심은 절대자 앞에서 궁극적인 가치와 목표를 향해서 삶을 의탁하는 것을 의미하며, 따라서 회심은 종교에 대한 귀의 과정이라는 의미로 쓰일 수 있다.

회심과 같은 의미로 자주 혼용되는 단어는 개종(改宗)일 것이다. 영어의 conversion은 "돌아서다", 혹은 "다른 방향으로 향하다"는 의미의 라틴어 *convertere*로부터 유래했으며 전환이나 뒤집음을 의미하는데, 이에 해당되는 한글 단어는 회심 또는 개종이 번갈아 쓰인다. 여기서 개종이라는 단어는 종교 간 이동을 의미하는 반면, 회심은 내면에서의 변혁에 좀 더 가까운 단어로 볼 수 있다. 이용원은 회심과 개종을 유사한 개념으로 보면서도, 회심을 개종의 핵심적 본질로 보는 입장을 취한다. 개종이 형태적이라면 회심은 중심적이다. 그래서 그는 "진정한 회심이 없이는 참된 개종도 없고...개종으로 열매 지 못하는 회심은 진정한 회심이 아니다"라고 주장한다.[1] 개종은 종교를 바꾸는 것이기 때문에 어느 한 종교에서 다른 종교로 이동하는 현상을 뜻할 것이다. 그것도 배타적인 이동이어야 하기 때문에 기존의 종교를 포기하거나 단념하고 새로운 종교를 받아들여야 개종으로 인정될 것이다. 그러나 고대 다신교 사회에서 개종은 그와 같은 종교 간 배타적인 이동을 뜻하기보다 기존의 종교에 새로운 종교를 더 얹는 방식으로 이해되기도 했다. 그런 의미에서 고대 기독교는 회심을 일관되게 요구했을 뿐 아니

---

1 이용원, "선교적 관점에서 본 회심과 개종", 「선교와 신학」 9 (2002), 34.

라, 유일하고 배타적인 회심을 전제하고 있었다. 따라서 기독교 전통은 일반적인 개종이라는 단어보다 더욱 강력한 전환적 성격을 가지며, 내면의 근본을 변화시키는 차원의 회심을 선호한다고 볼 수 있다.

회심이 단순한 종교적 제도의 선택이 아니라, 인간 내면의 변화에 관심을 둔다면 변혁이라는 측면을 중요하게 고려할 수 있다. 프린스턴 신학교에서 기독교 교육과 영성을 가르쳤던 고 제임스 로더(James Loder)는 변혁이라는 관점에서 종교적 경험을 연구한다. 그는 자기 자신이 몸소 겪었던 자동차 사고에서 자녀를 구하기 위해 생사를 걸었던 강렬한 체험을 토대로 인간을 근본적으로 변혁시키는 종교의 힘과 원천을 검토했다.[2] 제임스 로더는 이성 너머로부터 오는 확신인 신적 임재의 경험과 자기도취를 구분한다. 그는 신적 임재의 경험은 자신의 능력을 초월해서 다른 사람으로 변화시키는 원동력으로서의 확신이라고 한다.[3] 그는 이러한 체험을 회심이라는 용어로 서술할 수 있는데, 여기에는 상당히 감정주의적 의미가 내포되어 있기 때문에 개종이라는 경험에만 국한되지 않는다고 한다.[4] 따라서 내면적 변혁으로서의 회심은 개종의 순간에만 적용되는 것이 아니라, 대부분의 개종에서 지대한 영향을 주는 현상이긴 하지만 그 이후에도 삶의 결정적 방향성을 정립하고 지속해주는 요인이 될 수 있다.

로더는 바울의 다메섹 경험을 사도로서의 권위와 공인을 받은 체험

---

2   제임스 로더, 『종교체험과 삶의 변화』, 김성민 역 (서울: 한국신학연구소, 2001).
3   로더, 『종교체험과 삶의 변화』, 19-20.
4   로더, 『종교체험과 삶의 변화』, 29.

이라고 말한다. 바울은 "남 모르는 자신의 갈등으로부터 벗어나기 위한 주관적인 열망을 충족시키기 위해서 그의 존재가 확인되고 있는 순간의 황홀경을 체험하도록 부름 받았던 것도 아니다. 그가 부름 받은 것은 새로운 역사를 창조하기 위한 것이었다."고 한다.[5] 여기서 로더가 강조하는 점은 회심은 그 자체가 목적이 아니라 더 큰 목적을 위한 출발점이라는 것이다. 즉, 회심은 삶의 근본적 기반을 바꾸어서 더욱 더 크고 가치 있는 목적으로 이끌어 가게 하려는 결정적 경험이며 동력이다. 회심에서 중요한 것은 신비한 종교적 경험 그 자체가 아니라, 그 경험에 상응하는 개인과 주변에게 유익과 결과를 내는 삶으로 변화되었느냐 하는 것이다. 이는 허상과 환영에 사로잡힌 자신과 직면해서 온전한 자아를 찾으며 건강한 자기 통합을 이루어가는 과정이라 할 수 있다. 따라서 삶의 변혁을 이루어내는 종교적 체험이 진정한 회심이라 할 수 있으며, 그것은 기독교 전통에서 소중하게 계승되어온, 연구의 가치를 지니는 주제인 것이다.

2. 윌리엄 제임스의 회심 이해

회심과 연관된 가장 고전적이며 기념비적인 연구는 윌리엄 제임스의 『종교체험의 여러 모습들』(Varieties of Religious Experience)이다. 이 책은 종교에 대한 현상적, 실용적인 연구의 길을 열었다고 평가되는데, 지금으로부터 100년도 넘은 1902년에 출판되었다. 이 책은 당시 지식

---

5 로더, 『종교체험과 삶의 변화』, 34.

인들 사이에서 과학적 실증주의나 의학적 물질주의를 잣대로 종교와 종교체험을 병리적 현상으로 보던 관점을 극복했다. 종교 의식과 종교적 체험 과정의 영적 가치를 있는 그대로 재발견하는 시도를 보여줬다. 제임스는 이 책에서 종교는 종교 나름대로의 기준에 의해서 판단되어야 하며, 더 나아가 종교인들의 체험과 행동은 그 종교의 도덕적 유용성과 철학적 합리성을 기반으로 평가되어야 함을 증명했다. 이러한 그의 입장과 전개는 회심을 이해하는 객관적 조망의 틀을 제공하는 고전적 연구라는 점에서 의의가 있다.

미국의 철학자이자 심리학자이며 실용주의의 주창자로 유명한 윌리엄 제임스(1842-1910)는 개신교 신학자인 아버지의 유복한 집안에서 자랐다. 그는 원래 미술을 좋아했고 대학 때는 문학과 화학 등을 전공하면서 학문 간의 경계를 넘나드는 관심을 보여줬다. 아버지의 권유에 따라 하버드 의대를 다니긴 했으나 젊을 때부터 겪던 정신적, 육체적 어려움으로 인해 개인의 정체성 혼란과 자살 유혹에 시달렸고, 이로 인해 불면증과 소화불량, 신경쇠약, 우울증, 두창 등을 감수해야 했다. 이런 와중에도 그는 1869년에 의과대학을 마쳤지만 육체적 치료보다는 영혼의 병을 치료하는데 더욱 관심을 갖고 철학적 탐구를 통해 이 문제를 해결하고자 했다. 그는 대부분의 사람들에게 마주해야 하는 고통, 재난, 죽음을 극복할 수 있는 의미를 찾기 위한 연구를 한다. 사람들이 어떻게 자신의 존재를 변화시키는 강렬한 종교적 체험을 하며, 신이라는 존재와 어떤 관련을 맺는 지에 대한 제임스의 이 책은 1902년 스코틀랜드 에든버러대학교 강연에서 비롯됐고, 책에 나오는 회심 사례들

은 에드윈 스타벅(Edwin Starbuck)의 분석 자료들을 토대로 했다.[6]

1) 종교와 종교 체험이란 무엇인가?

제임스는 이 책에서 종교에 대한 정의를 다음과 같이 기술한다. "종교는 어느 사람이 그가 신이라고 생각하는 존재와 어떤 관계를 맺고 있다고 생각할 때 하게 되는 그의 느낌들, 행위들 및 독립된 한 개인으로서 하게 되는 그의 체험들이다."(50) 제임스의 정의에서 특이한 점은 그가 종교를 신과의 관계로 본다는 점이다. 그는 종교적 진리를 탐구할 때 마주하게 되는 첫째이자 마지막 과제는 신이라고 한다. 신, 또는 신적인 것은 진리를 감싸고 있는 가장 원초적이며 심오한 주제라는 것이다. 따라서 종교는 그와 같이 원초적이고 궁극적인 존재에 대한 태도이자, 그 존재와의 관계, 그 존재에 대한 포괄적 삶의 반응이다. 포괄적 반응이라는 것은 종교가 삶의 특수하거나 비일상적인 영역에만 관여하는 것이 아니라 인간이 살아야 할 이유이자 삶의 환경 전체와 연관된다는 의미이다.(55)

종교는 신성함을 느끼는 감각이지만, 이는 또한 우리의 삶 전체에 그 신성함을 부여하고 반응을 이끌어 낸다. 종교가 삶의 포괄적 반응을 이끈다는 말은 무슨 의미일까? 제임스는 종교에 대한 우리의 태도는 삶 전체에 대한 반응이라고 한다. 삶 전체를 걸고 반응을 한다는 것

---

[6] 윌리엄 제임스, 『종교체험의 여러 모습들』(서울: 대한기독교서회, 1997), 548-549. 제임스의 생애에 대한 간략한 소개는 이 책의 역자 후기를 참조했다. 이하에 계속되는 논의는 책의 내용을 요약한 것이기 때문에, 긴 블록 인용이 아닌 계속되는 본문 내 짧은 인용의 경우에는 괄호 안의 페이지 표기로 대신한다.

은 우리가 살고 있는 이 세계에 대한 이해와 연관되어야 하며, 신은 우주의 질서를 관장하는 존재이리라는 전제를 안고 있다. 따라서 신적인 존재에 대한 인간의 반응은 가벼운 태도로서가 아니라 우리 존재의 근본적 대상에 대한 엄중하고 무거운 태도여야 한다. 여기에는 인생과 세계에 대한 열정과 신중함이 묻어나올 수밖에 없다. 그런 의미에서 종교적 체험이란 대단히 독특하고 심오하며 높은 차원의 정서라 할 수 있다. 이는 심지어 삶의 무기력과 무력감에 있는 이들에게 "우주를 활기 있게 해주는 영이 그를 인정해 주고 있으며, 그를 여전히 보살펴 줄 것이라는 사실을 마음 속 깊이 느껴 보고자 하는 것"(70)이다. 이러한 깊은 차원에서의 교감과 위로는 연정적인 사랑의 감정보다 훨씬 더 심오하며 절대적인 새로운 힘의 원천이다. 이러한 종교적 체험이 어떻게 해서 인간에게 행복감과 해방감을 주는 변화를 일으키는지를 제임스는 객관적 분석을 통해 밝히고 있다.

2) 초월적 세계의 실재성

그럼에도 불구하고 종교적 체험은 보이지 않는 존재와 세계에 대한 것이다. 제임스는 종교적 삶이란 이 세상에서는 눈에 보이지 않는 질서와 조화되도록 사는 가장 고차원적인 선이라고 한다.(79) 지고의 선을 향한 종교적 태도는 우리가 실재한다고 믿는 초월적 대상에 대한 믿음을 통해서 가능하다. 물론 이 믿음은 순수관념이라는 통로를 통해서 형성되는 것일 수 있다. 초월적 존재에 대한 탐구와 신념은 지각(知覺)적 반응과 그 결과로 말미암지 않는다. 이는 그 대상이 가시적이든 비가시적이든 실재에 대한 감각을 불러일으킨다면, 그것은 믿을만한 존재가 되는 것이다. "인간의 의식 속에는 어떤 실재(reality)에 대한 감각, 객관적인 현존(presence)에 대한 느낌, 타계(something there)라고 부르는 것에 대한 지각이 있는 듯하다."(91) 이러한 실재에 대한 감각이 인간에게 신뢰할만한 어떤 태도와 행위를 자극한다. 초월적 실재에 대한 감각은 모든 사람들에게 공통적으로 나타나는 현상도 아닐뿐더러, 자연과학적인 탐구나 규명의 대상이 될 수 없다. 그래서 엄밀한 과학적 검증을 의지하는 이들은 이러한 종교적 체험을 환각 현상의 범주로 설명하려 들 수 있다. 환각에서도 사람들은 곁에 어떤 존재가 있다는 것과 같은 몸서리처지는 느낌을 경험할 수 있기 때문이다. 이러한 실재가 무엇인가에 대해서는 분석해서 증명할 순 없지만 생생한 체험이자 느낌인 것은 분명하다. 이러한 신비롭고 알 수 없는 체험의 영역에 대해서 제임스는 "우리의 정신적인 감각 기관 속에는 우리가 구체적인 어떤 사물들을 보고, 듣고, 지각하는데 소용되는 감각보다 더 광범위하고 일반적인 실재에 대한 감각이 존재하고 있다는 사실을 보여준다."(91)고 정리한다. 따라서 종교는 대상에 대해서 단순히 관념적이고 지적인 믿음이라고 단정 지을 수 없고, 직접 지각할 수 있는 감각적인 믿음도 포함한다는 것이다.

제임스는 이와 같은 종교적 체험, 신적 존재에 대한 감각적 경험이 소멸되어가는 시대의 현상에 대해서 안타까움을 표현한다. 종교를 가진 사람들의 초월적 존재에 대한 경험과 믿음은 그들의 삶에서 "다른 어느 때보다도 더 뚜렷하게 살아 계신 하느님의 현존으로부터 오는 진리에 대한 직접적인 비전과 그에 대한 느낌"(94)이었다. 그러나 이러한 압도적이고 생생한 영적 경험의 약화와 소멸을 경험하고 있는 현대인들은 진부해진 신앙의 무기력 속으로 들어가고 있다는 것이다. 제임스가 20세기 초반에 이러한 진단을 내놓았다는 것은 꽤 의미심장하다. 그 당시는 이미 과학적 사고방식과 분석이 인간의 경험들을 설명하는 가장 유력한 틀로 부상하는 시기였기 때문이다. 그러한 상황에서 초월적 존재에 대한 신념과 경험이라는 종교성을 객관적으로 바라보며, 인간 사회의 활력을 종교와의 연관성 속에서 찾겠다는 그의 태도는 예외적인 모습이었기 때문이다. 제임스의 시도는 그러한 면에서 종교가 인간사회에 병리적 기능을 초래할 것이라는 당대 지식인들의 통념에 대한 도전이며 새로운 각성이었다.

이러한 접근은 근대 자유주의 신학의 문을 연 인물로 평가받는 슐라이에르마허(Schleiermacher)의 종교론과도 일맥상통한다. 슐라이에르마허는 도덕적 경멸자들에게 종교를 변호하는 시도로 종교는 과학적 분석의 평가 대상이 아닌 인간의 직관적 경험에 관한 것이며, 이 경험은 무한한 존재에 대한 절대의존의 감정이라고 하였다. 그리고 이 절대의존의 감정은 궁극적으로 사람을 도덕적으로 완성하는 기능을 수행하리라고 전망하였다. 그렇다면 이처럼 독특한 종교적 감정은 원래부터 종교적 삶을 수행하는 신도나 종교를 탐색하는 구도자에게 국한된 경험일까? 제임스는 그렇지 않다고 말한다. 때로 이러한 유독한 종교적 체험은 종교와 무관한 삶을 사는 이들에게도 일어난다는 것이다. 제임스가 소개하는 한 스위스 여성의 신비한 경험 사례를 들어보자.

나의 건강 상태는 완벽한 것이었다. 우리들은 엿새째 도보 여행을 하고 있는 중이었다. 여태까지의 모든 여정은 순조로웠다. 어제 우리들은 뷔에

(Buet)를 거쳐서 직스뜨(Sixt)에서부터 뜨리앙(Trient)으로 왔다. 나는 피곤하지도 않았고, 배가 고프거나 목마르지도 않았다. 내 정신 상태도 마찬가지로 정상이었다. 포르끌라즈(Forclaz)에서 나는 우리 집으로부터 어떤 연락을 받았는데 모두가 잘들 지내고 있다는 좋은 소식이었다. 나는 내 가까이 있는 것에서나 멀리 있는 것에서나 모두 걱정할 만한 것이 아무것도 없는 셈이었다. 왜냐하면 우리 여행을 이끌고 있는 안내자가 훌륭한 사람이었기 때문에, 우리가 앞으로 해야 할 여정에 아무런 어두운 그림자가 없었던 것이다. 그 때의 나의 상황을 가장 정확한 말로 표현하자면, 나는 그 때 평온한 상태에 있었다고 말해야 할 것이다. 그 때 나는 갑자기 내 자신이 위로 들려 올려지는 느낌을 받았다. 하느님의 현존을 체험한 것이다. 지금 나는 내가 그 때 체험한 바를 말하고 있는 것이다. 하느님의 능력과 선하심이 내 몸 속으로 꿰뚫고 들어오는 것과 같았다. 그 때 내가 느꼈던 정동은 너무 강렬한 것이었기 때문에, 나는 내 옆에서 가고 있는 나의 동료에게 나를 기다리지 말고, 먼저 지나가라고 말을 할 수도 없을 지경이었다. 나는 더 이상 서 있을 수가 없어서 그 옆에 있는 돌 위에 걸터 앉았다. 내 눈에서는 눈물이 가득 흐르고 있었다. 나는 내 삶 속에서 그가 나로 하여금 그를 알게 해 주셨으며, 나의 삶을 여태까지 붙들어 주셨고, 나처럼 보잘 것 없으며, 죄가 많은 나를 불쌍하게 여겨 주신 것에 대해서 하느님께 감사드렸다. 나는 나의 삶이 하느님의 뜻을 실현하는데 바쳐질 수 있도록 해 달라고 하느님께 간절히 기도드렸다. 나는 하느님의 응답을 들은 것 같았다. 나는 겸손하고 가난한 가운데서 매일 매일 그의 뜻을 실현하면서 이 땅 위에서 살아가야 하고, 전능하신 하느님께서 언젠가 나를 부르셔서 내가 당신을 증언할 수 있도록 해 주실 것이라는 대답을 들은 것 같았다. 그 때 내 마음에서 나를 사로잡고 있던 엑스타시 상태가 서서히 걷히기 시작하였다. 다시 말해서 하

느님께서 나에게 허락하셔서 하느님이 나와 하나 되었던 그 상태가 물러가기 시작했다는 것이다. 그래서 나는 다시 걸어가기 시작하였다. 그러나 여전히 매우 강하게, 그리고 천천히 나에게서는 내면적인 어떤 흥분의 상태가 지속되고 있었다. 게다가 몇 분 동안 나는 쉬지 않고 울고 있었다. 내 눈은 온통 부어 있었다. 나는 내 동료들이 나를 처다보지 않았으면 하고 바라고 있었다. 내 엑스타시 상태는 4-5분 동안 계속되었다. 그러나 그것이 더 긴 것 같았다.... 나의 엑스터시 체험에서 하느님은 그 어떤 형사도, 빛깔도, 냄새도, 맛도 지니고 있지 않았다고 하는 사실을 나는 덧붙여 말해야 할 것이다. 더구나 그의 현존에는 그 어떤 국지성도 동반되지 않고 나타났다. 그것은 마치 내 인격이 이 영적인 존재의 현존에 의해서 변형된 것과 같은 것이라고 해야 옳을 것이다. 하지만 내가 이 때 내 내면 속에서 그렇게 친밀하게 체험하였던 이 체험을 제대로 표현하려고 하면 할수록 나는 내가 일상생활에서 접하고 있는 그 어떤 이미지를 가지고도 이때의 체험을 제대로 표현할 수 없으리라는 사실을 느끼게 된다. 내가 그 때 느꼈던 것을 가장 정확하게 표현할 수 있으리라고 생각되는 말은 결국 다음과 같은 말이 될 것이다: 내가 하느님을 볼 수는 없었지만, 그는 그 때 그 자리에 계셨다. 그는 나의 그 어떤 감각 기관으로도 포착될 수 없었지만 그 자리에 내려오셨다. 그렇지만 나의 의식은 그를 지각하였다.[7]

놀랍게도, 이러한 종교체험과 엑스타시를 겪은 이 여성은 기독교를 믿거나, 기독교의 교리에 관해서 아는 바가 없었다. 그럼에도 불구하고 그는 하나님의 현존과 대면하는 갑작스러운 회심을 경험한 것이다. 물

---

7 제임스, 『종교체험의 여러 모습들』, 97-98.

론 그가 종교에 노출된 적이 전혀 없던 것은 아니다. 독일에 살고 있을 때 기독교인 친구와 교제하며 성경도 읽고 기도를 시도했다고 한다. 그러나 그의 명백한 종교적 회심은 절대자의 주권적 구원 역사로 말미암은 것이라고 스스로 고백한다.

3) 회심과 성자성

회심은 어떠한 식으로 표현되고 경험되든 간에 그 체험의 정점에는 긍정적인 삶의 변화에 이르러야 한다. 제임스는 이를 성자성이라는 단어로 표현하는데 회심을 통해서 인간이 도달해야 하는 목표는 분열된 자아의 통합이기 때문이다. 이는 바울, 아우구스티누스, 웨슬리에게서 나타난 것처럼 회심을 통해 자아와 세계가 조화된 목적을 향해 통합되면 인간은 본연의 가치와 소명을 찾게 되고 세계 속에서 자신의 위치를 분명히 인식할 수 있다. 이는 인간의 이중성과 세상의 부조화를 극복해서 성자성으로 발전하는 주요한 동력이 된다.

종교적 회심을 통해서 분열된 자아가 통합된다는 것은 자율적인 인간의 역량이 최고조에 오른다는 것이 아니다. 이것은 오히려 더 높은 존재가 자신을 통제한다는 사실을 인식하고 그것을 믿음으로 받아들이는 것이다. 이는 더 나아가서 절대자이신 하나님과의 인격적, 신뢰적 연합을 통해서 온전한 자아의 완성으로 나아가는 것이라 할 수 있다. 그리고 이로 인한 내면과 외면의 균형 잡힌 평화를 맛보게 된다. 자아와 세계가 더 이상 부조화의 무질서 속에 방치되지 않는다. 제임스는 데이비드 브레이너드(David Brainerd)가 겪었던 마음의 평정을 찾는 종교적 체험을 인용한다. 브레이너드는 18세기 아메리카 원주민들을 향해 선교사역을 펼치다 서른이 안 되어 죽은 인물로서 제임스는 그를 진정한 성자라고 일컫는다.

나는 여느 때처럼 한적한 곳에서 아침 산책을 즐기고 있었다. 그런데 갑자기 구원과 해방을 가져올 것이라고 생각했던 나의 모든 계획과 기획들이 완전히 헛된 것이었음을 깨닫게 되었다. 나는 자신을 완전히 잃어버렸다. 나는 내 힘으로 자신을 구원하는 것이 영원히 불가능하며, 영원에 이르기 위해 힘을 다해 간청했지만 헛된 것에 불과했다는 생각에 이르게 되었다. 내가 기도한 것은 나 자신에 대한 관심 때문이었지, 하느님의 영광을 위해서는 한 번도 기도한 적이 없었다. 나는 또한 나의 기도와 하느님의 자비가 반드시 연결되지만은 않는다는 사실과 내가 하느님으로 하여금 내게 당신의 은혜를 베풀어 주시도록 강요할 수 없음을 알게 되었다. 나의 기도는 단지 손으로 물살을 저어나갈 뿐 아무런 공적이나 선을 갖고 있지 못했다. 나는 하느님께 헌신했으며, 금식과 기도를 생활화했고, 때로는 하느님의 영광이 나의 목적이라고 생각했다. 그러나 나는 한번도 하느님의 영광을 진정으로 추구한 적이 없으며, 단지 나의 행복만을 생각했다. 나는 내가 하느님을 위해 아무 일도 하지 않았음을 깨달았다. 나는 나 자신의 위선과 거짓 때문에 하느님으로부터 파멸밖에 받을 것이 없다고 생각했다. 나는 나 자신의 이익만을 생각했기 때문에, 나의 의무적인 행위들은 계속되는 위선과 거짓에 불과하게 되었으며, 결국은 자기 자신을 경배했고 하느님을 어처구니없이 학대했음을 명백하게 인식할 수 있었다.

내 기억으로는 이러한 마음의 상태가 금요일 아침부터 내가 다시 한적한

곳에서 산책하기 시작했던 주일 저녁까지 계속되었던 것 같다..... 그 때 갑자기 말할 수 없는 영관이 나의 영혼의 지각에 열려지는 것처럼 보였다. 여기서 내가 말하는 것은 외적인 빛이나 빛에 대한 상상이 아니라, 일종의 새로운 내적 지각, 즉 전에는 상상조차 하지 못했던 하느님을 지금 갖게 되었다는 생각을 말한다. 내가 이해한 것은 삼위일체의 그 어떠한 특별한 인격이 아니라, 하느님의 영광이었다. 이러한 하느님을 본 나의 영혼을 말할 수 없이 기뻐했다. 나는 내적으로 즐거워했으며, 그분이 영원토록 하느님이라는 사실에 만족했다. 나의 영혼은 하느님에 사로잡혀 즐거워했으며, 그분 속으로 빨려들어 갔다. 최소한 그 때까지는 나 자신의 구원에 대해 생각하지 않았으며, 나 같은 피조물이 있다는 사실을 거의 의식하지 못했다. 이러한 내적 기쁨과 평화는 어두워질 때까지 똑같은 상태로 지속되었다. 그러고 나서 나는 내가 보았던 것을 생각하고 검증하기 시작했다. 내 마음은 저녁 내내 평정을 유지했다. 나는 새로운 세계 속에 있는 것처럼 느꼈으며, 내 주의의 모든 것을 새로운 시각으로 바라보게 되었다.[8]

브레이너드의 회고를 살펴보면, 하나님의 영광을 간구하던 그의 심오한 종교적 체험은 그로 하여금 자기 삶의 목적과 사명, 타인과의 관계, 피조세계에 대해서도 조화되고 통합되는 시각을 형성하게 한다. 회심을 경험한 이들은 이와 같이 종종 주로 전에는 알지 못했던 진리를 깨닫게 되었다는 느낌을 얻게 된다. 이 새로운 깨달음은 세계를 보는 시각의 객관적 변화를 수반하며, 인생과 자연에 대한 새로운 아름다움을 볼 수 있게 된다. 제임스는 회심한 이들의 공통적인 경험 가운데 하

---

8   제임스, 『종교체험의 여러 모습들』, 268-269.

나를 '행복의 엑스터시'라고 표현한다. 그는 회심의 두 가지 유형에 대한 착상을 제공한 에드윈 스타벅(Edwin Starbuck) 교수의 원고에 나오는 한 여성의 회심 체험을 인용한다.

> 나는 한 천막 전도 집회에 초청받았다. 어머니와 친구들은 나의 회심을 위해 기도했다. 나의 정서적 본성은 깊은 곳까지 동요되고 있었다. 나는 나의 타락을 고백했으며, 하느님께 구원을 간청했다. 그러자 주위의 모든 것들을 잊게 되었다. 나는 자비를 간청했다. 그러자 생생한 용서와 나의 본성이 새로워지는 것을 느낄 수 있었다. 나는 무릎을 펴고 일어나면서 다음과 같이 외쳤다. "옛 것은 지나갔으며, 모든 것이 새로워졌다." 마치 다른 세계, 새로운 상태의 실존 속으로 들어가는 것 같았다. 자연을 찬미하였으며, 나는 영적 환상 속에서 전 우주의 아름다움을 볼 수 있었다. 숲은 천국 음악으로 가득찼으며, 나의 영혼은 하느님 사랑으로 기뻐 날뛰었다. 나는 모든 사람이 나의 기쁨을 나누기를 원한다.[9]

이와 같은 황홀한 체험은 회심의 가장 큰 특징으로 꼽는다. 19세기 초반의 유명한 부흥전도자였던 찰스 피니(Charles Finney)도 자신의 회심 순간에 경험했던 그리스도와의 밀착된 접촉 감정, 어린 아이와 같은 저녁 의존의 마음 상태, 놀라운 사랑에 대한 기쁨의 울부짖음, 그리고 이어지는 놀라운 행복감을 증언한 적이 있다.[10] 종교적 체험으로서 회심은 감정의 다양성과 여러 가지 표현 양태에도 불구하고, 변화된 삶의 의지와 태도가 지속된다는 것에 있다. 풍부한 사랑과 교제의 엑스터시

9 　제임스, 『종교체험의 여러 모습들』, 300.
10 　제임스, 『종교체험의 여러 모습들』, 305.

도 그 자체가 회심의 진정성을 가르는 기준이 되는 것이 아니라, 얼마나 회심자의 후속 삶에서 지속적 변화를 일으켜 성자성으로 나아가게 하는 강력한 동인이 되느냐의 문제다. 따라서 회심 경험의 진정성은 삶과 연관되어 선한 영향을 미치는 강도와 지속성이 근본적인 기준이 된다.

제임스가 말하는 모든 종교적 체험의 궁극적 지향점으로서 성자성은 회심의 참된 지표로서 다음과 같은 특성을 지닌다.[11]

첫째로, 세계를 이기적으로 보기보다는 더 큰 품 속에 존재한다는 느낌을 갖는다. 이상적인 절대자라는 힘의 존재에 대한 확신을 갖지만, 이는 논리적 과정을 거쳐 도출된 확신이라기보다는 이른바 지각적인 혹은 인식적인 측면에서의 확신이다. 기독교는 성자성의 이러한 측면을 하나님으로 인격화시킨 것이라고 제임스는 말한다. 다른 종교에서는 인격적이고 객관적인 하나님 자리에 도덕적 이상이나 인간애, 정의에 대한 내적 확신 등이 들어설 수 있다.

둘째로, 그와 같은 이상적인 힘이 우리 자신의 삶과 친근하게 관계를 맺는다는 느낌이 있어야 한다. 절대자는 비인격적인 세력으로서 존재하는 것이 아니라, 우리의 실제 삶과 교류하고 평소에도 의지하며 기도할 수 있는 대상으로서의 존재여야 한다.

셋째로, 자기의 삶에서 그동안 제한을 두었던 자아의 경계선이 와

---

11   제임스, 『종교체험의 여러 모습들』, 320.

해되는 느낌이 있다. 이 점은 성자성의 결과로 나타나는 타인지향적 삶이자, 관용과 개방성의 삶이다. 기독교는 특성상 선교적 정체성이 매우 강하다. 선교적 실천은 자신에게 익숙한 삶의 울타리를 벗어나고, 문화적, 종교적, 인종적 경계를 넘어서는 것이다. 자기 자신의 안위에 집중하는 삶이 아니라, 타인을 돌보고 섬기며 이웃에게 관심 갖는 것의 가치를 드높이는 삶이다.

넷째로, 회심자가 성자성의 경지에 오르게 되면 두드러진 현상 중에 하나가 감정의 성숙이다. 정서적으로 불신, 분열, 부정을 지양하고 사랑과 조화, 그리고 긍정이 중심을 이루게 된다.

이러한 내면과 감정의 성숙은 건강한 실천과 자기 관리의 삶으로 이어지게 된다. 제임스는 인간의 내면이 건강한 종교적 체험을 통해 성자성의 감정에 이르면 그는 금욕주의, 영혼의 강건함, 정화, 사랑의 실천적 삶으로 귀결된다고 한다. 첫 번째는 사랑의 실천적 삶이다. 이는 절대자에 대한 헌신적 사랑으로부터 비롯된다. 하나님의 사랑을 강렬하게 경험한 자들은 광신적 종교에 빠지는 것이 아니라 오히려 인류를 위한 헌신적 사랑에 눈을 뜨게 된다는 것이다.

두 번째로, 성자성의 감정은 스스로를 정결케 하는 정화의 욕구를 불러일으킨다. 성자성은 먼저 자신을 성찰한다. 종교적 회심의 심오한 경지에 들어서면 과거에 자신의 허무한 습관과 자기 욕망적 삶을 반성하며 기존의 생활방식과 거리를 두기 위해서 은둔과 고독의 길을 택하기도 한다. 이는 세상에서의 삶을 회피하기 위함이 아니라, 분리를 통해서 자기를 정화시키고자 함이다. 성자성에 들어서면 먼저 타인에게 다가가서 자신을 드러내거나, 타인을 위한 정의를 추구하겠다는 열망에 사로잡히기보다 이와 같이 자기 성찰의 훈련을 통해서 내면을 관리하는 역량 개발에 집중하게 된다.

세 번째로는 영혼을 강건하게 하기 위해서 순결한 삶을 실천하게 된다. 순결한 삶이란 친절과 사랑에 헌신하는 삶이다. 이는 동정적이고 과도한 자비심에 비롯되는 것이 아니라, 세속적 욕망의 질서에 대한 예언적 메시지를 구현하는 삶이라 할 수 있다.

네 번째 요소는 금욕주의다. 이는 고행과 복종, 가난의 삶을 포함하는데, 이와 같은 금욕주의는 인간의 어리석음이나 집착을 버리고 내면을 정화시키기 위해서는 자발적으로 삶의 쓴 맛을 경험해야 한다고 보기 때문이다. 금욕주의는 단순히 세상으로부터 분리되고 고립된 삶에 몰입하는 엘리트적 고행이 아니라, 자기 내면의 욕심과 과도한 욕망을 제어하기 위해 일부러 불편한 삶을 감당하는 자기희생의 충동이다. 이러한 훈련은 죄의 근원들을 제거하는데 효과적이기 때문이라는 것이다.[12]

지금까지 살펴 본 윌리엄 제임스의 회심과 종교체험에 대한 연구는 비록 100년 전에 이루어졌고 그의 동료 교수 스타벅의 사료들에 기반을 둔 것이긴 하지만, 당시의 과학적 실증주의 분위기 속에서 종교

---

12 제임스, 『종교체험의 여러 모습들』, 347ff.

의 세계를 있는 그대로 실제적 결과에 대한 객관적 관찰을 제시했다는 점에서 의미심장하다. 제임스는 종교적 회심은 결국 삶의 에너지 중심이 이동하는 것으로 보았다. 인간의 삶을 이끌고 형성하는 가장 큰 동력이 바뀌는 것이다. 에너지 중심의 이동은 종종 성격의 근본적 변화라는 놀라운 결과를 맺기도 한다. 이는 신과의 깊은 관계를 통해서, 또는 인생의 고뇌에 대한 해답을 추구하는데 빛과 같이 주어진 통찰과 신비한 경험을 통해서, 정서적 확신으로, 행동의 변화로, 삶의 태도에 대한 전면적 관점의 전환으로 이어진다. 또한 회심한 자의 삶에서 일어나는 정서적 확신은 환경이 변화 없이도 걱정과 불안을 해소하며 모든 대상을 아름답게 바라보는 너그러운 평정과 진실함의 신비라는 결실을 맺는다.[13] 여기서 가난과 진실은 서로 연결된다. 위선은 인간을 구원할 수 없다. 자신을 강하고 부하게 보이려는 욕구는 진실에 배치된다. 진실의 용기는 종교적 신비로 작동한다. 제임스가 주목했던 것은 회심이 일으키는 성자성이었다. 이는 환경의 불리함과 감정의 동요에도 불구하고 지속적인 삶의 긍정과 감사를 유지하게 한다. 당시의 과학주의적 사고는 인간의 모든 현상을 물리적으로, 자연체계 내에서 분석하는 것이 주된 분위기였고, 종교적 경험은 그러한 물리적 인과관계 법칙에서 병리적인 현상으로 폄하하는 흐름이 있었다. 그러나 제임스는 종교에 개인적이며, 감정적 요소를 중시하는 시각을 복권하였으며, 회심으로 인해 발생하는 삶의 근본적 변화는 의심심장하고 자연과학적으로 포착되지 않는 생생한 실제라는 것이다. 그는 이렇게 주장한다.

---

13   제임스, 『종교체험의 여러 모습들』, 366.

종교의 결실을 단지 인간적인 가치 기준으로 측정하려는 것은 비논리적인 것처럼 보인다. 그들에게 영감을 주었다고 상정되는 하느님의 실재 문제를 논하지 않고서 어떻게 종교의 결실들을 측정할 수 있는가? 하느님이 실제로 존재한다면, 하느님이 원하시는 것을 이행하기 위해 인간이 행한 모든 행동은 필연적으로 그의 종교의 이성적인 결과로 이해되어야 할 것이다. 이러한 행동은 하느님이 존재하지 않는 경우에만 비이성적인 것으로 이해될 수 있을 것이다.[14]

위의 글에서 제임스가 주장하는 것은 종교적 삶은 종교 내적인 구조와 가치에서 평가되어야 한다는 것이다. 절대자와의 만남이나 초자연적 계시는 그 자체를 분리시켜서 과학의 잣대로 분석되기보다, 그러한 경험이 논리적으로 이끄는 삶의 변화와 결과라는 내적 정합성에 따라 그 진실성이 담보될 수 있는 것이다. 회심의 완성적 형태인 성자성은 금욕주의나 자기 절제 뿐 아니라 신비주의적인 삶으로도 이끈다. 그것은 말로 형용할 수 없고 수동적으로 주어지는 기쁘고 고즈녁한 상태이지만 분명히 인식할 수 있는 경험이다. 이는 자기 자신(과거와 현재)과 세계가 통합되는 화해의 경험으로도 이어진다. 즉, 새로운 삶을 가능하고 용기 있게 대하는 원천적 힘이 된다.

---

14 제임스, 『종교체험의 여러 모습들』, 370.

회심의 유형론

종교적 회심은 여러 형태로 나타난다. 회심에 관한 연구에서 상당한 비중을 차지하고 있는 주제도 회심의 유형이다. 회심 연구는 인간이 새로운 종교를 선택하는 형태 뿐 아니라, 기존 종교를 버리는 형태에도 관심을 갖는다. 더 구체적으로는 새로운 종교를 선택하는데 있어서 서로 다른 방식과 배경으로 유형을 세분화할 수 있다.

1. 제임스의 종교 체험 유형

제임스는 종교적 회심을 경험한 사람들을 크게 두 가지 유형으로 나누며, 또한 회심의 양태도 두 가지로 분류한다.

1) 종교를 체험하는 두 가지 인간 유형

종교를 체험하는 인간 유형은 한 번 태어난 사람과 두 번 태어난 사람으로 구분될 수 있다. 제임스가 회심을 경험한 사람에 대해 묘사하는 표현은 흥미롭다. 그는 '한번 태어난 사람'과 '두 번 태어난 사람'이라는 구분을 제시한다.[15]

한 번 태어난 사람은 아름다움과 친절이 인격화된 존재로서, 종교적으로는 자연적 은총에 익숙하며 천주교인들의 경우가 여기에 해당된다고 한다. 한 번 태어나는 것으로 족한 유형의 사람들은 삶에 병적인 회한이나 삶의 위기가 전혀 없이 자연스럽고 올바르게 발달한 유형일 가능성이 높다는 것이다.[16] 즉, 이들에게서는 삶의 극적인 위기로부터 탈피하여 완전히 새로운 삶의 전환을 경험하는 예가 드물다는 것이다. 물론 이들도 인생에서 중요한 변화를 경험하겠지만 그 변화는 점진적이고 자연스러울 가능성이 훨씬 높다.

두 번 태어난 사람은 현세에 대한 비관주의와 다른 세계에 대한 희망을 안고 있는 경우가 많으며, 개신교인들에게서 잘 나타나는 것으로 제임스는 본다. 그는 앞서 한 번 태어난 사람들은 건강한 성품을 지닌 사람들의 종교인 반면, 후자, 즉 두 번 태어난 사람들은 인간의 죄성을 강조하는 종교에 더욱 가깝다고 말한다. 현세의 지배적 삶과 단절을 강조하느냐, 아니면 현재의 삶과의 자연스러운 융화를 강조하느냐에 따

---

15 제임스, 『종교체험의 여러 모습들』, 193-194.
16 제임스, 『종교체험의 여러 모습들』, 116.

라 종교가 달라지고, 종교적 경험의 유형에 대한 강조도 달라질 것이다. 물론 개신교가 일반적으로 두 번 태어난 사람의 종교로서 과거와의 단절을 강조하고 현세 비관주의적 성격을 지닌다고 하더라도, 개신교 내부에서도 다른 시각은 존재했다. 제임스는 자유주의 신학이 이러한 개신교의 일반적 분위기로부터 탈피하는 시도였다고 본다.

> 기독교 신학이 지난 50여 년 동안 발달시켜 온 소위 자유주의 신학은 그 전 시대 신학이 지옥 불을 강조하면서 인간의 병적인 현실에 더 잘 조화되었던 것에 견주어 볼 때, 건강한 성품을 함양시키려고 했던 교회의 노력이 상당히 승리를 거둔 것이라고 평가할 수 있다. 많은 교회의 집회 시간에 설교자들은 사람들에게 죄를 각성시키려고 하기보다는 그것을 과소평가하려고 한다. 그들은 영원한 벌을 무시하거나, 부정하기까지 한다. 그리고 인간의 타락상을 강조하기보다는 인간의 고상함을 강조하고 있다. 그들은 과거의 기독교인들이 그들의 영혼이 구원을 받을까 하면서 두려운 마음으로 염려하던 태도를 칭송하기는커녕, 그것은 병적인 것이며, 비난받을 만한 것이라고 매도한다. 오히려 우리 조상들이 이교도적인 것이라고 주장하면서 배척했던, 낙천적이고 "건강한" 태도가 가장 기독교적이며, 가장 이상적인 것으로 비치는 것이다. 나는 그들이 옳은지 그른지 하는 것을 묻고 있지 않다. 단지 그 변화만을 지적하고 있을 따름이다.[17]

그는 진화론에 근거한 자연종교가 등장하는 현상을 목도하면서, 개신교 사상사는 이러한 건강한 성품의 종교와는 다른 결을 보인다는 점

---

17   제임스, 『종교체험의 여러 모습들』, 127.

을 언급한다. 그는 마르틴 루터는 이러한 건강한 성품 유형과는 전혀 달랐음을 인정한다. 중세의 로마 가톨릭에서 고해와 면죄가 건강한 성품을 유지하도록 죄를 멀리해주는 방식이라면, 개신교 종교개혁은 하나님의 진노 아래 놓인 인간의 처참한 죄에 대한 고백과 참회에 더욱 집중하기 때문이다. 루터의 경우는 하나님의 진노 아래 놓인 인간 실존에 대한 두려움과 고뇌 속에서 우리를 구원하시는 하나님의 의를 발견하였다. 이는 단지 개신교가 죄 의식에 대한 강박관념 속에서 죄를 해결하기 위한 참회를 강조하기 보다는 오히려 인간의 낭패감을 겸손히 인정하고 인간의 모든 연약함과 죄성을 덮는 절대자의 주권적 구원의 은혜를 주목하게 한다는 차원에서 비관주의적 종교로 채색되는 것이 적절한지 의문이 든다. 제임스의 이러한 구분은 당대의 천주교와 개신교의 일반적 분위기, 특히 미국의 상황에서는 청교도 도덕주의의 유산과 분위기가 익숙한 상황에서 개신교의 특성을 그러한 부정적, 비관적 종교로 그렸는지 모르겠지만, 개신교는 공로가 아닌 은혜에 철저히 근거하는 신앙고백의 특성 상 내적으로 자유와 기쁨의 잠재력이 충만한 종교로 봐야 할 것이다.

2) 건강한 자의 종교와 병든 자의 종교

제임스의 이러한 분석은 천주교와 개신교의 특성에 대한 묘사가 얼마나 정확한지를 떠나, 인간의 도덕적, 사회적 본성에 비추어 회심의 수용 형태가 어떻게 달라질 수 있는지를 파악하는데 도움이 된다. 일률적으로 천주교는 건강한 사람들의 종교이고, 개신교는 병든 사람들의 종교라는 등식은 실체적으로나, 논리적으로 현실성이 없는 비약이 될 수 있기 때문이다. 이러한 구분은 종교적 체험 일반에 대한 다양한 시각을 열어주는 안목으로 충분하다.

먼저, 건강한 마음을 가진 사람들은 신학적으로는 좀 더 자유주의적인 성향이 강하고, 과학과 진화론에 대해서 더욱 수용적이다.[18] 이런 이들은 종교를 통해서 자기의 내면을 관리하고 치유하는 데에 더욱 관심을 갖는다. 그뿐 아니라 이들의 종교적 경험은 공적, 사회적 책임에도 민감하게 하며, 실용주의적인 생활철학에 상응하는 삶의 노선을 걷게 한다. 이들은 악의 문제를 지나치게 신비화하거나 의인화하지 않는다. 더 나아가서는 특정한 어둠의 영적 세력이나 권세가 우리 인생과 사회의 발전을 저해하는 큰 문제로 간주하지 않는다. 따라서 이들은 인생과 사회를 과학적, 합리적인 메커니즘에서 이해하고 사회 문제를 객관적으로 진단하여 가장 적절하고 실제적인 해법을 찾고자 한다. 그러므로 이 유형의 종교인들은 눈에 보이지 않는 악의 실체와 세력과 어떻게 싸울 것이냐에 관심을 쏟기보다, 인간에게 내재된 건강하고 선한 신적 성품을 고양하는데 더욱 주목한다.

앞서 말했듯이, 이러한 유형의 사람들은 비관적 성향의 개신교인들보다 천주교인들에게서 더 많이 볼 수 있는 것은 사실이다. 이들에게는 다시 새롭게 태어나는 두 번째 생명의 필요성이 크게 느껴지지 않는다. 종교는 삶의 자연스러운 순리를 강화하고 보호해주는 기능을 한다. 종교는 인간의 보편적 선함과 성숙을 위해서 기여하는 것이다. 그러한 측면에서 자기 관리와 내면적 의지는 종교가 기능하는 중요한 현장이기

---

18 건강한 성품을 지닌 사람들의 종교에 관한 내용은 『종교체험의 여러 모습들』의 제 4-5 강연(111-168)을 요약한 것이다.

도 하다. 이들은 한번 태어남(once-born)으로 족한 사람들이라 할 수 있다.

두 번째 유형의 사람들은 병든 영혼을 가진 사람들이라 불린다.[19] 제임스는 이들을 비하적인 뉘앙스로 묘사했는데, 이는 경멸적 차별이라기보다는 종교가 인간의 자연스러운 삶을 있는 그대로 인정하느냐, 아니면 혁신적 변화를 요구하느냐의 차이라고 봐야 한다. 즉, 병든 영혼을 가진 사람들은 인생과 사회가 있는 그대로 온전하지 못하다는 관점을 지닌 이들이고, 따라서 더 큰 구원자의 개입과 특별한 은총이 필요함을 인정하는 유형인 것이다.

이 유형은 개신교인들 가운데서 많이 나타나는데, 특히 복음주의자들에게서 두드러진다. 복음주의 운동은 전형적으로 거듭남을 강조하는 사역에 치중하며, 신자들의 중생 체험을 확인하려는 열망이 강하다. 이는 종교개혁의 발원에서부터 이해될 수 있다. 종교개혁은 제도적, 관료적 기성 종교인 로마 가톨릭의 관행적 신앙에 대한 전면적 투쟁이었다. 마르틴 루터는 로마 가톨릭의 형식적 성사와 면죄부와 같은 인간적 구원 수단을 배격하며, 이신칭의의 복음을 설파하였다. 루터와 칼빈에게 나타나는 종교개혁사상은 인간의 전적 타락을 강조하며, 오직 유일한 구원의 희망으로서 그리스도의 대속적 구원사역과 하나님의 거저 주어지는 주권적 은혜를 받아들이는 믿음만을 부각시켰다. 거기에는 인간의 종교적 제도와 관습이 결정적인 역할을 할 수 있는 여지가 없다. 이러한 개신교 신앙의 성향이 제임스에게 병든 영혼을 가진 이들로 보

---

19 병든 영혼의 종교에 대한 논의는 『종교체험의 여러 모습들』의 제 6-7 강연(175-217) 내용을 요약한 것이다.

이는 것은 현상적으로 이해할만하다. 그러나 천주교에 비해서 개신교의 신앙 경험이 병리적으로 진단되어서는 안 된다. 그것이 제임스가 설명하려는 취지에 부합된다고 보기도 힘들다.

이 유형의 종교인들은 아무래도 악을 확대하는 경향이 있다. 건강한 심성의 종교인들은 가급적 악을 축소해서 해석하는데 반해, 이들은 악의 편만함과 근원됨을 강조할 수밖에 없다. 왜냐하면 현재의 피조세계는 원래의 의도된 모습이 아니고 죄로 인해서 전반적으로 부패했기 때문이다. 따라서 인간의 내재된 능력으로는 구원의 길에 들어설 수 없고, 오직 외부의 절대적 개입에 의해서만 구원은 주어진다. 인간 내면의 결심이나 환경의 변화만으로는 인생과 사회를 치유하는 것은 불가능하며, 따라서 반드시 초자연적인 처방이 필요한 것이다. 이러한 유형의 관점은 있는 그대로를 정상으로 여기지 않고, 세상이 원래의 설계와는 조화되지 못하는 것으로 보기 때문에 치유와 회복이 필요하다. 치유와 회복이 요구된다는 것은 인생과 세계가 정상적이지 않다는 것을 전제하기에 이러한 입장의 신념과 세계관을 가진 이들은 병든 사람의 종교라고 묘사된다. 부정적 어감에도 불구하고 세계가 정상적이지 않다는 인식은 기독교의 창조-타락-구속-완성이라는 뚜렷한 구도와 어긋나지 않는다. 이같은 입장에서 근본적인 치유와 회복의 출발은 새로운 탄생이며, 이는 두 번 태어나는 사람들의 종교적 경험을 대변한다.

다시 말해서, 한 번 태어나는 사람들의 종교가 인생과 사회를 큰 문제나 위기가 없는 자연스럽고 상호 조화를 이루며 일관되게 발전하는 것으로 본다면, 두 번 태어나는 사람들의 종교는 기존 세상의 질서로부터 단절과 변혁을 훨씬 강력하게 요구하는 것이다. 여기서는 완전히 새로운 질서의 세계를 갈망하게 된다. 반면 한 번 태어나는 사람들의 종교는 과학적 진화론과도 궤를 같이 하게 된다. 생명들의 세계는 환경에 더욱 유리하게 생존할 수 있는 개체들이 자손을 번식하여 성장하기 때문에 현재의 질서는 과거로부터 더욱 발전하고 있다는 입장이다. 실제로 19세기와 20세기 초 기독교인들은 생물학적 진화론과는 거리를 두면서도, 문화적 문명적 입장에서는 진화론적 관점을 수용하기도 하였다. 반면, 두 번 태어나는 사람들의 종교적 입장은 진화적 성장을 거부하고, 인간에게는 기존 상태(status quo)와의 급진적 단절과 전적 갱신을 통해 새로운 세계와 삶의 모색이 필요하다고 주장하게 된다.

제임스는 이와 같은 두 가지 유형의 종교적 태도는 인생을 보는 두 가지의 전혀 다른 방식이며, 이는 다른 우주관을 바탕에 두고 있다고 말한다.

> 하나는 우리가 건강한 정신이라고 부른 것인데, 거기에 속한 사람들은 이 세상에서 한 번만 태어나도 된다. 다른 하나는 병든 영혼인데, 거기에 속한 사람들은 행복해지기 위해서는 두 번 태어나야 한다. 이렇게 두 가지로 다른 방식이 있는 것은 우리의 경험을 관찰하는데 두 가지 다른 우주관이 있기 때문이다. 이 세상에서 한 번만 태어나도 되는 유형의 사람들이 가지고 있는 종교는 다소 직선적이고 비유로 말하자면 단층짜리 집과 같다. 그들은 대체로 하나의 교파에 속해 있는데, 그 교파는 그 교파라면 당연히 있음직한 가치 구조를 가지고 있다. 거기에서는 하나 더하기 하나는 둘이라는 단순한 대수 공식과도 같은 진리가 모든 것을 지배하고 있다. 삶의 행복과 종

교적 평안은 이 계산에서 더하기 쪽에 속해 있는 것이다. 그러나 거듭나야 하는 사람들의 종교에서 이 세상은 이층집과 같이 신비스럽다. 평안이란 단순히 삶에서 무엇을 더한다고 해서 얻어지는 것도 아니고, 무엇을 뺀다고 해서 얻어지는 것도 아니다...이 세상에는 두 가지 삶의 방식이 있다. 하나는 자연적인 것이고, 다른 하나는 영적인 것이다. 우리가 영적인 삶에 이르기 위해서는 우리는 반드시 자연적인 삶에서 죽어야 한다. 하나는 순전히 자연주의적이고 다른 하나는 순전히 구원론적이라는 점에서 이 둘은 근본적으로 대조되고 있다.[20]

이 둘은 나름의 종교적 체험을 수반한다. 물론 제임스가 말하는 두 번 태어난 사람들의 종교에서 회심은 더욱 두드러지고 차별적인 경험으로 보일 것이다. 그러나 인간의 점진적 성장과 변화를 통해 성자성에 이르는 길을 종교 체험의 중심적 가치로 본다면 한 번 태어난 사람들의 종교, 즉 건강한 사람들의 종교에서도 의미 있는 회심의 경험은 발견될 수 있다. 비록 이 두 유형이 앞서 언급한 한 번 태어난 사람들의 종교와 두 번 태어난 사람들의 종교에 각각 해당될 수 있긴 하지만, 각각이 도식적으로 일치한다기보다는 여러 사람들에게서 다양하게 나타날 수 있는 회심의 유형이라고 보는 편이 더 나을 것이다. 즉, 건강한 사람들의 종교라고 해서 반드시 의지적 유형에 국한되는 것은 아니고, 병든 사람들의 종교라고 해서 자기 포기 유형에만 속하는 것이 아니다. 물론 좀 더 상관성 있는 유형에서 더 많은 사례들이 나올 수는 있다. 그러나 건강한 사람들의 종교적 삶에서도 자기 포기 유형에 근접한 경험

---

20   제임스, 『종교체험의 여러 모습들』, 219-220.

이 나올 수 있으며, 병든 사람들의 종교적 삶에서도 점진적 변화와 성장은 급진적 회심과 더불어 얼마든지 병행될 수 있을 것이다.

이러한 회심의 유형에 대한 제임스의 이해는 그가 심리학과 기독교를 조화시키려 한 시도에서 유래했으리라 짐작된다. 심리학과 기독교는 양자가 대립된 인간 이해를 견지하는 것으로 보일 수도 있지만, 어떤 의미에서는 인간 삶의 경험에 대한 서로 다른 측면을 조명한다고도 볼 수 있다. 심리학과 기독교는 개인의 외부에 구원을 가져오는 힘들이 있다는 사실을 공히 인정한다. 다만 심리학에서는 그 힘을 잠재의식적 힘으로 여기는 반면, 기독교 신학은 초자연적인 신적 작용을 인정한다는 면에서 다를 뿐이다.

3) 의지적 유형과 자기포기 유형

제임스는 스타벅 교수의 주장을 빌려서 회심의 유형을 의지적 유형과 자기포기 유형이라는 또 다른 측면에서 구분한다.[21]

(1) 의지적 유형

이 유형은 회심을 자연스러운 과정으로 보는 견해다. 회심은 오랜 시간에 걸쳐 점차적으로 새로운 도덕적 습관과 정신적 습관을 하나하나씩 형성해 나감으로써 이루어진다. 여기서는 획기적 결단이나 의식적 각성이 회심을 일으키기 보다는 무의식적이거나 잠재의식적 가치

---

21 제임스,『종교체험의 여러 모습들』, 262ff.

관이 행동과 습관에 서서히 영향을 주면서 인식의 변화를 일으키고, 결국에는 성품이나 행동을 선한 수준으로 향상시키는 경우이다. 따라서 이는 회심의 점진성과 연결되는 유형이라 할 수 있다.

(2) 자기 포기 유형

이 유형은 회심을 절대적이고 객관적인 외부 존재의 도움에 의해서 임하는 구원을 받아들이는 것으로 본다. 인간이 개인의 의지와 노력으로 아무리 자신의 존재적 위기와 유한함에 저항하고 그것들로부터 해방되고자 노력한다 해도 원하는 구원은 임할 수가 없다. 결정적인 열쇠는 자기 인생에 대한 지배권을 포기하고 자기 의지를 깨뜨릴 때 구원이 임하고, 회심이란 바로 이러한 자기 포기를 의미하는 것이다. 이는 회심의 급진성을 반영하는 유형이다. 여기서 인간이 들여야 할 노력이 있다면 죄의 유혹으로부터 벗어나기 위해 자기를 겸손하게 포기하며, 절대자의 도움을 전적으로 수용하는 것이다. 그것이 인간으로 하여금 진정한 의로움에 이르게 할 것이다.

제임스가 인용한 의지적 회심과 자기포기적 회심이라는 두 유형과 비교해서 함께 고찰할만한 분류는 루이스 램보(Lewis Rambo)의 회심 유형론이다. 램보는 버클리 대학의 종교사회학 교수로서 회심 현상과 과정에 대한 실증적 연구로 중요한 업적을 이루었다. 그의 유명한 회심 단계론에 대해서는 뒤에서 더 자세히 살펴보겠지만 여기서는 회심의 유형에 대한 램보의 분류를 간략히 살펴보기로 하겠다.

2. 루이스 램보의 회심 유형[22]

1) 배교/탈퇴(apostasy/defection)

우리는 회심을 특정한 종교에 귀의하는 과정으로만 보지만, 사실 회심의 이면에는 과거 종교나 신앙에 대한 거부가 일어날 수 있다. 이는 꼭 기성 제도 종교에 대한 배교만이 아니다. 자신이 살아오던 삶의 관습, 혹은 종교가 관행화된 가정이나 종족으로부터 탈퇴하는 것도 포함된다. 배교는 역 회심이라고 볼 수 있으며, 실제 기존 종교의 위치가 흔들릴 때 자주 일어나는 현상이기도 하다.

2) 강화(Intensification)

강화는 기존 종교 안에서 일어나는 현상이다. 종교 간 이동이 아닌 원래 있던 종교 안에서 신앙의 재 헌신이나 재 활력화가 일어나는 것이다. 혹은 종교에 대한 확고한 신념이 없는 명목상, 형식적 순응에서 신앙을 더욱 열정적으로 깊이 탐구하며 자기 내면에 주체화시키고 그에 기반을 두고 삶을 근본적으로 혁신시키는 것이다. 이와 같이 회심 현상은 새로운 종교 귀의자들만을 대상으로 하지 않고, 기존 종교인들의 귀속성을 더욱 강화시키는데 이해될 수 있다. 이는 회심 연구의 범위를 더욱 넓히는데 긴요한 안목이 될 것이다.

---

22 이하에 나오는 회심 유형에 관한 램보의 논의는 Lewis Rambo, *Understanding Religious Conversion* (New Haven and London: Yale University Press, 1993)의 38-39를 요약한 것이다.

3) 소속/입회(affiliation)

회심을 외형적으로 가시화시키는 것은 종교의 공식적인 성원이 되는 것이다. 이는 회심의 제도적 측면인데, 회심이 내면의 결심이라고 해서 외적, 제도적 표지와 무관한 것은 아니다. 인간은 사회적, 공동체적 존재이기 때문에 타인과의 지속적이고 체계화된 안정적 교류 속에서 자신의 정체성과 소속을 확인하고 싶어 한다. 따라서 종교적 회심이라는 내면의 헌신이 공적으로 인정받아 그러한 신념을 지지하고 견인하는 공동체에 속하는 것은 당연한 과정이다. 회심은 믿는다는 결심일 뿐 아니라, 그 믿음을 공유하는 공동체에 소속하는 것이기도 하다. 공동체는 회심의 내용을 더욱 구체화시켜주고 강화시켜준다. 기독교적인 관점에서 이는 교회의 책임있는 구성원이 되는 것이다.

4) 제도 이동(institutional transition)

회심은 또한 자신이 속한 종교제도에서 이동하는 것도 포함한다. 이는 흔히 기독교계의 용어로 수평이동일 수 있다. 수평이동은 이사나 이민 등의 편의에 의한 지리적 이동에 의한 것도 있을 수 있지만, 본인의 종교적 신념이나 기호의 변화에 따른 같은 종교 전통 안에서의 이동이 될 수도 있다. 또는 현재 속한 종교 조직에 대한 회의나 실망이 같은 종교 전통 내의 다른 제도로의 이동을 유발시킬 수도 있다. 제도적 이동은 같은 종교 안에서 여러 가지 사유로 인해 특정한 교회나 공동체로 옮기는 것을 의미한다.

5) 전통 이동(tradition transition)

제도적 이동과 유사하게 특정 공동체의 소속을 바꾸는 것이지만, 전통이동은 더 큰 의미에서 종교 자체를 바꾸는 것이다. 따라서 근본적으로 배교와 새로운 입회를 수반하게 된다. 이는 흔히 말하는 개종의 현상이다. 종교를 바꾸는 데에는 여러 가지 배경과 양상이 있다. 개인의 선택으로 인해서 종교를 바꾸는 경우도 있으나, 사회나 국가와 같은 집단의 상황 변화로 인한 새로운 세계관과 상징체계를 채택하는 경우도 있다. 고대나 중세에는 한 민족이 정치적, 경제적 이익에 따라 집단으로 개종하는 경우도 왕왕 있었다. 또는 한 나라나 민족의 오랜 공적 종교가 특정한 위기의 상황에 그 힘을 잃어버리고 더 이상 변화하는 시대에 대응하지 못할 때, 내부에서는 그에 대한 대안으로 새로운 종교를 탐색할 수 있다. 우리나라의 경우, 14세기 고려말 신진 사대부들이 불교를 버리고 새로운 문명의 질서로서 성리학을 연구하며 조선 건국의 기초로 삼은 것이 대표적 사례다. 유교의 지배력이 급속도로 약화되던 구한말과 일제강점기에 기독교가 신문물의 상징으로 많은 선각자들에게 동경의 대상이 된 것도 유사한 이치다.

3. 헨리 호렌의 회심 경력 이론

헨리 호렌(Henry Gooren)은 20세기에 등장했던 회심 연구들이 주로 사회-경제적, 심리학적 측면에 집중했던 것을 비판하며, 종교적 회심을 더욱 역동적으로 이해하기 위해서 '회심 경력'(conversion career) 이론을 제시한다. 그가 말하는 회심 경력이란 회심에서 나타나는 다양한 형태들, 즉 고도의 결단을 수반하는 회심이나 저차원의 미지근한 회심, 또는 인생에서 다양한 종교들을 거치는 과정들을 포함해서 회심을 일으키는 여러 요인들을 복합적으로 보는 방식이다.[23] 즉, 회심 경력이론이란 회심의 형태를 다차원적으로 보는 체계라고 할 수 있다.

1) 회심의 다섯 가지 여정

호렌은 회심을 "개인의 종교적 세계관과 정체성이 포괄적으로 변화하는 것"이라고 정의하며, 그 가운데 핵심은 정체성의 변화에 있다고 본다.[24] 종교적 회심의 여정은 결국 이 정체성이 변화되는 것이며, 그러한 변화에는 종교로의 입회(affiliation) 뿐 아니라 종교로부터의 이탈도 포함될 수 있다. 따라서 회심 경력이란 한 사람이 사회적, 문화적 정황 속에서 종교에 참여하는 층위와 유형, 그리고 국면 등을 거치는 여정이라고 할 수 있다. 여기에는 인적 관계망인 사회적 요인, 기성 종교들과 관계 맺는 제도적 요인, 정치적인 요인, 개인적 요인, 그리고 회심으로 이끄는 환경적 요인까지 다양하게 영향을 미칠 수 있다. 호렌은 회심의 경력이라는 측면에서 나타나는 종교적 활동들의 유형을 예비입회(preaffiliation), 입회(affiliation), 회심(conversion), 고백(confession), 그리고 이탈(disaffiliation)이라는 여정으로 정리한다.[25] 선형적으로는 이러

---

23 Henry Gooren, *Religious Conversion and Disaffiliation* (New York: Palgrave Macmillan, 2010), 3.
24 Gooren, *Religious Conversion*, 3-4.
25 Gooren, *Religious Conversion*, 48-49.

한 단계들을 거치고 이 단계들 마다 사회적, 제도적, 정치적, 문화적 요인들의 상호 결합됨에 따라 복합적이고 다변화된 형태를 띠게 된다.

"예비 입회"는 잠재적 회심자가 새로운 종교에 대해서 관심을 갖고 해당 종교의 구성원들과 접촉을 하며 그 종교가 어떤 지를 탐색하는 단계다. "입회"란 잠재적 회심자가 그 종교 집단의 공식적인 구성원이 되는 단계다. 하지만 집단의 구성원이 되었다고 해서 그러한 종교적 활동이 그의 인생 정체성을 구축하는 결정적 측면인 것은 아니다. 예비 입회와 입회 다음 단계가 바로 논의의 핵심인 "회심" 단계다. 회심 경력 이론에서는 회심의 전과 후를 아우르지만, 여기서는 종교적 선택을 뚜렷하게 구분 짓는 헌신이라는 차원에서 회심이라는 용어에 접근한다고 볼 수 있다. 종교 선택의 중심으로서 회심은 개인의 세계관과 정체성이 변화된 것을 말한다. 그 다음 단계는 "고백"인데, 이는 핵심 구성원의 정체성을 가리키는 신학적 용어이자 자신이 속한 종교 집단에 깊이 참여하고 더 나아가서는 집단 밖의 사람들에 대한 선교적 의향을 품는 수준이다. 이탈은 앞의 네 단계와는 전혀 다른 방향의 여정이다. 기존 종교 집단 내의 구성원이 공식적으로 소속을 탈퇴하거나, 아니면 여전히 스스로 신자라는 정체성은 갖고 있으나 구성원으로서의 활동은 하지 않는 경우를 말한다. 이는 최근에 한국교회에서 중요한 쟁점으로 떠오른 탈 교회나 가나안성도 현상과 비슷하다.

호렌이 나열하는 회심 경력의 다섯 단계는 교회의 현장에서 새로운 신자가 입회하거나, 기존의 신자가 이탈하는 과정에 견줄 수 있다.[26] 먼저 예비 입회의 단계는 교회 용어로 방문자(visitor)에 해당될 것이다. 둘째로 입회의 단계는 교회의 교인이 되거나, 세례를 받는 단계이다. 회심의 단계는 말 그대로 진정한 의미에서 회심자가 되는 것으로서, 교회의 온전한 구성원이거나 세례자의 위치이다. 넷째로 고백의 단계는 교회에서 다른 사람들을 도와주고 양육하는 지도자나 핵심 구성원, 직분자, 혹은 선교사 등의 역할을 맡는 것이다. 반면, 다섯째 단계인 이탈은 교회 소속이나 교회와의 접촉을 멀리함으로 비활동성 구성원이 되거나, 교회를 다니지 않는 그리스도인이 되는 상태다. 이 다섯 단계 외에도 재입회(reaffiliation)라고 하는 이른 바 종교를 떠나거나 멀어진 이들이 다시 돌아오는 단계도 상정할 수 있다.

2) 회심의 다섯 가지 경력 유형

호렌은 위와 같은 회심의 여정 외에도, 주로 서구 기독교의 문헌 연구를 통해서 회심이 일어나는 다섯 가지 경력 유형을 분류한다. 그것들은 먼저 부모의 종교(parental religion), 종교적 구도자와 쇼핑자(religious seekers and shoppers), 헌신된 회심자들(committed converts), 고백적 지도자들(confessing leaders), 그리고 환멸을 느낀 이탈자들(disillusioned disaffiliates)이다.[27]

부모의 종교를 따르는 유형은 신앙이 재활력(revitalization), 재각성

---

26 Gooren, *Religious Conversion*, 50.
27 Gooren, *Religious Conversion*, 69.

(reawakening)되는 경우가 많으며 이는 램보의 유형에서 강화에 가깝다. 회심 여정의 경력에서는 재입회(reaffiliation)이라는 결과를 낳을 수 있다. 왜냐하면 잠재적 회심자의 과거 종교적 배경이나 경험을 기반으로 신앙이 갱신될 수 있기 때문이다. 부모의, 혹은 가족의 종교를 따르는 회심에서 네 가지 양상을 관찰할 수 있다.[28] 첫째, 어릴 때의 신앙이 성인으로 이어지는 것으로서 이는 지속성 회심(continuous conversion)이라고도 불리는데 가장 자연스러운 회심이다. 둘째로는 청소년기나 청년기에 일시적으로 부모의 종교를 떠났다가 다시 돌아오는 재입회(reaffiliation) 회심이 있다. 여기에는 가족이나 친구를 비롯한 특별한 촉매제가 필요할 수 있다. 셋째는 부모의 교회에서 이러한 자녀세대의 종교적 필요에 부응하는 사역 그룹이 생겨서 신앙으로 재입회하는 양상이다. 이는 부모 교회의 갱신을 수반한다. 넷째, 부모나 가족과의 사별로 인해서 장례를 치러준 과거의 교회로 돌아오는 양상이다. 여기에는 장례와 위기사역이 중요한 기여를 한다.

호렌은 부모의 종교를 따르는 회심에 대한 연구는 매우 빈약함을 지적한다. 부모나 가족의 교회가 예배나 설교, 양육 프로그램 등에서 새로운 면모를 갖추면서 잠재적 회심자가 인적 관계망을 통해서 자연스럽게 끌릴 수 있다. 이는 신앙형성에서 가족적 요인이 강한 한국 기독교에 더욱 잘 적용될 수 있을 것이다.

회심 경력에서 두 번째로 관찰되는 것은 구도자와 쇼핑자의 유형이

---

28   Gooren, *Religious Conversion*, 76.

다. 앞서 소개한 부모 종교를 따르는 회심 유형은 개인주의와 가족해체의 시대에 상대적으로 감소한다. 대신 젊은 세대는 관심사와 취향에 따라 질서 있는 세계와 체계적 신념 등의 종교적 필요를 채우려는 욕구가 있다. 종교적 구도자와 쇼핑자들의 회심 여정을 고찰해보면, 대부분이 신앙의 헌신도가 높지 않은 가정에서 자랐기 때문에 종교적 사회화를 경험하지 못했다. 하지만 오늘날의 소비 다원주의 사회에서 종교적인 선택지들은 늘어났기 때문에 그들이 종교들에 노출되는 계기들은 충분했다. 그들로 하여금 회심에 이르게 했던 촉매제는 여러 요인들이 복합적으로 결합되는데, 실존적 혼란, 가족과 친구의 영향, 부모의 종교에 대한 불만, 신앙과 학문의 갈등, 필요에 부응하는 교회 탐색 등이 주된 요인들이다.[29] 이 유형에서의 회심은 확고한 신앙적 정체성에 이르기보다는 종교집단에 소속되는 수준의 입회적 신앙(affiliative faith) 형태인 경우가 많다.

세 번째 유형은 헌신적인 회심자들로서, 이들은 회심의 경험과 이야기를 통해서 자신들의 생애를 재구성하는 자들이다. 신앙을 통한 생애의 재구성은 세계관과 정체성의 변화를 일으키는 회심 경험의 중심부에서 일어나는 일이다.[30] 따라서 이들의 회심은 뚜렷한 신앙고백과 체험에 근거한다. 이 유형의 회심을 일으키는 요인들을 분석한 바에 따르면, 대부분의 헌신적 회심자들은 종교적으로 고도의 헌신된 가정에서 신앙의 교육을 받았고, 가족이나 가까운 지인으로부터 영향을 받은 사회적 회심이었으며 신비한 체험이나 기도, 용서, 방언 등이 수반되었

---

29 Gooren, *Religious Conversion*, 85.
30 Gooren, *Religious Conversion*, 86.

다. 또한 아동기와 청소년기의 외로움을 겪으면서 자기 정체성에 관한 질문과 씨름하였다. 그러면서 이들 다수는 도덕적 문제에 대한 치열한 고민이나 두 번째 회심이라 불리는 신앙적 재 각성을 경험하기도 한다.[31]

네 번째 유형은 고백적 지도자들이다. 앞서 헌신적 회심자들 모두가 이러한 종교집단의 리더나 핵심 구성원이 되는 것은 아니다. 여기서 말하는 고백적이라는 의미는 회심자가 회심의 여정에 개인적 희생을 투입하는 것이다. 회심자는 종종 인생을 뒤흔드는 위기 경험들을 한 뒤로 더욱 깊은 삶의 의미를 추구하며 헌신에 이르게 된다. 물론 고백적 지도자가 된다고 해서 그 상태를 항상 유지하는 것은 아니며, 때로 고백적 지도자의 신앙에서 종교 이탈자로 변모하는 경우도 있다.[32]

다섯째 유형은 환멸을 느낀 이탈자들인데, 이들은 배교, 혹은 역회심을 경험한 자들이다. 여기에는 아예 종교가 없는 세속화된 무종교인과 종교적인 경험이나 성향을 지닌 무종교인들도 포함된다. 이들의 경우 종교가 있는 가정에서 성장했더라도 종교적 사회화는 빈약했거나, 나중에는 주변의 지인들로부터 영향을 받아 기존 종교를 떠나기도 한다. 이들이 종교로부터 이탈하게 되는 계기들은 교회 가는 습관을 상실하거나 신앙생활에 감응이 없고, 지적 회심은 더욱 증가하는 경우들이다. 이들은 대체로 종교로부터 이탈하는 시점에 높은 교육 수준을 받은

---

31 Gooren, *Religious Conversion*, 95.
32 Gooren, *Religious Conversion*, 102.

상태였다.[33]

호렌이 주장하는 회심 경력은 다음 장에서 살펴 볼 루이스 램보의 회심 유형 및 단계들과 상당히 유사하다.[34] 한때 종교를 떠났던 사람들 가운데서 과거 자신이 속했던 종교로 돌아오는 경우가 있다. 이는 회심 경력 여정에서는 이탈 단계에서 복귀 단계로 이동하는 것이며, 앞서 살펴 본 램보의 회심 유형에서는 "강화"에 해당된다. 혹은 어릴 때 속했던 유사한 종교 전통 내에서 다른 종교 집단으로 이동하는 현상도 있다. 이는 이탈에서 입회로의 전환인데, 로마 가톨릭 배경에서 자란 사람이 개신교인이 되거나, 장로교나 감리교 집안의 배경에서 자란 사람이 한 동안 교회를 떠났다가 다시 오순절 교회로 복귀하는 경우이다. 이를 램보는 "제도 이동"이라고 불렀다. 이와는 달리, 어릴 때 경험했던 종교 배경과는 전혀 다른 새로운 종교로 이동하는 경우도 있다. 이 역시 이탈에서 입회로의 전환이긴 하지만 이동한 종교 집단의 질적 차이는 "제도 이동"과는 완전히 다르다. 이는 램보의 표현으로 "전통 이동"에 해당되는 현상인데, 가령 그리스도인이 무슬림 신자가 되거나, 혹은 그 반대의 경우가 이에 속한다. 이는 한 마디로 아주 극적인 변화를 수반하는 개종이라 할 수 있다.

사실 종교적 회심의 과정을 상세하게 엿보기 위해서는 램보의 회심 단계론이 더욱 치열한 논의를 담고 있다. 하지만 회심 경력은 램보의 회심 단계론이 언급하지 않는 종교에 대한 이탈과 불만을 다루고 있으며, 회심을 생애 주기와 연결해서 더욱 상세히 보게 해준다. 윌리엄 제

---

33 Gooren, *Religious Conversion*, 110.
34 이하의 내용은 Rambo, *Understanding Religious Conversion* 49페이지를 요약한 것이다.

임스의 연구를 비롯해서 대부분의 회심을 이해하는 접근법들은 청소년, 청년기에 일어났던 결정적인 회심 경험에 주목한다. 하지만 회심 경력론은 회심을 더욱 포괄적인 인생 주기와 경험에서 조망하게 해준다는 점에서 회심 이해의 범위를 넓힌다.

3장

회심의 과정 이해

회심을 이해하는데 있어서 그 내용 만큼이나 중요하게 간주되는 영역이 회심의 과정이다. 과정에 대한 연구는 회심이 일어나는데 있어서 그 기간이 얼마나 걸렸느냐에 대한 진단 뿐 아니라 회심 발생에 수반되는 단계와 변수들에 주목하는 것이다. 앞서 종교적 회심의 속성에 대한 객관적이고 종교 내재적 이해를 수립했다면, 이제 회심 현상에 대한 해석적 과제는 이 과정에 대한 분석으로 넘어가고자 한다. 이를 위해서는 다양한 회심경험들이 어떠한 단계들을 포함하고 공유하는 지를 관찰할 필요가 있다. 미국 버클리대학의 종교사회학자인 루이스 램보(Lewis Rambo)는 이러한 회심 과정과 단계에 대한 광범위한 조사를 거쳐 실질적인 정리를 하였다.

램보는 280명의 종교 회심자들을 조사하면서 공통적으로 나타나는 회심 과정을 일곱 단계로 분류하였다. 그것은 상황(context) – 위기

(crisis) - 탐구(quest) - 대면(encounter) - 상호작용(interaction) - 헌신(commitment) - 결과(consequence)이다. 이러한 일곱 단계는 회심 과정을 일반화한 것이지만, 각 단계가 반드시 순차적으로 일어나는 것은 아니라는 점은 유의해야 한다. 즉, 일곱 단계의 진행이 가장 일반적일 수는 있어도 얼마든지 각 단계들이 바뀌거나 생략되는 일은 상황에 따라 가능하다. 그럼에도 불구하고 이러한 단계 별 연구는 회심의 과정을 세밀하게 살피는데 도움이 될 것이다. 이는 각 단계마다 어떠한 사람들이 연루되며, 어떠한 이슈들이 불거지는지를 포착하는데 도움이 될 것이다.

1. 상황(Context)의 단계

상황은 잠재적 회심자(potential convert)가 앞으로 회심의 과정에 들어설 수 있는 최소한의 접촉 및 연관성을 갖게 되는 것이다. 주변에 기독교인이 없거나 다른 종교와 거의 접하기 힘든 상황이라면 회심을 위한 기본적인 여건이 조성되어 있지 못한 상태라 할 수 있다. 회심이 일어나기 위해서는 회심하고자 하는 종교에 어떤 식으로든 노출이 되어야 한다. 상황의 변화는 이민이나 주위의 환경이 종교와 깊이 연관되어서 회심에 이르는 발판으로 작용할 수 있기 때문이다.

예를 들어, 이민은 잠재적 회심자가 전혀 새로운 종교적 환경에서, 새로운 맥락으로 그 종교와 접하는 계기가 될 수 있다. 이민이나 취업, 유학 등으로 미국에 거주하는 한국인들의 경우 상당수가 교회에 출석하거나 관련을 맺고 있다. 미주 한인들의 종교 활동에 대한 정기적이고 정확한 통계를 내긴 어렵지만, 대체로 개신교회 출석이 50% 이상을 상회하는 것으로 본다. 여론조사 전문기관인 퓨 리서치 센터(Pew Research Center)에서 2012년에 조사한 바에 따르면 미주 한인의 61%가 개신교인이라고 하는데, 이 수치는 한국 내 개신교인의 비율보다 3배 이상이다.[35] 이러한 현상에 대해서 혹자는 이민사회에서 외로운 한인들이 교회를 중심으로 공동체를 이루기 때문이 아니냐고 생각할지도 모른다. 그러나 동포사회에서의 인맥 네트워크 차원뿐만이 아니라 주류사회의 종교에 편입되는 것이 그 사회에 적응하는데 더욱 도움이 되리라는 기대에서 비롯되었다고 볼 수 있다. 왜냐하면 다른 나라들에 사는 한인들의 경우에는 개신교인 비율이 미국만큼 높은 수치가 안 나오기 때문이다. 재일 동포들의 경우에는 에는 기독교인 보다 불교인이 더 많은 것으로 추산되는데, 이는 기독교가 일본사회의 주류 종교가 아니기 때문이다. 그렇다고 재일 동포들이 일본의 주류 종교인 신도를 추종하는 것도 아니다. 여기에는 한 가지 단서가 존재할 수 있다. 이민자들이 사는 주류 사회가 그들이 동경할 수 있는 문화여야 한다. 따라서 일본에 대한 한국인의 감정을 고려할 때, 아무리 기존 사회로의 적응이 중요하다고 해도 일본의 전래 종교에 대한 호의적 관심이 자라날 가능성은 극히 적다. 중국에 거주하는 조선족들의 경우에는 많은 이들은 아니지만 기성 종교 대신 중국 공산당을 신봉한다고 대답하는 이들이 있다는 것을 보면 해외 거주자들은 그들이 사는 곳의 체제와 문화에 대한 감정에 따라서 종교적 선택이 달라질 수 있다.

---

35 www.pewforum.org/2012/07/19/asian-americans-a-mosaic-of-faiths-religious-affiliation

1) 거시적 상황과 미시적 상황

회심을 일으키는 상황은 크게 거시적 상황(macro-context)과 미시적 상황(micro-context)으로 더 세분화될 수 있다.[36]

(1) 거시적 상황(macrocontext): 거시적 상황은 회심에 긍정적으로든지, 혹은 부정적으로든지 영향을 주는 정치 체제의 변동, 혹은 경제 상황, 생태 환경, 새로운 외부 문화의 유입 등을 말한다. 정치 체제의 변동은 종종 종교 선택의 자유를 위축으로 이어지는 경우가 있다. 사회주의나 이슬람 정치 체제가 공고해지면 기독교로의 회심은 일단 제약을 받을 수밖에 없다. 외부적 억압이 회심에 부정적인 영향을 주기도 하지만, 억압이 자유의 박탈로 이어져 사람들에게 불만이나 실망을 일으키고 이는 다른 종교적 대안을 찾는 움직임으로 전개되는 경우도 많다. 생태 환경의 변화는 자연 재난으로 인해서 사람들이 지금까지의 생활방식을 반성함으로 인해 새로운 신념과 종교로 눈을 돌리게 될 수도 있다. 최근 코비드 19 팬데믹으로 인해 지구촌 전역에 전염병에 대한 공포가 휩쓸자, 유럽과 미국에서는 구글을 기준으로 '기도' 검색량이 급증했다는 연구가 나왔다. 사람들의 기도 검색이 늘었다고 해서 그것을 회심과 연관시키기는 무리다. 그러나 외적 환경의 변화가 사람들의 종교에 대한 관심을 촉발시키는 사례로서는 유의미한 현상이라 본다.

그 외에도 직접적이진 않지만 거시적이고 간접적 측면에서 회심에

36　Rambo, *Understanding Religious Conversion*, 21-22. 이하에 논의되는 램보의 각 회심 단계들에 대한 설명 또한 표기된 페이지의 내용을 요약한 것이다.

영향을 주는 사회적 상황들로는 교통수단과 커뮤니케이션의 변화, 그리고 점증하는 세속화 등이 있다.[37] 종교개혁이 일어난 직후에 로마 가톨릭이 예수회를 중심으로 전 세계로 선교사들을 파송하였을 때, 개신교 국가들은 그에 상응할만한 수준의 경쟁적인 선교사 파송을 하지 못하였다. 이는 개신교회들이 내부의 교리체계 정립이 더욱 시급해서이기도 하지만, 다른 한편으로는 당시 해상권을 주로 가톨릭 국가들이 장악하고 있었기 때문에 교통수단의 확보가 미진했던 탓이기도 하다. 그런데 커뮤니케이션 측면에서 회심의 상황을 본다면 당시의 개신교회는 구텐베르크의 인쇄술 발명과 루터의 독일어 성경 번역을 통해서 종교개혁의 정신을 보급하는데 상당한 성과를 거뒀다. 라틴어로 모든 전례를 거행하고 성경의 자국어 번역을 허락하지 않던 로마 가톨릭에 비해서 개신교는 일반 대중에게 훨씬 효과적이고 쉬운 소통을 할 수 있던 것이다.

현대 사회에서 종교적 회심의 가능성이 낮아지는 가장 대표적인 환경의 변화는 세속화와 인본주의의 확산일 것이다. 현대 사회에서도 종교의 역할과 기능이 지속되며, 지대할 것이라는 주장도 있지만, 세속화 이론가들은 오늘날 사람들에게 정서적, 관계적 측면에서 종교를 대신할 수 있는, 혹은 종교와 경쟁할 수 있는 선택지가 넓어졌다는 현실에 주목한다. 과거 크리스텐덤(Christendom) 시대의 유산인 기독교를 '당연히 주어진 조건으로 보는 인식'(taken for granted)은 더 이상 보편적이지 않게 되었다. 서구사회에서 이전 세대와는 달리 그들의 삶 전반에서 종

---

37   Rambo, *Understanding Religious Conversion*, 26-30.

교가 더 이상 준거점이 되지 못하고, 교회를 경험하지 못한 세대의 비중이 훨씬 더 커지면서, 기독교는 사람들의 실제 생활과 의식에서 주변부로 밀려나는 현상이 일어났다. 교회는 사람들의 일반적인 삶에서 필요한 관심의 대상이 되지 못하는 것이다. 기독교가 문화적 상징으로는 남아 있으나 사람들의 선택과 행동을 이끄는 주요한 자원은 아니다. 여전히 기독교 이름의 정당이 있고, 성경이나 기독교 성인들의 이름을 딴 병원과 학교 등이 유지되며, 많은 사람들이 자신들의 종교를 기독교라고 하지만, 그들 대부분은 기독교 신앙에 대해서 무지하고, 평생 종교 활동을 거의 하지 않는다. 이와 같은 세속화의 시대에서 사람들이 종교적 회심, 그것도 이미 과거의 유물로 전락하는 기독교 회심을 위한 동기부여를 받게 될 가능성은 적어진다.

(2) 미시적 상황(microcontext): 거시적 상황이 회심을 위한 큰 그림이라면, 미시적 상황은 지역적이고, 개인적이며, 직접적인 관계망에서 이루어지는 환경의 변화라 할 수 있다. 여기에서는 잠재적 회심자의 가족이나 친구, 이웃, 같은 민족과의 관계 변화가 중요한 요인이 될 수 있다. 사람들이 어떠한 종교로 귀의하게 될 때 가장 크고 많은 영향을 미치는 것은 그들의 기존 관계망에서 비롯되기 때문이다. 가족, 이웃, 동료들로부터 도움을 받거나 좋은 관계를 유지하는 동시에 그들의 종교 활동에 더욱 호의적인 느낌을 가질 수 있다. 현대 사회는 인간의 다양한 개성과 자아가 구현되는 시대이다. 사람들의 자아 기반이었던 전통과 제도들이 와해되면서 다원화된 세계관과 가치관이 서로 경쟁을 벌이자 사람들은 정체성 혼란을 겪고 있으며, 개인의 자아가 취약해지는 현상이 벌어지고 있다. 이로 인해서 사람들은 자신들에게 타당성 있는

세계관, 삶의 의미를 설명해주는 신념 체계, 자신에게 소속감과 연결감을 제공하는 신앙 공동체를 지향하게 된다. 다양한 주장들이 서로 엇갈려 불협화음을 일으키는 시대에 사람들은 명료한 대답과 신념을 제공하는 종교를 필요로 하는데, 이러한 필요를 주위의 비슷한 사람들에게서 실증적으로 드러난 변화와 관계를 통해서 채우고자 한다. 또한 '종교적 인간'('종교적 인간'(homo religiosus 호모 렐리기오수스))은 성스러움과 접촉하고자 하는 열망을 갖고 있으며, 이러한 거룩함과 초월의 경험을 제공하는 신앙 공동체와 결속하려는 원초적 욕구를 지닌다.

이와 같은 인간의 자아, 관계성, 성스러움을 향한 열망은 거시적 상황의 변화에 의해 동기부여가 될 수도 있지만, 실제적으로 종교적 회심으로 향하는 발걸음은 미시적 상황이라는 개인 관계망 속에서 내딛게 되는 경우가 많다. 이 점에 관해서는 뒤에서 회심과 사회적 자본의 관계를 다룰 때 좀 더 상세히 논하기로 하겠다.

3) 회심에 영향을 주는 상황들

그렇다면 회심이 일어날 때 상황들은 어떻게 구성되어 작동하는가? 램보는 몇 가지의 과정들이 복합적으로 일어난다고 말한다.[38]

처음에는 저항과 거부가 일어난다. 기존 사회에 새로운 종교가 도입될 때는 그에 맞서는 힘이 작동한다. 램보는 대부분의 회심 연구에서

38　Rambo, *Understanding Religious Conversion*, 35-40.

종교 수용을 강조하는 반면 종교 거부에 대한 관심이 빈약하다는 점을 지적한다. 예를 들어, 사람들은 현대 한국사회에서 20%의 비중을 차지하는 기독교의 급격한 성장에 대해 인상적인 평가를 내놓았지만, 사실상 더욱 많은 이들은 (가톨릭을 빼더라도 약 70~75%) 기독교에 대해서 여전히 관심이 없거나 부정적인 자세를 견지한다. 비 기독교인들의 절대 다수는 어떤 식으로든 기독교를 접했고 심지어 교회를 다닌 경험도 있었다. 그렇다면 기독교로 회심한 이들보다 훨씬 더 많은 이들이 기독교를 거부하거나 저항하였다는 것이다. 최근에 교회를 다니다가 이탈한 가나안 교인 현상에 대한 연구들이 나오는데, 이들 또한 기독교 회심에 저항하거나 거부한 집단에 더해질 뿐이다.

둘째로는, 회심이 고립된 집단(enclaves)에서만 일어나는 상황이다. 예를 들어, 민족적인 성격을 강하게 띠는 유대교나 극단적 재세례파로 분리된 생활을 하는 아미쉬(Amish) 공동체, 또는 그 밖의 각종 컬트 집단들이 그렇다. 이러한 고립된 집단들은 외부 세계와는 거리를 두고 차단된 자기들만의 종교 생활을 한다. 그러나 그들 나름대로는 자기들의 종교를 보존하고 보호할 뿐 아니라, 외부 종교의 침투에 대해서 강력한 저항체계를 갖추고 있다. 큰 구도에서 볼 때는 근본주의 이슬람 국가들도 종교적으로는 고립된 저항체계 속에 있다고 봐야 한다.

셋째로는, 기존 인간 관계망을 통해서 회심에 이르는 경로가 조성되는 경우다. 관계망은 회심을 일으키는 가장 유력한 상황이기는 하지만, 긍정적 전망과 부정적 전망이 동시에 공존한다. 왜냐하면 가족이나 가문과 같은 기존 유대망에 확고한 종교적 입장이 형성되었을 경우 새로운 종교의 유입을 강력하게 차단할 수도 있기 때문이다.

넷째로는 합치(congruence) 요인을 생각해볼 수 있다. 이는 새로운 종교가 도입됐을 때, 기존의 상황과 충돌하거나 또는 그에 상응하는지의 여부이다. 이는 종교를 받아들이는 집단의 과거 역사적, 문화적 배경을 면밀히 살펴봄으로써 예측 가능하다. 램보는 선교학자 찰스 크래프트(Charles Kraft)의 나이지리아 히기족(Higi) 사례를 인용한다. 히기족은 원래 이슬람 배경을 갖고 있는데도 기독교를 집단적으로 수용한 경우였다. 그들은 경쟁 부족이자 철저한 이슬람 세력인 풀라니족(Fulani)의 호전성과 그들이 자행하는 노예매매 활동에 대한 반감을 갖고 있었다. 그런데 히기족은 그들의 민담에서 내려져오는 "신을 두려워하고, 하얀 사람을 두려워하라."는 금언을 존중해왔다. 이처럼 주변 문화에 대한 부정적 경험과 전래 문화의 호감적 연관성이 결합되어서 서구 기독교 선교사에 대한 우호적 상황이 형성된 것이다. 더군다나 선교사들이 전한 하나님은 그들의 부족신화에서 귀환을 갈망하던 신(Hyelatamwe)에 상응해보였다. 왜냐하면 그 신은 자기의 아들이 살해되어서 그 부족을 떠났기 때문이다. 따라서 이러한 기독교의 신과 예수에 대한 메시지는 히기 부족의 종교 이야기와 조화를 이루었고, 히기족에 만연한 나환자들을 치료한 의료선교사들의 헌신과 맞물려 많은 이들을 회심시키는데 주된 요인으로 작용한 것으로 보인다.

램보는 회심과 상황의 상관 관계에 대해 다음과 같이 가설들을 정

리한다.[39]

1. 안정적이고, 회복 탄력적이며, 효과적인 토착 문화일수록 회심에 수용적인 사람들이 적다.
    1.2. 강력한 문화는 순응성을 권장하며 일탈을 처벌한다.
        1.2.1. 기대에 부응하여 행동하는 이들에게 유익이 간다.
        1.2.2. 기존문화로부터의 일탈자나 외부자에게는 처벌이 가해진다.
    1.3. 적대적인 환경에서 회심하는 이들은 사회의 주변인들이다.
        1.3.1. 주변성에는 많은 원천들이 있다.
        1.3.2. 주변인들은 권력의 자원이나 전통문화의 지원으로부터 단절되어 있다. 더욱 주변적일수록, 회심할 가능성은 더욱 높아진다.
        1.3.3. 주변성은 많은 방법들을 통해서 양성될 수 있다.

2. 토착 문화가 위기 속에 있을 경우, 토착문화들은 안정적 사회에서보다 더욱 많은 잠재적 회심자들을 갖게 된다.
    2.1. 위기의 기간, 강도, 범위는 수용성의 정도에 영향을 준다.
    2.2. 심각한 위기 동안에, 문화의 결핍이 많은 사람들에게 명백해지면서 새로운 대안에 대한 관심을 자극하게 된다.
    2.3. 문화적 위기 동안에, 회심 패턴에 영향을 미치는 중요한 요인은 그 위기의 발생이 외부적인지, 아니면 내부적인지의 여부다.
    2.4. 식민지 상황에서, 식민지 권력의 역량에 대한 인식은 결정적인 변수가 된다.
    2.5. 문화적 위기에서, 가장 재능이 있고 창의적인 사람들이 회심을 주도하게 된다. 왜냐하면 그들은 자신들에게나 집단 전체에게 회심이 주는 유익을 이미 인식했기 때문이다.

---

39 Rambo, *Understanding Religious Conversion*, 49-50.

3. 문화 간 만남의 상황에서, 각 문화의 체계들이 더욱 조화될수록, 회심이 일어날 가능성이 높아진다. 문화들이 더욱 충돌할수록, 회심의 발생 가능성은 더욱 줄어든다.

    3.1. 조화와 충돌의 상대적 정도가 회심의 비율을 결정한다.

        3.1.1. 핵심 가치와 상징의 일치는 회심을 촉진시킨다.

        3.1.2. 가치와 상징의 위계에서 높은 조화를 보일 때 회심이 촉진된다.

4. 문화 다원주의의 상황에서는, 문화-사회적 요인에 기초해서 회심에 반응하는 양상이 달라진다.

5. 강요의 경우를 제외하고, 회심자들은 자신들에게 유익이 느껴지는 정도에 기초해서 새로운 선택을 하게 된다.

6. 회심자들은 그들의 필요에 부응하는 새로운 종교를 선택하고 거기에 적응한다.

7. 옹호자와 잠재적 회심자 간의 접촉은 역동적 과정이다.

    7.1. 옹호자와 수용자의 관계적 역량이 상호작용에 영향을 준다.

    7.2. 접촉의 환경이 상호작용을 구성한다.

    7.3. 옹호자와 수용자의 특성은 기존 문화의 관계에 비례해서, 즉 그들이 문화의 주변부에 있느냐 중심부에 있느냐에 따라서 상호작용에 영향을 준다.

4) 종교의 재활력을 일으키는 상황적 요인

회심은 새로운 종교의 도입 뿐 아니라 기존의 쇠퇴하는 종교가 중흥하기 위해서도 필요하다. 회심의 상황 요인은 종교의 재활력에도 적용될 수 있다. 램보는 앤써니 월리스(Anthony Wallace)가 주장한 종교의 재활력 운동(revitalization movements)에서 첫 단계에 해당되는 '새로운 방향 찾기'(mazeway reformulation)를 연관시킨다.[40] 월리스의 연구는 회심의 상황에서 문화적 요인이 미치는 역할을 이해하는데 유용하다. 문화는 역동적으로 움직이는 실체로서, 위기나 침체가 있을 때 스스로를 갱신하려는 성향이 있기 때문이다. Mazeway Reformulation이란 용어는 말 그대로 하면 미로 속에 갇힌 자가 자신의 혼란스러운 상황에서 실타래와 같이 복잡한 길을 분별하고 재구성한다는 의미를 지닌다. 한 문화 속의 사람들이 지속적으로 겪고 있는 스트레스가 있는데, 기존의 종교 체계가 그러한 스트레스를 줄이는데 도움이 되지 않는다면 사람들은 그 미로와 같은 스트레스의 상황을 검토하고 극복할 수 있는 체계를 찾게 된다. 마찬가지로, 의 상황과 연관시킨다면, 기존 종교가 약화되고 위기에 처했을 때, 그 종교의 핵심적인 신화, 의식, 상징 등이 무너지고 사람들에게 새로운 생동감을 주는 비전과 삶을 신장시키는 새로운 전략으로 재구성되는 과정에 해당된다. 이 과정을 월리스는 '미로의 재구성'이라고 부르며 현재의 상황에 더욱 잘 적응할 수 있도록 과거의 방법을 수정하는 비전을 품는 것으로 본다.[41] 이 과정에서 사람들은 새로운 규칙과 비전과 가치들을 구축해 나갈 수 있다. 따라서 이는 기존 종교의 관행이 현재 처한 개인과 사회의 위기와 고민에 대응하지 못할 때 새로운 돌파구를 찾는 과정이라 할 수 있다. 문화의 변동과 종교의 시대착오적 무기력은 기존 종교의 제도와 관습을 퇴보시키기도 하지만, 이는 또한 그 종교의 새로운 길을 찾는 문화적 계기를 제

---

40 Anthony F. C. Wallace, "Revitalization Movements," *American Anthropologist* 58 (1956): 264-281. Rambo, *Understanding Religious Conversion*, 23에서 재인용.

41 Rambo, *Understanding Religious Conversion*, 23.

공하기도 한다. 혁신은 기존의 관행을 급격하게 뒤바꾸긴 하지만, 항상 핵심적 상징을 재확인하고 유지하려는 한계적 성향을 안고 있다.

회심이 단순히 개인적인 경험만이 아니라, 그 개인과 공유하는 더 많은 집단으로 회심 현상이 퍼져 나가는 현상은 종교의 재활력화 및 변혁의 과정에서 상황에 따른 동력을 얻을 수 있다. 일반적으로 종교적 변혁은 다음과 같은 주기를 겪는다.[42]

첫째, 기존 종교가 쇠퇴하기 시작한다. 사회 내에서 지녔던 기존의 영향력이 축소되며 새로운 종파나 종교들이 생성해서 기성 종교의 위상에 도전을 가한다.

둘째, 기성 종교가 퇴보하자 새 종교가 경쟁적 우위를 갖기 시작하고, 이는 새로운 종교의 상황 주도로 변화한다.

셋째, 새로운 종교가 주류로 자리 잡으면서 영향력이 증대되고 지속적으로 성장하게 된다.

넷째, 주류 종교에 오른 새로운 종교는 더 이상 신선하거나 개혁적이지 않다. 기존의 종교적 관료체제로 변질되면서 사회적 영향력을 정점에 올랐으나 이미 내적으로는 쇠퇴해 가기 시작한다.

다섯째, 쇠퇴하는 주류 종교 내에서 갱신의 움직임이 일어나기도 한다. 기존 교회의 체제를 혁신하며 구성원들의 삶을 실질적으로 개선하

42　Rambo, *Understanding Religious Conversion*, 33.

도록 돕는 종교 활동들을 고안한다. 또한 외부의 사람들을 종교에 새롭게 귀의하도록 회심시킴으로 그 동안 상실된 영향력을 회복하려 한다.

이러한 종교적 변혁 주기를 회심자 개인이 아닌 집단, 특히 한국 기독교에 적용해보면 아마도 넷째나 다섯째 단계에 놓인 한국 개신교회를 발견할 수 있을 것이다. 필자의 주관적 관점에서 한국 교회는 완연한 다섯째 단계에 들어서 있으며, 이러한 전망은 신앙 갱신으로서의 회심 운동이 필요한 시점이라는 것을 암시한다. 종교의 재활력화 과정에서 근원적 혁신이 수반된다는 점은 의미심장하다. 이는 단순히 종교활동에 대한 열심을 강조하는 것만으로 가능하지 않고, 종교의 근본적이고 원초적인 상징과 의식 등을 재해석하여 새롭게 제시하는 작업을 전제하기 때문이다.

2. 위기(Crisis)의 단계

대부분의 회심 현상을 보면, 사람들로 하여금 잠재적 회심자로 이끄는 가장 큰 요인은 삶의 위기라 할 수 있다. 학자들에 따라 회심의 과정의 여러 가지 측면들을 각기 달리 강조하곤 하지만, 회심이 일어나기 전에 중요한 공통적 전조가 위기라는 데에는 이견이 없다. 위기란 사람들이 자신이 설정한 이상과 자신이 처한 현실의 괴리가 확대되어 간다는 것을 인식할 때 찾아온다. 기존의 삶이 새로운 국면에서 흔들리고 해체되는 과정에 있을 때 위기인식을 더욱 커진다. 사람이 현실에서 한계나 불만을 느끼게 되면 그는 자연스럽게 위기를 타개할 수 있는 길을 모색하면서 잠재적 회심자로 발전하는 것이다.

1) 위기의 두 유형

위기의 경험은 일률적이거나 일반적이지 않다. 사람들이 겪는 위기는 다양하다. 일단 위기는 그 정도와 여파에 따라 근본적 위기와 일상적 위기가 있다.[43]

(1) 근본적 위기: 이러한 종류의 위기는 삶의 근본적 인생 의미와 방향에 거대한 도전을 준다. 따라서 인생에서 드물지만, 가장 뚜렷하고 도드라지게 경험하는 위기라 할 수 있다. 예를 들어, 가족의 죽음은 인생에서 가장 큰 스트레스를 가져다준다. 사랑하는 사람과의 사별은 인생의 공백감과 허무함을 주기도 하지만, 다른 한편으로 미래에 대한 어렴풋한 소망의 지푸라기라도 붙잡고 싶게 한다. 가족과의 사별을 경험하는 이들은 극한 상실감 속에서 자신을 위로할 수 있는 실체를 갈망하게 된다. 따라서 이러한 위기는 전에는 거의 느끼지 못했던 종교적 회심의 필요를 일깨워준다. 고난은 회심 과정에 들어서는 위기 경험 중에서 대표적인 요인이다. 육체적, 정신적, 경제적 고통은 피해자로 하여금 그 상황을 하루 속히 빠져 나오려하기 때문에 비록 종교인이 아니었을지라도, 외부의 도움에 훨씬 수용적이 되고 종교에 마음을 여는 계기에 이를 수 있다. 사람이 고통을 경험하는 통로는 굉장히 다양하지만 이 모든 고통의 위기는 사람들로 하여금 교훈적 깨달음을 얻게 되는 경로라는 점에서 공통점을 갖는다. 이와 같은 깨달음은 때로 당시에 인식하기보다 회심 이후의 회상을 통해서 그것이 깨달음이었음을 인

43　Rambo, *Understanding Religious Conversion*, 46.

지하게 될 수도 있다.

   (2) 일상적 위기: 비록 객관적으로 볼 때, 다른 사람들이 겪는 위기에 비해서 그리 심각해 보이지 않고, 잘 드러나지도 않지만, 정작 당사자는 삶의 변화를 일으키는 중요한 위기로 인식하는 경우도 있다. 우리는 매일의 일상적인 생활에서도 작은 위기들을 경험하며, 비록 작은 위기라 할지라도 그러한 경험들이 축적되면 거기로부터 벗어날 수 있는 대안을 소망하는 마음이 싹틀 수 있다. 순간적으로 심각하고 크게 부각되는 위기의 경험은 아니지만, 늘 품어왔던 의문이나 삶의 불만적 요소들은 어느 순간에 새로운 종교적 해답에 마음을 여는 기반으로 조성되기도 한다. 이러한 일상적 위기의 경험이 축적되어 회심으로 이어지는 현상은 사람들이 경험하는 다수의 회심 유형인 점진적, 혹은 과정적 회심과 일맥상통할 것이다.

   필자가 인터뷰했던 한 여성은 지방에서 자라 대학을 졸업한 뒤, 서울에 있는 대학원에 진학하여 자취 생활을 하게 되었다. 처음 서울에서 홀로 생활하면서 낯선 학교에서 공부를 하려니 외로움을 느끼며 만만치 않은 학습 강도에 곤혹스러웠다. 이 여성은 육체적으로나 재정적으로 심각한 위기를 겪지는 않았지만, 낯선 곳에서의 외로움과 무게감이라는 일상적 위기를 경험한 것이다. 그때 같은 전공 과정의 학우로부터 도움을 받고 그의 초대를 받아 기독교 집회에도 참석했고, 결국 교회에 다니며 세례를 받고 신앙인이 되었다. 비록 국내에서였지만 새로운 상황으로의 이주는 그에게 생소한 환경으로 인한 작은 위기들을 축적했고 이는 역설적으로 그로 하여금 외부의 도움이나 종교에 더욱 수용적인 자세를 갖게 만들었다.

　회심한 이들 가운데는 비록 극심한 번뇌와 고통은 아니었지만 삶의 의미나 인생의 진리에 대한 탐구를 통해서 회심에 이르는 경우도 있다. 물론 그들 안에서 상당한 고민이나 갈등의 과정을 겪은 것은 사실이다. 그러나 그들의 경험을 통념적 차원에서 '위기'라는 용어를 붙이기에는 삶의 질서를 크게 위협하는 수준은 아니었다. 그럼에도 불구하고 이러한 지적인 고민과 의문도 더욱 조화롭고 통합되는 삶의 질서를 추구하는 것이기에 명료한 해답을 요구하고 있으며, 그것은 곧 기존 삶에 대한 불만족을 전제로 하고 있기에 일상적 위기, 혹은 사소한(trivial) 위기라고 볼 수 있다.[44]

2) 위기의 촉매제들

　인간이 경험하는 위기들은 여러 가지 형태를 통해서 나타난다. 아래는 램보가 분류한 목록과 그에 대한 필자의 설명이다.[45]

　(1) 신비적 경험: 신비적 경험은 광범위한 정도로 나타나지만 사람들이 심각한 위기로 들어서는 진입로이다. 어떤 이들은 갑작스런 신비적 경험을 통해서 그 자체가 위기로 느껴질 수도 있다. 여기서 신비적 경

44　Rambo, *Understanding Religious Conversion*, 46. 램보는 심각한 위험이 수반되지 않는 '사소한' 그러나 진정한 회심을 일으킨 위기의 예로 아우구스티누스를 든다. 아우구스티누스는 밖에서 노는 아이의 "책을 집어들고 읽으라"는 장난스럽고 평범한 소리를 들었을 뿐이었지만, 그것은 자신의 종교적 여정에서 거대한 고민과 의문이 축적되는 정점에 들려온 소리였다.

45　Rambo, *Understanding Religious Conversion*, 48-55.

험이란 자연주의적 인과관계로 설명되지 않는 초월적 경험을 말한다. 신비적 경험의 실체가 무엇이냐에 대한 논의는 유보하고, 종교적 변화나 회심을 경험한 이들의 상당수에게서 신비적 경험이 존재한다는 점이 중요하다. 사도행전에 나오는 다메섹 도상에서 사울이 그리스도의 빛을 마주하고 말에서 넘어진 사건은 성경의 대표적 회심 내러티브이자 신비적 경험이다. 이 경험 자체에 대한 규명보다는 이 경험이 사울의 삶을 극적으로 변화시킨 분기점이 되었다는 것이 중요하다.[46] 또한 생사의 갈림길에서 예상치 못했던 도움이나 힘에 의해 극적으로 구조되는 경험을 한 사람들도 인생의 한계와 고뇌를 안고 있었던 경우들이 많다. 신비적 경험은 종교적 회심 이전에 자기의 그간 인생 궤도를 수정하게 만드는 주요한 계기가 된다.

(2) 임사 체험(Near-Death Experience): 임사 체험은 종교 여부를 떠나서 사람들에게 비상한 관심을 끌고 있다. 이는 기독교인들만 경험을 주장하는 특별한 사건이 아니며, 따라서 임사 체험이 기독교적 진리 규명의 유리한 근거로 사용되는 것도 바람직하진 못하다. 다양한 사람들이 임사체험 과정에서 자기 종교에 따른 무의식적으로 형성된 상징과 심상을 재현할 가능성도 있다. 그러나 중요한 것은 많은 임사 체험자들이 이 과정의 경험을 통해서 유체 이탈, 긴 터널, 밝은 빛, 과거 지인들과의 만남, 기쁨의 경험, 그리고 복귀라는 일반적 패턴을 따른다는 점이

---

46 사울의 다메섹 경험이 그의 뒤 이은 행적에서 얼마나 중대한 분기점이 되었느냐에 대해서는 신학적인 토론들이 진행되어왔다. 사울의 경험을 회심이 아닌 소명으로 봐야 한다는 관점도 매우 유력하게 제기되었다. 이에 대해서 필자의 신학적 입장은 다메섹 경험이 그의 인생 전환에 결정적 사건이었음을 지지하지만, 본 연구의 주된 관심은 그러한 신학적 입장에 대한 변호보다는 사도행전에 기록된 진술에 따라 다메섹 사건을 유의미한 회심 내러티브의 자료로서 취급하고자 한다.

다. 또한 이들의 삶이 임사 체험 이후에 긍정적이고 용기 있게 변했다는 보고들도 있다. 따라서 이는 일부 체험자에게서 회심이나 영적 각성을 위한 변화의 촉매로 기능한다는 점도 고려해야 할 것이다.

(3) 질병과 치유: 많은 사람들이 심각한 질병에서 치유를 받고 회복된 경험은 회심을 위한 유력한 촉매제였다. 그런데 이 또한 기독교 회심에 유일무이하게 일어난 경험은 아니기 때문에 현상적인 측면에서 기독교에 특별하고 고유한 촉매제라고 보긴 어렵다. 예를 들어, 요가 수련을 통해서 육체의 건강을 회복한 이가 요가를 비롯한 동양 종교에 심취하는 예도 있으며, 여러 재래 종교들에서도 치유를 매개로 신심을 요구하기 때문이다.

(4) 삶에 대한 불만족과 의미 탐구: 램보는 이러한 탐구는 "이게 전부인가?"라고 하는 인간의 불만에서 비롯된다고 한다. 자신들이 인생에서 추구했던 온갖 욕망들을 전부, 혹은 일부를 경험하고도 채워지지 않는 불만족은 인생 의미에 대한 위기의식을 파생시키고 이는 회심에 이르는 길을 조성하게 된다. C. S. 루이스는 이와 같은 인간의 의미 탐구 욕구를 '소원충족 논증'이라는 용어로 표현했다. 이는 우리가 무엇에 대한 욕구를 느낀다는 것은 그 욕구를 채워주는 실체가 존재하기 때문이라는 것이다. 배고픔을 느끼면 음식이 존재하고, 목마름을 느낀다면, 물이 존재하기 때문이다. 마찬가지로, 피조물이 태어날 때부터 느끼는 욕구가 있다면, 그 욕구를 채워 줄 대상 또한 있는 것이 당연하다.[47] 이

---

47   C. S. 루이스, 『순전한 기독교』 (서울: 홍성사, 2013), 5장.

러한 욕구 충족의 소망은 결핍이라는 위기를 만들고, 잠재적 회심자는 그 위기를 넘어서기 위해서 더욱 완전하고 영원한 충족을 찾게 된다.

(5) 초월을 향한 갈망: 앞서 인간의 근원적 종교심을 논할 때도 언급했고, 바로 위에서 인간의 의미 탐구 논의에서도 나온 것처럼 사람은 항상 가시적 현실, 그 이상에 대한 갈망을 갖는다. 이는 인간이 체감하는 유한성이라는 한계 때문일 수도 있다. 광대한 우주에서 먼지에 불과한 지구상에 극히 미미한 육신으로 존재하는 인간이 멸절성과 유한성의 벽에 갇혀 살아가는 한 그 이상에 대한 관심과 갈망을 갖는 것은 자연스러운 현상이다.

(6) 의식 상태의 전환: 이는 약물 복용을 수반하지 않은 상태에서 안전하고 더 높은 경지의 의식을 추구하는 형태로서 소수의 컬트 집단에서 종종 일어나는 현상이라고 한다.

(7) 변화무쌍한 자아(protean selfhood): 사람들은 여러 가지 이유에서 자기의 자아와 정체성을 새롭게 구축하고 싶어 한다. 이전의 자존감이나 존재 방식을 반성하며 새로운 라이프스타일을 추구하는 경향은 인간의 생애에 늘 솟구치는 갈망이다. 이러한 자아 변천의 갈망은 시대 정신에 따라 달라진다. 최근에는 자존감, 자기애, 자기만족이라는 고유한 개별 존재로서 자신을 용납해야 한다는 풍조가 확산되고 있다. 이러한 자아 정체성에 대한 탐구는 이전과의 건강한 단절을 추구하며 변화된 존재로의 회심을 추구하는 모습과도 연결된다.

(8) **병리성**: 종교적 회심 추구에 대한 대표적인 세속의 편견은 정신

적 병리성의 관점에서 보는 것이다. 사람들은 두려움과 외로움, 그리고 절망에서 벗어나고 그것을 완화하고 해소해주는 실체로 적응하고 싶어 한다는 것이다. 이러한 병리적 현상이 편견에 그치는 것은 아니며, 실제로 강렬한 회심 경험자들에게서 공통적으로 부성의 결핍 현상이 보인다는 연구결과도 있다(53). 그러나 윌리엄 제임스의 연구에서 나온 것처럼, 병리적인 현상은 회심을 관찰하는 유력한 프레임은 될 수 없다. 건강한 사람들의 종교와 회심 체험 사례는 양적으로 월등하기 때문이다.

(9) 배교: 자신이 과거에 속한 종교로부터 불만과 아쉬움을 느끼는 것도 회심의 촉매제로서 위기가 된다. 이러한 위기는 과거 종교의 교리 체계 뿐 아니라 그로부터 비롯한 삶의 양식과 신념 체계를 모두 포기하면서, 그에 대한 공백을 새로운 체계를 통해 대체해야 하는 필요를 느끼게 한다.

(10) 외부적 위기: 억압적이고 강요적인 외부 세력에 의해서 토착 문화가 파괴되고 기존 종교가 무력해지면 이는 집단의 위기를 넘어서기 위한 새로운 문명이나 종교에 대한 탐색으로 이어질 수 있다. 구한말 일제 강점의 위기 앞에서 이 땅의 많은 선각자들이 기독교를 통해서 신문물을 접하고 일본 군국주의에 저항할 수 있는 자양분을 쌓은 것이 이에 해당된다.

위기는 회심의 과정을 본격화시키는 가장 중요한 원동력이 된다. 자기 삶의 의미와 가치에 대한 진정한 위기의식은 지금까지 익숙하거나 관행적이었던 삶의 질서와는 다른 외부의 도움을 찾게 될 것이고, 이는 탐구의 단계로 이어진다.

3. 탐구(Quest)의 단계

사람들은 세계 속에서 살아야 할 의미와 목적을 창출하고 이를 구체적으로 실현하고자 한다. 탐구는 부조화와 무지의 삶을 극복하고 인생을 안정적으로 통합시키려는 몸부림으로서 램보는 이 과정을 탐구라는 단계로 기술한다.

1) 반응 양태[48]

탐구에는 능동적 탐구와 수동적 탐구의 두 가지 유형이 있다. 능동적 탐구에서 잠재적 회심자는 종교에 대한 적극적 관심을 보이는 구도자가 되어 답을 찾으러 기꺼이 순례의 과정에 들어서게 된다. 아우구스티누스는 오랜 방황과 고뇌 끝에 진리에 대한 탐구를 추구했던 대표적이 인물이다. 새로운 종교나 기존 종교의 갱신이라는 과업을 이룬 지도자들은 동일하게 가장 능동적인 구도자들이었다. 대체로 회심과 관련해서 남겨진 기록들은 종교 지도자들에 대한 것이기 때문에 이와 같은 능동적 탐구형의 회심 이야기가 전해질 수밖에 없다.

---

48 Rambo, *Understanding Religious Conversion*, 56-57.

반면 탐구에는 수동적 유형도 있다. 수동적 탐구자들은 외부 영향에 쉽게 좌우되며 순응하는 이들이다. 자신이 주도적으로 종교에 대한 탐구를 하기 보다는 다른 사람의 소개나 이벤트 참여, 또는 영향력 있는 이들의 카리스마적 권유에 종교적으로 더욱 끌려간다. 대부분의 사람들은 종교적 관심과 열망이 있다 하더라도, 주체적으로 답을 찾아 나서는 능동적 탐구형 보다는 주변의 관계나 지인의 권유에 의해서 이끌리는 수동적 탐구형이 많을 것이다. 이 유형의 사람들은 동 시대의 사회적, 문화적 호감도가 높아지는 종교에서 더욱 수용적이 될 가능성이 높다. 20세기 중반과 후반에 한국 기독교가 그와 같은 상승 곡선을 탔으며, 사람들은 기독교가 비록 외래 종교임에도 불구하고 시대의 영향력 있는 종교로서 친숙함을 느끼며 동참할 수 있었다.

탐구의 유형은 능동적 탐구와 수동적 탐구의 이분법적 구도만 존재하지 않는다. 능동적 탐구와 수동적 탐구 사이에는 상대적 온도차에 따라 아래와 같이 세분화된 탐구 유형이 존재할 수 있다.

능동적 탐구자 - 수용적 탐구자 - 거부자 - 무관심자 - 수동적 탐구자 [49]

양 편 끝에 있는 능동적 탐구자와 수동적 탐구자에 대해서는 이미 얘기했다. 이 스케일은 종교에 얼마나 친화적인가의 정도를 측정하는 것이 아니라, 탐구자의 의지에 관한 측정이다. 즉, 종교에 대한 긍정이냐, 부정이냐가 아니라, 탐구자가 종교에 대한 능동적 관심과 행동을

49　Rambo, *Understanding Religious Conversion*, 59.

보이느냐, 그렇지 않느냐 하는 것이다. 능동적 탐구자 옆의 수용적 탐구자는 종교에 관심을 보이지만 자신이 주체적으로 탐구나 참여를 실행하지는 않는다. 그럼에도 불구하고 주어진 제안과 환경에 대해서 나름대로의 검토를 거쳐 수용적 입장을 보이는 유형이다. 거부자는 종교를 비판하거나 거부한다는 면에서 나름 능동성을 띠고 있다. 무관심자는 종교를 회피하는 면에서 수동적 탐구자보다는 약간의 능동성이 있다. 반면 수동적 탐구자는 자신의 의지가 개입되지 않는 상황에서 타인과 환경에 좌우되는 특성을 갖는다. 따라서 수동적 탐구자는 수용적 탐구자에 비해서 훨씬 수동적이며 주체의 의지가 약하다.

잠재적 회심자들이 종교에 대한 탐구를 하기 위해서는 그러한 탐구를 가능하게 유효성 항목들이 있다.[50]

(1) **구조적 유효성(sturctural availabiliy)**: 구조적 유효성이라는 항목은 잠재적 회심자로 하여금 변화나 성장을 촉진, 또는 저해하는 집단적 구조가 존재하느냐를 말한다. 즉, 이는 잠재적 회심자로 하여금 그가 속한 집단이나 네트워크는 회심을 촉구하게 하는 특성을 갖고 있느냐의 문제다. 사람은 자신이 속한 집단과의 관계에 따라 회심 요구에 대응하는 양상이 달라질 수 있다. 잠재적 회심자가 속한 기존의 구조가 어떠한 면에서 변수를 가지고 있느냐는 정서적, 지적, 종교적 측면에서 조명할 수 있다.

50　Rambo, *Understanding Religious Conversion*, 60-62.

(2) 정서적 유효성: 정서적 변수는 잠재적 회심자가 그가 속한 기존 집단과 얼마나 애착 관계를 이루고 있으며, 이러한 관계를 통해서 안정적 상태를 유지하고 있느냐의 문제다. 정서적 유대관계는 단순히 감정의 영역에서 그치는 것이 아니라, 상호 간의 지적 교감과 영향력에도 영향을 줄 수 있다. 소속 집단과의 정서적 교감이 제대로 작동하지 못하는 경우, 사람들은 자신을 공감하고 인정해주는 새로운 관계에 눈을 돌릴 수 있다.

(3) 지적 유효성: 지적 변수란 기존의 소속 집단이 제공하는 인생과 사회에 대한 설명 체계가 더 이상 유효하지 않을 경우에 작용할 수 있다. 잠재적 회심자는 새로운 종교의 가르침에서 자신의 과거와 현재를 의미 있게 연결시켜주는 답을 찾으려 하고, 새로운 종교가 설득력 있는 대답을 줄 때 호소력을 더욱 커질 것이다.

(4) 종교적 유효성: 소속 집단이 단일한 종교적 규범에 의해서 지배될 경우, 사람들의 새로운 종교적 탐구는 위축될 수밖에 없다. 만일 집단 내에 다양한 종교들이 제시되고 선택의 자유가 있다면, 사람들은 새롭게 소개되는 종교에 더욱 관용적이 된다. 예를 들어, 초기 기독교에서 바울의 선교는 고도의 다종교, 다문화 사회 배경 속에서 이루어졌다. 바울이 아테네의 아레오바고에서 자신의 신앙을 변론하는 장면을 보면(사도행전 17장), 당시 관원들이 그가 전하는 종교에 대해서 관심을 갖고 자신들의 다종교 사회 일원으로 받아줄 지를 의논하기 위해 자리를 마련한 것으로 보인다. 초기 기독교가 조직적인 박해를 받은 것은 주 예수 그리스도를 고백하는 그들의 근본 신앙이 로마 제국의 황제 중심

정치 질서와 충돌했기 때문이다. 다종교 사회에서 새로운 외래 종교가 단지 생소하다는 이유만으로 공적인 박해나 억압을 받는 것은 아니다. 다 종교, 다 문화 사회는 새로운 종교에 관용적이다.

2) 동기 부여의 구조[51]

새로운 종교에의 귀의를 탐구하는 잠재적 회심자들은 각기 다양한 차원에서 동기 부여를 받는다. 첫째로, 그들은 새로운 종교의 생소함과 위험성에도 불구하고, 자기들만의 소수 종교적 경험을 통해서 즐거움의 특권을 추구하며 동시에 그들이 현실적으로 겪는 고통에 대한 위로를 받으며 망각하고자 하는 욕구가 있다. 둘째, 그들은 인생과 사회의 기원과 진행, 그리고 목적을 알려주는 설명 체계를 원한다. 인간은 누구나 자신의 존재 이유와 사명에 대한 해답을 찾고 싶어 한다. 셋째, 종교적 선택과 그로 인해 수여되는 특혜를 통해서 자존감을 높이고자 하는 욕구가 있다. 종교가 신도들 안에서 새로운 세계와 질서를 구축해준다면, 회심자들은 그 종교 체계 안에서 갱신된 자아 정체성과 자존감을 향유할 수 있으리라 기대한다. 넷째, 새로운 종교로의 가입은 새로운 관계를 구축하며 지속할 수 있게 한다. 인간은 사회적 존재이기에 자신과 지속적으로 연결되어 삶을 공유하는 만남을 추구한다. 다섯째는 능력과 권력의 욕구로서, 인간은 자신의 존재감이 발휘되고 비중있는 역할을 하여 사회적 인정과 자기 효용성을 증명받고 싶어 하기 때문이다. 때로 종교 공동체는 인간의 이러한 권력에 대한 의지가 발현되는 곳이

---

51 Rambo, *Understanding Religious Conversion*, 63-64.

되기도 한다. 여섯째는 초월을 통한 통합의 욕구로서, 이는 회심자들이 추구하는 가장 고차원적인 삶의 질서일 것이다. 이를 통해서 회심자들은 자신이 과거에 불안과 걱정을 느꼈던 삶의 문제들에 대해서 더 이상 결핍감에 시달리지 않고, 오히려 결핍감으로부터 해방되거나 결핍감을 뛰어 넘는 경지의 삶을 향유하기 원한다.

지금까지의 탐구 단계에 대한 논의를 통해 탐구의 능동적/수동적 유형, 탐구를 가능하게 하는 구조의 존재 여부, 그리고 탐구를 위한 동기부여들을 살펴보았다. 잠재적 회심자가 자신의 추구하는 바에 대한 종교적 탐구를 시작하게 되면, 이에 대한 반대급부로 반드시 등장해야 할 존재가 바로 종교 옹호자이며, 잠재적 회심자와 종교 옹호자의 대면이 시작된다.

4. 대면(Encounter)의 단계[52]

대면의 단계는 종교 옹호자(religious advocate)와의 만남을 중심으로 진행된다. 종교 옹호자는 기독교에서 선교사, 혹은 전도자로 불리는 역할을 수행하는 인물이지만, 현재로는 중립적 관점에서 회심을 해석하기 위하여 램보가 부른 종교 옹호자라는 용어를 사용하기로 하겠다.

---

52 대면 단계에 대한 램보의 논의는 그의 책에서 가장 긴 내용을 담고 있기 때문에(76-101), 여기서는 요약된 부분을 괄호안의 페이지 숫자로 표기하겠다.

1) 종교 옹호자(advocate)의 동기

종교 옹호자는 누구이며, 그들은 왜 자신들의 종교를 외부인에게 변호하고 전달하려 하는가? 그들이 그와 같은 실행을 하게 만든 데에는 각기 다른 동기들이 존재한다. 첫째는, 종교적 옹호 행위를 신적인 위임으로 보는 것이다. 자신들이 종교를 선전하는 것은 하나님의 원하시는 바라는 것이다. 둘째 동기는 첫째 동기와 연계되는데, 기독교에서는 더욱 명확한 성경적 전거로 그리스도의 명령으로부터 유래된다고 본다. 셋째 동기는 계몽주의적 동기인데, 이는 역사적으로 나타났던 서구선교사나 이슬람 정복자들의 우월의식에서 비롯된 옹호 행위들을 말한다. 넷째로는 봉사정신에 의한 동기부여이다. 타인을 돕고 유익하게 해주겠다는 선한 의도에서 비롯된 포교이며, 이는 전문적인 선교단체나 NGO들을 통해서 많이 나타나는 경우다.

2) 옹호의 전략

종교적 옹호자들이 채택하는 전략은 일반적인 포교의 방식들을 말한다. 과거 제국주의나 식민지 정복 시대에는 강요를 통한 회심이 많았다. 강요를 통한 회심은 권력을 쥔 포교 세력이 토착민들에게 요구되는 경우인데, 서구 기독교 역사에서 힘의 사용은 식민지에서 토착민들이 기독교를 받아들이는 과정에서 그들의 재래 종교와 혼합될 가능성을 차단하고자 한 것과 연관된다. 각 종교가 자신들의 종교를 옹호하고 강요하는 정도가 다른데, 이를 포교의 정도(degree of proselytizing)로 분류

하면 아래와 같다.[53]

```
확장적                                                      보존적

    몰몬교
    여호와의 증인
    남침례교
                              가톨릭
                                장로교
                                   성공회
                                 감리교
                                    정교회

         이슬람      불교                              유대교
```

표 1

위의 표에서 확장 성향이 강한 종교들은 세계 종교로서의 유일성에 대한 믿음과 보수성이 강하다. 반면 보존적 성향의 종교들은 특정 지역이나 민족에서 자기 색채를 강하게 갖는다. 정교회는 동유럽과 북아프리카, 유대교는 유대민족에 국한되어 종교 정체성을 유지한다. 램보가 제시한 포교 정도 표에서 흥미로운 점은 가톨릭 뿐 아니라 장로교, 성공회, 감리교 등의 전통적 개신교단들이 확장성과 보존성의 중간 지대에 위치해 있다는 것이다. 이는 기독교가 우주의 창조주이자 심판주인 유일신을 믿는 보편적 종교이지만, 서구 역사와 더불어 오랫동안 유럽과 미국 대륙에 정착됨으로써 외부 개방성 보다는 자기들의 문화에 동화되었기 때문으로 유추될 수 있다. 따라서 기독교는 전 세계적인 종교이지만 주류 교단들은 보존적 특성을 지니고, 남침례교회와 같이 비교

---

53 Rambo, *Understanding Religious Conversion*, 79.

적 신생이며 보수적 복음주의 성향을 지닌 교단은 더욱 더 확장적, 선교적 성향을 강하게 띠게 된다. 이슬람은 강한 확장지향성을 띠는데, 이슬람의 포교 전략에 대해서는 뒤에서 살펴보겠다. 불교가 확장성과 보존성에서 확장성에 더욱 가깝게 위치한 점은 더욱 더 의외인 요소다. 한국에서 불교는 전통적인 개신교회들에 비해서 뚜렷하게 적극적인 포교 활동을 보여주지 않기 때문이다. 아마도 램보가 위와 같은 도해를 할 때는, 각 종교의 현재 포교 성향 보다는 역사적, 세계사적으로 확장되어 온 과정을 반영했을 가능성이 높다. 불교는 인도에서 시작되었지만, 그 동안 동남아시아와 동아시아에 가장 널리 확산된 종교이며 최근에는 서구 세계로도 활발히 포교활동을 하고 있기 때문이다.

3) 옹호 전략 유형

종교를 옹호하기 위해 사용되는 전략으로는 확산 전략과 집중 전략이 있다. 확산(diffuse) 전략은 시스템 중심의 전략이라고도 불리는데, 옹호자가 공동체 안에서 광범위한 사람들과 접촉하며 그들을 설득하는 방식이다. 집중화(concentrated) 전략은 개인 중심 전략으로서 자기 주위의 개인들이나 혹은 소외된 사람들을 발굴해서 그들과 접촉하며 종교의 교리를 주입시키고 어느 정도 주류사회와 거리를 두면서 그들과 더불어 새로운 공동체를 형성하는 방식이다. 주류사회로부터 소외된 이들이 회심할 가능성이 높은 이유는 첫째, 그들은 권력 구조로부터 배제되어 있기 때문이거나, 둘째로는 경제적 안정성으로 인해 새로운 선택지를 찾을 수 있는 자유를 갖고 있거나, 셋째로는 기존 사회에서 자신들의 역할이 변화되었기 때문일 수 있다. 그런 의미에서 기존 사회로부터 소외된 자들은 새로운 종교가 소개되었을 때 가장 먼저 회심의 반응을 보이는 자들일 가능성이 높다(79-80).

이와 같이 소외된 자들에게 집중하는 옹호 전략은 성경적 전거를 포함한 역사적 사례들에서도 충분히 발견된다. 예수의 공생애 사역은 예루살렘에서 십자가 처형을 당한 상황 외에는 주로 갈릴리와 사마리아 지역에서 이루어졌다. 당시 갈릴리는 정치와 종교의 중심지인 예루살렘으로부터 떨어져 있으면서, 위로는 시리아로부터 전해지는 그리스의 이교 문명 영향을 받을 수밖에 없었다. 게다가, 팔레스타인 주둔 로마군의 사령부가 위치하였기 때문에, 로마인들에 부역하며 살 수밖에 없는 세리나 창녀들이 많았다. 성전이 있는 예루살렘과 거리가 있기 때문에, 갈릴리의 민중들은 성전 중심의 종교가 아닌 율법 중심의 종교에 더욱 가까웠다. 따라서 당대의 종교 권력으로부터 소외된 것은 분명하다. 그러한 상황에서 예수가 병자들을 치유하고, 귀신을 내쫓으면서 하나님의 나라를 선포하고, 세리와 창녀들과 더불어 밥상 공동체를 나누며 하나님의 용서와 사랑을 가르치는 것은 의도적이든, 그렇지 않든 간에 소외자들을 향한 회심의 옹호 전략에 상응한다.

비슷한 사례는 바울의 선교에서도 나타난다. 바울은 이방인을 위한 사도로 부름 받았지만 그의 선교 사역을 들여다보면 처음부터 이교도 이방인들을 상대하기보다는, 로마 제국의 도시들에 있는 회당에서 디아스포라 유대인들을 먼저 만나서 그들을 예수 그리스도께로 회심시키는 일을 했다. 디아스포라 유대인들은 비록 이방 땅에서 유대교의 정결 규례를 지키며 살아가기에 안간힘을 쓰고 있지만, 많은 면에서 타협

하지 않을 수가 없었을 것이며, 예루살렘 성전과 멀리 떨어진 삶의 상황에서 종교의 중심에 이르지 못한다는 소외감을 느낄 수 있다. 회당에는 성인 유대인 남성들 뿐 아니라 여성들과 경건한 헬라인들(God-fearers)도 참여했다. 여성은 고대사회에서 동등한 성인으로서의 대우를 받지 못했기 때문에 교회의 여성 보호 방침은 매력적이었을 것이다. 당시 그리스-로마 사회에서는 유일신 신앙의 고등종교가 부재했기 때문에, 일반 이방인들 중에서 유대교에 관심을 보이며 참여하고 싶어 하는 이들이 있었다. 그러나 이들은 이중적 소외를 겪을 수밖에 없었다. 자기들이 속한 다종교 사회로부터 만족할 수 없었고, 또한 유대교로부터도 정식 성원이 될 수 없었다. 이러한 상황에서 바울이 전한 예수 그리스도의 복음은 남자나 여자나, 헬라인이나 유대인이나 차별 없이 (갈 3:28) 오직 믿음을 통해 하나님의 언약 백성이 될 수 있다는 소식이었기에 그들에게는 설득력 있는 옹호의 전략이었을 것이다.

우리나라에 기독교가 전래되던 초기 상황도 이러한 회심의 소외자 중심의 옹호 전략과 부합되는 측면이 있다. 초창기 기독교가 만주 지역의 선교사를 통해서 평안북도로 전해지던 시기를 고려해보자. 한국의 초기 기독교는 서북 기독교라 할 정도로 상당한 교세를 평안도 일대에서 이루었다. 평안도 지역은 전통적으로 한양(서울)의 중앙권력으로부터 소외된 곳이었다. 또한 만주지역과 접경을 이루고 있으면서 많은 교류를 해왔기에 중앙 집권세력보다는 외래 문물에 더욱 개방적이었을 것이다. 이는 초기 기독교인들 상당수가 서북과 만주지역을 오가며 장사하던 보부상들이었다는 사실에서도 나타난다. 이들은 자주 국경을 넘나 들었기 때문에 외부 문명에 개방적이고, 서북지역에서 거하며 강고한 유교중심 체제와도 거리를 두었을 것이다. 더군다나, 19세기 중반에 평안도 지역을 휩쓴 콜레라, 장티푸스와 같은 전염병은 유교의 예법을 존속하기 힘든 상황이었고 이때 개신교 의료선교사들은 새로운 구원자의 역할을 할 수 있었다.[54] 당시 몰락해 가는 조선의 운명 앞에서 기독교는 새로운 대안적 위치를 점하고 있었으며, 한국의 초기 회심자들은 이러한 격변의 시대에 성리학이라는 와해되어가는 구질서에 연연하지 않고 새로운 문명의 질서로서 기독교에 관심을 보일 수 있는 이들이었다.

확산 전략과 집중화 전략은 각각 종교 옹호의 대표적인 두 가지 형태로서 우위를 따질 수 있는 성격의 개념은 아니다. 다만 시대적 환경에 따라 상대적으로 더욱 개연성 있는 전략을 판단할 필요는 있을 것이다. 확산 전략의 경우 사회의 지도자들을 비롯한 전체를 향한 옹호를 하기 때문에, 사회 전체가 새로운 종교에 열려 있고 호의적인 이해를 갖고 있을 때는 더욱 유력한 방식이 될 것이다. 20세기 중후반 한국의 현대사에서 기존의 전통 종교들이 지배력을 발휘하지 못하고, 근대화의 열기는 높아진 상태였기에, 사람들에게 기독교라는 우월한 서구 문명의 종교는 수용적인 선택지가 될 수 있었다. 그 시기에 행했던 주된 옹호 방식도 전형적인 확산 전략이었다.

4) 옹호를 위한 접촉 방식

---

54 전석원, "1884~1910년의 급성전염병에 대한 개신교 의료선교사업: 개항기 조선인의 질병관, 의료체계에 대한 계몽주의적 접근",「한국기독교와 역사」 36 (2012), 232.

종교를 옹호하기 위해서는 잠재적 회심자들과 접촉해야 한다. 접촉에는 공적인 접촉과 개별적인 접촉이 가능하다(80). 공적인 접촉은 미디어를 통한 홍보나 불특정 다수를 향한 메시지를 전파하는 것이라면, 개별적 접촉은 대면적이며 사적인 만남을 통한 접촉이다. 대체로 종교의 선전이 자유로운 상황에서는 공적 접촉과 개인적 접촉 두 가지가 모두 병행 사용된다고 봐야 한다. 2020년도부터 지구촌을 휩쓴 코로나 팬데믹 상황은 지구촌 전역에 비대면 접촉을 보편화시켰다. 향후 팬데믹이 종식되는 상황에서도 비대면 접촉은 사람과 사람 사이에 이루어지는 커뮤니케이션에서 이전보다는 훨씬 높은 비중을 차지할 것으로 보인다. 따라서 종교를 옹호하는 활동에서도 지식이나 정보가 전달되는 상황과 인격적인 교류가 되는 상황을 구분해서 비대면과 대면의 전략을 활용해야 할 것이다.

5) 회심의 유익 제시

종교를 옹호하는 과정에서 반드시 포함되어야 할 내용은 회심으로 인한 유익일 것이다. 종교 옹호자들은 자기 종교에로의 귀의가 어떠한 삶의 유익을 가져다주는지를 설득력 있게 제시해야 한다(81-86).

(1) 의미체계 제공: 새로운 종교의 매력은 사람들에게 인생과 세계를 설명해주는 체계를 제공하는 것이다. 이러한 설명 체계 속에서 사람들은 자신의 삶과 교리가 조화를 이루는 '인상점'(impression point)을 발견하게 된다.

(2) 정서적 만족: 의미체계가 지적인 측면에서의 유익이라면, 정서적 만족은 사람들에게 새로운 종교 공동체를 통해서 얻게 되는 소속감, 죄의식의 극복, 새로운 관계의 구축, 삶의 의욕 고취 등과 같은 유익을 준다. 의미체계의 제공이 상대적으로 이성적인 탐구자들에게 울림이 있다면, 정서적 체계는 그보다 더욱 보편적으로 유익을 줄 것이다.

(3) 실용적 혜택: 때로 종교는 개인의 실리적인 측면에서 유익을 주기도 한다. 사람들은 새로운 종교로의 회심을 통해서 그 사회에서 살아가는데 필요하고 경쟁력 있는 기술이나 지위를 확보할 수 있다. 여기서 말하는 기술은 물리적, 공학적 기술만이 아니라 삶에 대한 태도나 자기계발과 같은 영역도 포함한다. 일본에 기독교가 처음 전래될 때, 처음에 서양종교라 거부했던 이들이 나중에는 기독교를 국교로 지정하여 일본을 서양문명과 같이 부강하게 하자고 주장하기도 했다. 동양사상을 견지하되, 부국강병을 위한 서양문물의 통로로서 기독교를 수용하려는 시도는 19세기말 동아시아에서 흔히 나타났다. 한국의 현대사에서 근대화 시기에 기독교 신앙이 긍정적 사고방식이나 번영복음으로 수용된 것 또한 회심의 실용적 혜택에 속한다고 볼 수 있다.

(4) 상징적 매력: 종교를 옹호하는 고유한 효과적 방식은 종교 지도자의 카리스마를 부각시키는 것이다. 종교적 리더십은 상징적인 메시지를 전파하기 때문에, 지도자의 초월적 메시지와 확신은 종교성을 추구하는 이들이 원하는 항목이다.

(5) 능력: 옹호의 방식 중 능력(power)은 종교의 신비적, 초월적 경험

과 연관된다. 과학적 합리성으로는 설명되거나 해결될 수 없는 삶의 문제를 해결하는 초자연적 능력의 경험은 종교를 옹호하는데 있어서 상당히 강력하고 실질적인 요인이기도 하다. 능력을 통한 선교나 신앙 각성은 기독교 내부에서도 계속해서 불거지는 이슈다.

6) 옹호자와 회심자의 만남

한 종교를 옹호한다는 것은 쉬울 일이 아니며 많은 좌절과 실패를 수반한다. 인간과 사회가 다양하고 복잡한 만큼 옹호자와 회심자가 만나는 양식도 매우 복합적이다. 그래서 모두에게 적용 가능한 효과적인 양식들을 제시하기란 쉽지 않다. 종교 옹호자의 시도에는 상당한 저항과 거부가 일어난다. 서구 제국주의의 위력 아래서 선교사들이 현지인들의 지위를 위해 식민통치자들에게 반대하더라도 선교에 대한 토착민들의 저항은 쉽게 수그러들지 않았다. 토착민들의 이같은 거부감으로 인해 서구 선교사들이 의존했던 전략은 선교 기지(mission station)였다.(90) 이 전략은 교회, 학교, 식당, 진료소 등을 거느린 선교사들의 공동체에 회심자들을 거하게 하는 방식이었다. 그렇게 해서 회심자들은 자신의 기존 사회와 거리를 두고 새로운 공동체에서 더욱 안전하게 신앙생활을 할 수 있게 된 것이다.

종교의 전파는 옹호자의 소속 사회와 잠재적 회심자의 사회적 상황 간의 관계에 의해 영향을 받을 수 있다. 옹호자의 사회와 잠재적 회심자의 사회가 서로 호의적이나 지원적 관계를 맺는다면 종교의 전파는 더욱 용이해질 수 있다. 반면 양자 사이가 적대적 관계이거나, 옹호자의 사회가 잠재적 회심자의 사회에 위협으로 등장하면, 수용성은 줄어들 수밖에 없다. 이는 우리나라에서 기독교가 효과적으로 수용되고 정착된 사례를 통해서도 입증된다. 일제 강점기 하에서 우리나라 사람들에게 유럽과 미국인들이 전하는 기독교의 메시지는 일제의 억압에 대한 위로와 해방의 소식으로 들렸다. 초기 이슬람은 비잔틴과 페르시아 제국으로부터 억압당하는 아랍인들 사이에서 번창할 수 있었다.

한 종교가 어떤 지역으로 전파될 때, 그것의 수용성 여부는 토착 문화가 기반을 두고 있는 종교적 세계관에 따라 달라진다. 종교적 세계관은 소우주적(microcosm) 문화와 대우주적(macrocosm) 문화로 나뉠 수 있다.

소우주적 종교 문화는 주로 가족 신, 지역 신, 부족 신을 따르는 이들로 구성되어 있어서, 또 다른 종교나 신이 소개되어도 이미 다자화되고, 다원화된 신적 종교에 익숙해 있어서 그다지 반응을 보이지 않는다. 그런데 대우주적 종교 문화는 지고한 존재의 신을 숭배해온 전통이 있어서, 이런 문화의 구성원들은 기독교나 이슬람과 같은 유일신의 우주적 종교에 호의적 반응을 보일 수 있다.(91-92)

우리나라의 과거 종교적 상황은 기독교가 전래될 때, 유교와 무속 신앙이라는 이중 층위로 형성되어 있었다. 표면적으로는 500년 조선시대를 지배해 온 성리학적 이념에 바탕한 유교가 관장하고 있지만, 안으로 더 들어가면 수천 년간 한국인들의 심성에 강하게 작용해 온 무속 신앙이 자리 잡고 있었다. 성리학은 우주의 원리와 질서를 연구하고 신봉하는 반면, 무교는 생활의 모든 영역마다 하위 신들이 영향을 준다고 보는 미신적 신앙에 기반해 있었다. 따라서 기독교의 전래는 표층에서는 유교의 대우주적 원리와 질서를 유대 기독교적 세계관으로 대치하기도 했지만, 다른 한편으로는 무속 신앙의 소우주적 문화와 혼용되는 양상을 보였다. 여기서 기독교 신앙은 한국의 이중적 종교 문화 속에서 이원화된 방식으로 정착되었다고 볼 수 있다.

7) 종교의 수용과 정착 단계

회심 연구에서는 기존 사회에 새로운 종교가 소개되어 전파될 때 일어나는 단계들을 역사적 사례를 통해서 설명하기도 한다. 아프리카나 중동의 이슬람화는 종교 옹호와 집단 회심에 있어서 흥미로운 관찰 주제이기도 하다.

(1) 격리-혼합-개혁의 발전: 종교학자 험프리 피셔(Humphery J. Fisher)는 아프리카에서 이슬람 전파가 이루어지는 과정을 보면, 격리-혼합-개혁이라는 단계를 통해서 설명할 수 있다고 주장했다. 그는 단순히 수용자 사회의 문화적 세계관(대우주, 소우주)만을 보아서는 종교 전파에 대한 충분한 해설이 어렵고, 현지의 회심 집단이 종교의 실체에 어떻게 대응했느냐에 주목해야 한다고 말한다(93-94).

아프리카에서 이슬람이 발전하기까지 격리(quarantine), 혼합(mixing), 개혁(reform)의 과정을 거치는데, 각 단계마다 회심의 양상은 달라진다. 처음에 소수의 무슬림 상인들이나 교사들이 지역에 등장하지만 전체 사회로부터는 다소간 격리될 수밖에 없다. 이 격리 단계에서 회심자의 수는 극히 적다. 왜냐하면 무슬림이 되기 위해서는 기존 사회와 단절되어야 하기 때문이다. 혼합 단계에 이르면 이슬람으로의 회심을 가로막는 심각한 장애물들은 제거된다. 하지만 혼합 단계에서는 과거와의 급진적 단절을 요구하는 회심보다는 이슬람의 활동을 따르는 '추종'(adhesion)의 수준이다. 아프리카 지역에서 한 사람이 여러 종교적 활동을 준수하는 것은 그리 이상한 일이 아니었다. 개혁 단계에 들어서면 이슬람에 대한 배타적 충성과 행동양식의 철저한 이슬람화를 요구하는 성전(聖戰 jihad)이 등장한다. 이 단계에서 종교의 토착적이거나 혼합적인 요소들은 배격되며, 철저한 경전의 이해와 준수가 요구된다. 그래서 초창기의 느슨한 추종 대신에 열렬하고 순수한 이슬람 회심 운동이 일어나게 되었다.

(2) 혁신의 확산 과정(95-97): 중동과 북아프리카에서의 이슬람 전파를 '혁신의 확산'(diffusion of innovation) 모델로 보는 시각도 있다(Richard Bullit). 혁신의 확산 이론에 의하면 새로운 대안을 가장 먼저 받아들이는 이들은 혁신자들(innovators)이며, 이들은 전체 인구의 2.5%에 해당된다. 그 다음으로 받아들이는 이들은 초기 수용자들(early adopters)로서, 인구 대비 비중으로는 13.5% 정도이다. 세 번째 그룹은 초기 다수자(early majority)로서 전체에서 34%의 비중을 차지하고, 네 번째 그룹은 후기 다수자(later majority)로서 34% 정도이며, 마지막으로 가장 주저하거나 저항하는 집단은 '낙후자들'(laggards)로서 16% 정도가 이에 해당된다고 한다.

뷸릿은 7세기 후반부터 11세기 초반까지 이란에서의 이슬람 확장을 이해하는데 이 혁신 확산 이론을 사용한다. 처음 혁신자 단계에서 무슬림으로의 회심자들은 노예나 전쟁포로 등의 하층민들이었다. 이들은 그 다음 단계인 초기 수용자들로 자연스럽게 편입되며 무슬림 인구를 성장시킨다. 이 단계에서 무슬림들은 기독교인이나 유대교인들과 공존하는 방식을 취하지만 점차적으로 주류사회에서는 배척된다. 8-9세기에 이란에서 이슬람은 초기 다수자의 종교로 발전한다. 이 시기에 이슬람의 교리와 삶에 관한 정보와 지식이 제대로 보급되면서, 이슬람 문명이 사회 전반에 우월하게 등장한다. 772년부터 869년 까지 이란 지역 인구의 60%가 이슬람으로 개종하는 일이 일어나면서 동조 현상이 더욱 확산되었다. 후기 다수자까지 생성되는 과정에서, 초기 수용자 시절에는 무슬림들이 성경의 이름을 그대로 사용했었지만, 이제는 독자적인 무슬림 이름들을 사용한다. 이러한 확산은 11세기 초반에 낙후자들도 이슬람으로 개종하기까지 전체로 이어진다.

아프리카와 중동에서의 이슬람 확산에 대한 해석으로서 위와 같은 종교 전파의 단계는 현대 사회에서 종교의 역할과 성장에 대입하기에는 무리가 있다. 우선, 1300년 전부터 1000년 전까지 일어났던 종교 변동 상황을 오늘날의 사회과학적 관점에서 설명하는 것은 충분한 자료가 확보된 근거 있는 관점이라 보긴 어렵다. 우리는 그 당시에 일어났던 회심의 과정이나 실제 종교 인구의 분포 등에 대한 객관적 자료를 갖고 있지 못하기 때문이다.[55] 더군다나, 당시에는 종교가 사회 체제 전반에 관여하는 역할과 영향력을 가졌지만, 근대 세속화와 과학 혁명 이

---

55 이점에서 필자는 로드니 스타크의 『기독교의 발흥』 (서울: 좋은씨앗, 2016)과 같이 2000년 전에 일어난 기독교 인구의 변동에 대한 사회과학적 해석도 동일한 한계를 갖는다고 본다. 예를 들어, 스타크가 말하는 당시 로마제국의 상류층 여성들이 사회적 역할을 위해서 기독교에 귀의할 수 있었다는 주장은 현대 자유주의 사회의 시각을 고대에 투영하는 시도일 수 있다.

후로 종교는 인간의 내면세계와 영혼에 관한 역할로 축소되었기에 오늘날도 소수의 근본주의 종교 국가들을 제외하고 그와 같은 대단위의 종교 확산이 재현되리라 전망하기도 힘들다.

그럼에도 불구하고, 위와 같은 종교 확산과 발전의 모델은 오늘날 한국 상황에서 기독교의 위상에 대한 이해와 갱신을 도모하는데 몇 가지 면에서 참고할 점들이 있다. 먼저, 격리-혼합-개혁의 발전 과정에서 한국 기독교는 19세기의 짧은 격리 단계를 지나 20세기의 혼합 단계를 거치며 성장했다고 본다. 한국 천주교가 100년간의 고강도 탄압을 받은데 반해, 개신교는 조선의 개방 시기에 전래되면서 상대적으로 사회적 배척을 덜 받았다. 따라서 한국 기독교는 잠시간의 격리 단계를 지나치고 오랜 혼합 시기의 성장을 구가했다. 필자는 이 혼합의 시기가 한국 기독교에는 성장의 기회이면서, 또한 기독교가 시대의 문화적 정신과 지나치게 일체감을 갖는 위험성도 있다고 본다. 그런 면에서 한국 기독교의 건강한 성장을 위해서는 개혁이라는 단계가 필요한 상황에 왔다. 피셔가 말한 것처럼 개혁은 종교의 고유한 가르침을 문헌에 대한 바른 이해와 연구를 통해서 정립하는 차원이어야 하는데, 이는 자칫하면 종교의 유아독존적 근본주의나 원리주의를 강화시킬 우려도 있다. 따라서 오늘날 한국 기독교에서 필요한 단계는 사회적이며 공적인 책임 의식을 회복하는 개혁이어야지, 자기 종교 집단의 배타적 강화를 위한 개혁이어서는 곤란하다.

또한 혁신의 확산은 비록 신정 통치 시대의 모델과 비교할 수는 없지만, 종교의 정확하고 폭넓은 정보에 근거해서 전개된다는 점에서 한국 기독교의 현 과제를 상기시켜준다. 최근의 팬데믹 상황에서 몇몇 교회들이 보여준 사회에 부담과 실망을 주는 행위들은 교회와 기독교 선교에 어려움을 가중시켰다. 지금 이 시기에 개혁이 필요하다면 기독교의 진정한 가르침과 교회의 존재 이유에 대한 깊이 있는 재고일 것이다. 기독교가 사회의 공익과 무관하게 자신의 권리를 주장하는 종교로 간주되는 현실에서, 다시금 기독교의 본래적 가르침과 목적이 무엇인지를 경전과 전통에 대한 정확하고 심도 있는 이해를 통해서 복원해야 할 시점이라고 본다. 현재 한국의 기독교가 혁신의 확산에서 초기 수용 단계인지 초기 다수 단계인지는 분명치 않고 중요한 사안도 아니다. 앞으로 한국 사회에서 기독교가 어느 정도의 비중과 영향력을 갖게 될지 예측하거나 더욱 팽창하기를 목표로 삼는 것도 기독교적 가치에 부합되지 않는다. 외부적 상황에 부응하는 기독교로 변형시키는 것도 본래의 소임을 위태롭게 할 수 있다. 현 시점에서 기독교의 개혁은 기독교의 고유한 가르침을 어떻게 세상 속에서 책임있는 소통으로 풀어가느냐의 문제다.

5. 상호작용(Interaction)의 단계

회심 단계의 다섯 번째는 상호 작용, 혹은 교류의 차원이다. 잠재적 회심자가 해법을 찾다가 종교 옹호자와 대면하게 되면, 둘 사이의 상호 교류가 일어나는 것은 당연하다. 이 상호작용은 회심을 일으키는데 있

어서, 긍정적인 방향이나 혹은 부정적인 방향으로 흘러갈 것이다.[56]

잠재적 회심자는 새로운 종교를 선택하기에 앞서, 그 종교의 가르침을 배우며, 종교적 생활을 경험하고 익숙해지는 사회화(socialization)의 과정을 거치면서 최종 결정을 하게 된다. 종교에 따라 회심에 이르기 위한 어느 정도의 상호 작용 과정을 기대하는지는 달라진다. 종교 집단 내의 자기 동질성이 강한 정통 유대교의 경우는 적극적으로 포교나 옹호를 하지 않기 때문에 잠재적 회심자에 대해서 수동적이고 방관적 태도를 취하곤 한다. 반면, 복음주의 개신교는 선교적 열정과 목표가 분명하기 때문에 잠재적 회심자에게 필요한 도움을 적극적으로 제공하고자 한다. 복음주의 개신교는 비교적 짧은 시간 안에 신앙에 관한 교류를 나누고 헌신을 요청하는 경우가 많지만, 로마 가톨릭의 경우에는 고대로부터 전해져 오는 양육적 회심과정에 기초해서 정식 교인이 되는 세례 후보자가 되기 위해서는 최소 6개월에서 1년에 이르는 신앙 문답과정을 요구한다.

램보는 옹호자와 잠재적 회심자 사이에 상호작용이 가장 효과적으로 이루어지기 위해서 필요한 전략을 '보호막 제공'(encapsulation)이라고 한다. 보호막이란 잠재적 회심자의 신앙을 추구하는 여정이 목적지를 향해서 순탄하게 진행되도록 보호 체계를 제공하는 것이다. 이는 한 사람이 종교적 회심에 도달하기 까지 모든 종류의 배움, 즉 대화의 주제 선정, 적절한 질문과 대답 등이 일어나기 위해서 요구되는 환경이

---

[56] Rambo, *Understanding Religious Conversion*, 102-123. 상호작용에 관한 이하의 논의는 램보의 주장을 요약하고 필자의 설명을 덧붙인 것이다.

다. 보호막이 잘 제공되면 잠재적 회심자는 자신이 탐색하는 종교가 구축해 온 의미 체계의 영향권 아래 놓이게 된다. 각 종교를 경험하는 것은 그 종교가 형성한 생활 세계에 노출되는 것인데, 그러한 의미 체계를 형성하는 것은 공동체적 관계, 의식(rituals), 언어적 소통(rhtoric), 그리고 역할 등이다.

1) 보호막의 요소들

(1) **관계**: 관계는 일차적으로 잠재적 회심자가 종교 옹호자와 맺는 정서적 유대감으로부터 시작한다. 한 두 명의 종교 옹호자 뿐 아니라 그 종교의 신앙 공동체와 교감을 이루면서 얻는 깊은 차원에서의 용납감은 신앙으로부터 비롯되는 보상으로서의 기능을 한다. 회심을 탐색하는 과정에서 낯선 종교 공동체로부터 신뢰할만한 돌봄의 관계를 경험하는 것은 그로 하여금 안전한 친밀한 관계의 세계로 들어서게 한다. 종교의 메시지를 강력하게 전달하더라도, 관계적 차원에서의 용납이라는 경험적 요소가 없이는 회심에 이르는 자극은 약화될 수밖에 없다. 교회에서 제자화의 사역도 기독교의 교리적 내용을 학습하고 전수하는 것 외에 훈련의 과정에서 공동체적 관계의 경험이 실질적으로 상당한 역할을 담당한다.

(2) **의례(rituals)**: 의례는 종교 생활의 활력적 포인트이다. 종교 활동은 여러 가지의 적합한 의례들로 구성되어 있다. 의례는 초월을 향한 영혼의 몸짓이라고 할 수 있다. 어떤 종교에 대한 첫 인상은 그 종교의 의미 체계를 구조화된 방법으로 표현하고 구현하는 의례를 통해서 형

성된다. 그래서 램보는 "사람들은 먼저 종교적 행위를 경험한 후, 신학으로 그 과정을 합리화시킨다."고 말한다. 로마 가톨릭은 일곱 가지 성사들(세례성사, 성체성사, 견진성사, 고해성사, 신품성사, 혼인성사, 병자성사)을 통해 의례의 신심을 고양하는 전형적인 특성을 갖고 있으며, 개신교는 그에 비해 의례가 세례와 성찬으로 간소화된 것처럼 보인다. 그러나 의례는 우리에게 규칙화된 정례적 모든 종교 활동들을 포함하기 때문에, 기도, 찬양, 사죄선언 등의 요소들도 의례적 기능을 한다. 이러한 의례들이 회심에 미치는 영향은 다음과 같다.

- 의례는 인간의 정신과 영혼이 회심으로 향하도록 만든다.
- 의례는 처음에 믿기로 한 결심한 이후에도 회심을 더욱 공고히 한다.
- 의례는 독특한 방식으로 지식을 전달한다. 의식의 참여자는 자신이 새로운 세상에서 누구이며, 실제가 무엇인지를 배우게 된다.
- 의례는 중요한 교훈을 가르칠 뿐 아니라 반복해서 강화시킨다.
- 합의된 권위적 존재가 없을 때, 의례의 경험이 종교적 신념 체계를 정당화시켜준다.
- 의례는 해체와 재건이라는 두 가지 기능을 각각 수행한다.

(3) 수사(rhetoric): 수사는 언어를 사용하여 설득과 변화를 도출하는 것이다. 종교는 자체의 신념과 가치를 언어를 통해서 체계화하여 전달하고 전수한다. 종교는 신도들에게 세계와 세계 속에서 자신의 위치를 설명하는 체계다. 종교적 수사는 회심 이후의 삶을 전망하고 도해한다. 따라서 회심의 과정은 그 종교의 언어를 배우는 것이다. 또한 회심의 언어는 그 종교가 믿는 내용의 독특성을 담고 있다. 잠재적 회심

자는 해당 종교의 독특한 언어와 내재된 논리를 배우는 과정에 참여할 수 있다.

기독교의 고유한 수사들로는 죄, 복음, 믿음, 구원, 회개와 같은 용어 등이 있다. 이러한 용어들은 다른 종교나 일반 사회에서도 비유적으로 사용될 수 있지만, 기독교 신앙의 내러티브와 논리적 맥락에 위치할 때 고유성을 갖는다. 따라서 종교의 고유한 수사적 표현들을 충분히 배우기 위해서는 그러한 표현을 사용하는 이들의 공동체를 경험하며, 그들과의 지속적이고 규칙적 관계를 전제로 한다.

예를 들어, 기독교에 관심 있는 잠재적 회심자가 구원이라는 단어를 접한다. 그가 생각하는 구원이라는 개념은 위험을 모면하거나 탈락되었다 구조되는 것이라 생각할 수 있다. 혹은 통념적 내세 사상에 따른 죽은 뒤에 천국에 가는 것으로 여길 수도 있다. 그러나 신학적 구원의 의미를 알기 위해서 먼저 창조, 타락, 구속이라는 성서 내러티브 맥락을 이해해야 한다. 기독교의 구원관이 현실에서의 자기 개발이나 사후의 문제를 배제하진 않지만, 성서가 제시하는 인간과 우주의 상태, 창조주의 구원과 회복 계획을 먼저 파악하지 않고는 신학적 구원의 온전한 의미에 이를 수 없다. 성서 내러티브가 신학적 개념들의 독특하고 차별된 이해를 형성한다. 따라서 그러한 내러티브를 공유하며 살아가는 공동체를 경험하지 않고서는 기독교 신앙의 수사들에 진정성 있는 접근을 하는 것은 개연성이 약하다. 따라서 한 종교의 수사를 배우는 것은 일상의 경험들에 대한 초월적 해석을 제공받는 것이다.

(4) 역할(roles): 역할이란 한 집단의 소속자에게 요구되는 행동이다.

종교 공동체는 구성원들에게 요구하는 행동 기준이 있다. 이러한 기대에 따라 실행함으로써 잠재적 회심자는 그에 상응하는 새로운 자격, 사명, 신분 등을 얻게 된다. 기독교에서는 잠재적 회심자에게 종종 '영접'이나 '그리스도를 위한 결단'과 같은 신앙 헌신의 요청을 한다. 그래서 그가 신앙고백에 동의하는 새로운 구성원이 되면 '성도', '하나님의 자녀', '그리스도의 제자' 등의 호칭을 부여한다. 새로운 역할의 부여는 잠재적 회심자에게 새로운 공동체에서 자신의 위치를 보게 하며, 그 역할에 부응하는 삶을 살아야 할지를 숙고하게 할 것이다. 회심이란 새로운 사회 연결망 안에서의 기대, 가치, 규범의 변화이기 때문이다. 잠재적 회심자는 신앙인처럼 말하고 행동할 것을 요구 받으며 그러한 역할을 모방한다. 회심자의 역할을 모방함으로써 새로운 종교적 선택의 기로에 놓이게 되는 것이다. 이러한 역할의 변화는 앞에서 다루었던 관계, 의례, 수사에서 일어난 변화의 경험을 내재화하고 통합시키면서 발생하는 것이라 할 수 있다.

2) 보호막의 유형

상호 작용의 과정에서 가장 중요한 요소는 보호막이며, 이 보호막에 영향을 주는 것들은 관계, 의례, 수사, 역할 등으로 구성된다. 적절하고 충분한 보호막을 통해서 잠재적 회심자를 헌신의 길로 자연스럽게 이끌 수 있다. 보호막은 종교가 구상하는 세계와 긍정적인 접촉을 하게 하여, 점차적으로 그 세계로 동화시키는 것이다. 그런데 이 보호막의 강도는 사람들의 회심 동기에 따라 달라질 수 있다. 보호막의 강도가 세다고 해서 잠재적 회심자들에게 더욱 효과적인 보호막이 설치된다고 볼 수 없다. 지성적, 실험적, 신비적인 측면에서 회심을 추구하는 동기를 지닌 사람들에게는 느슨하고, 자유로운 캡슐이 필요하다. 반면 관계에 의한 정서적, 혹은 부흥집회 참여를 통한 수동적인 잠재적 회심자들에게는 종교 집단의 적극적인 돌봄과 영향력을 지닌 캡슐이 필요하다. 이러한 캡슐을 통해서 잠재적 회심자는 헌신에 더 친화적인 환경에 들어설 수 있다.

보호막에 영향을 주는 요소들과 정도의 차이를 유념하면서, 보호막의 유형들을 좀 더 분류해서 살펴보자.[57]

(1) 신체적 보호막: 종교 옹호자는 잠재적 회심자와 물리적으로 가까운 거리에서 동행하며 그에게 영향을 줄 수 있다. 곁에 있는 시간이 많을수록 영향력이 비례할 가능성이 높다. 때로 종교 옹호자는 잠재적 회심자가 접하는 종교의 장소를 제한하고 통제할 수 있다. 예를 들어서, 수도원이나 공동체 생활을 통해서 종교를 경험하게 하는 경우에, 그렇게 한다면 잠재적 회심자는 종교의 제한된 정보만 얻게 된다. 비록 제한된 정보와 경험이지만, 그 종교의 강렬하고 집중된 메시지에 노출된다. 신체적 보호막의 사례로 생각해볼 수 있는 경우를 2005년도 영국 국영방송(BBC)에서 방영한 '수도원 기행'(the monastery)이라고 하는 TV 리얼리티 프로그램에서 찾을 수 있다. 이 방송은 비종교인 남성 5명을 선발해서 베네딕트 수도원에서 수도사들과 함께 동일하게 수도원 생활을 경험하게 하였다.[58] 그리고 이들의 약 40일간 수도원 생활을 TV

57　Rambo, *Understanding Religious Conversion*, 106-107.
58　이 TV 시리즈의 동영상은 다음의 유튜브 링크에서 확인할 수 있다(2023년 1월 26일 접속).https://

로 촬영하면서 어떠한 반응을 하는지를 관찰하였다. 5명의 남성은 은퇴한 교사, 사업가, 퇴역 군인, 불교전공 대학원생, 그리고 포르노 채팅 사이트 운영자로 구성되었다. 이들은 22명의 수도사들과 함께 수도원 공동체 생활을 하면서, 각자 멘토를 배정받았다. 40일간 기도, 노동, 연구로 이루어지는 수도원 공동생활을 통해서 이들 모두는 개인적으로 의미 있는 종교적 경험을 했다고 진술했다. 캠브리지 대학교에서 불교를 전공하던 닉 버튼(Nick Burton)은 성공회 사제의 길로 생의 방향을 바꿨다. 포르노 채팅 사이트 운영자로서 처음부터 주목을 끌었던 토니 버키(Tony Burke)는 일하다가 다리를 다치고, 육체적 고통과 정신적 고뇌가 동반되는 가운데 멘토 수도사의 기도를 받으면서 신적 임재를 경험했다고 술회하며 자신이 그동안 하던 일을 청산하겠다고 결심했다. 그는 가장 극적인 변화를 겪은 출연자였다. 이들 모두의 경험이 기독교적 회심에 해당된다고 단언할 수는 없다. 그들의 후속 여정에 대한 추적 관찰이 있어야 기독교적 회심 여부에 대한 평가가 가능할 것이다. 그러나 이들이 수도원이라는 물리적 공간 안에서 기독교를 경험한 것은 회심을 위한 상호작용 과정에서 신체적 보호막의 기능이 무엇인지를 엿보게 해준다. 이들 각자에게는 멘토 역할을 해주는 수도사가 배정되었고, 수도원 규칙을 따르면서 제한된 공간 안에서 종교적 생활을 경험한 것이다. 멘토 역할을 맡은 수도사는 곁에서 그들과 대화하고, 그들을 위해서 기도해주면서 생활을 공유했다.

(2) **사회적 보호막**: 사회적 보호막은 대인관계를 비롯한 외부와의 접

---

www.youtube.com/watch?v=sKTA1e2boSc&list=PLA47D0A25332E28DB

촉을 제한시키거나, 외부 세계와는 확연하게 구분되며 통제되는 생활양식을 의미한다. 대표적인 종교의 생활양식으로는 복장이나 섭식 규칙을 들 수 있다. 불교에서 일반인들에게 개방하는 사찰 체험인 템플스테이(Temple Stay)는 참가자들이 승려의 복장을 하고 사찰에서 제공되는 육식과 인공 조미료를 전혀 넣지 않은 식사를 하며 불교의 예법과 생활 규칙을 따른다. 템플 스테이는 불교로의 회심을 유도하는 과정은 아니며 불교 자체가 뚜렷한 포교적 목적을 내세우지 않지만, 이러한 생활양식은 종교의 사회적 보호막을 통해서 영향을 주는 통로가 된다. 유대교는 정결 규례에 기반을 둔 까다로운 섭식 규칙을 두고 있으며, 이슬람의 경우에 돼지고기를 멀리하고 힌두교는 소고기를 먹지 못하는 식으로 자신들의 교리적 가르침을 반영한 섭식 제한을 요구한다. 이러한 생활 규칙상의 사회적 보호막은 잠재적 회심자로 하여금 그 동안 자신의 생활세계에서 형성된 습관과 규칙들로부터 분리되어, 새로운 종교적 세계 속에서 재사회화(resocialization)의 과정에 들어서게 한다. 재사회화란 사람이 자신이 태어나고 성장한 환경에서 숙련시켜온 규범과 습관을 전면적으로 재조정하는 과정이다. 대한민국 사회의 남자들은 군대에서 가장 차별된 재사회화 과정을 경험하게 된다. 군대에 입대하는 순간 그 동안 사회에서 입고 있던 민간복을 모두 반납하고 군대에서 지급된 복장만을 입고 생활해야 하며, 군대에서 정해진 시간표에 따라 규칙적인 생활을 하고, 군대에서 허용하고 제공하는 음식을 먹어야 한다. 이 모든 사회적 규칙의 변화는 군대라는 조직의 목적에 부합되는 양식을 따르기 위함이다. 즉, 군대에서 요구하는 표준적인 장병이 되기 위해서 새로운 생활양식과 관습을 따라야 한다. 이러한 재사회화의 절차는 종교적 회심에서도 유사한 차원으로 적용될 수 있다.

특히, 종교가 세속사회와 차별된 삶의 양식을 강조하며, 그러한 구분을 종교의 순수한 정체성을 규정하는 경우에는 더욱 강한 사회적 보호막을 요구할 것이다. 잠재적 회심자는 교리의 내용을 연구하고 평가하여 회심에 이르는 여정에 들어서기도 하지만, 이와 같은 변화된 사회적 삶의 체험을 통해서 종교에 대한 인식과 태도가 더욱 우호적으로 강화되기도 한다.

(3) 관념적 보호막: 잠재적 회심자와의 상호 작용에서 반드시 핵심에 놓여야 할 중요한 보호막은 관념적, 혹은 지적 보호막이다. 이는 해당 종교의 세계관과 신념체계를 주입하는 것이다. 관념적 보호막은 대부분의 종교들에서 새로운 구도자나 잠재적 회심자에게 가장 심혈을 기울여 제공하고자 하는 실체이다. 기독교는 회심 과정에서 가장 결정적인 순간을 기독교 교리에 대한 지적 동의와 수용으로 보는 경향이 많다. 관념적 보호막은 잠재적 회심자가 자신과 상호작용하는 종교의 가르치는 바와 교리 체계에 대해서 충분한 설명을 들을 수 있게 해주는 것이다. 한 종교의 교리를 받아들이기까지, 잠재적 회심자는 이전 종교나 신념체계의 내용과 충돌하는 경험을 하게 된다. 오늘날과 같은 다원주의, 다문화 사회에서는 인생과 세계를 설명하는 대안적이며 경쟁적인 신념들이 계속 부상하기 때문에, 각 종교는 자신들의 설명 체계를 더욱 설득력 있게 제시하는 경쟁 속에 놓이게 된다. 관념적 보호막이 두텁고 체계적이라고 해서 필연적으로 회심이 뒤 따르는 것은 아니다. 지적인 이해와 수용을 일으키는 관념적 보호막은 앞서 언급한 신체적, 사회적 보호막과 무관하게 독립적인 기능을 하는 것이 아니다. 성공적인 신체적, 사회적 보호막은 잠재적 회심자로 하여금 관념적 보호막을

받아들이도록 효과적인 보완 기능을 할 수 있다. 사람은 자신에게 도움을 주는 사람의 영향력 아래서 자신의 생각과 판단을 조절할 수 있기 때문이다. 자신이 가깝고 친밀한 관계에 있는 사람의 신념에 더욱 마음을 열기 마련이고, 자신도 모르는 사이에 설득되는 과정에 들어설 수 있다. 그럼에도 불구하고 관념적 보호막이 신체적, 사회적 보호막에 종속되는 것은 아니다. 이러한 것들과는 별도로 종교의 옹호자는 잠재적 회심자의 언어와 문화, 그리고 이해수준에 맞는 관념적 보호막을 제공할 수 있어야 한다.

이러한 세 가지 보호막은 잠재적 회심자가 종교를 찾는 정도에 따라서 느슨하거나, 혹은 견고해질 필요가 있다. 만약 잠재적 회심자의 회심을 추구하는 모티브가 지적이거나 실험적인 경우, 또는 신비적인 유형의 경우에는 그는 능동적으로 새로운 삶의 가능성을 찾는 성향이 있기 때문에 보호막으로 대변되는 종교 집단의 압력에 덜 순응적일 수 있다. 잠재적 회심자는 자신의 주체성이 강하기 때문에 느슨한 보호막 안에서 자율성과 주도성을 갖고 종교를 탐구하게 될 것이다.

반면, 잠재적 회심자가 자기 자신이 주체적으로 종교를 탐구하는 경우라기보다는, 주변의 가족이나 지인들로부터 영향을 받아 정서적인 신뢰 관계 속에서 종교에 동화되는 경우라면 집단의 압력에 더욱 순응적이 된다. 정서적인 유대관계가 강할수록 종교를 옹호하는 집단에서 제공하는 보호막이 더욱 효과적이 될 것이다. 정서적 친화성 뿐 아니라, 강요적인 환경에서도 집단 압력에 더욱 순응적이 될 수 있으며, 이는 견고한 보호막을 형성하게 된다. 즉, 수동적일수록 견고한 보호막이 효과적이고, 능동적인 경우에는 느슨한 보호막이 적절한 기능을 할 수 있다.

3) 관계, 상호작용에서의 변수

잠재적 회심자와 종교 옹호자 간의 상호 작용은 양자 간의 신뢰적 관계에 기반을 두고 있는 경우 더욱 안전한 분위기 속에서 긍정적으로 진행될 수 있다. 종교 옹호자가 신뢰할만한 원천으로 인식되는 경우에, 잠재적 회심자는 친밀하고 인격적인 관계의 경험을 통해서 종교 옹호자의 권면과 판단을 더욱 따를 수 있다. 이와 같은 회심의 순기능으로서 관계는 정신요법 치료의 과정에서도 유사한 역할을 한다.[59] 정신요법 치료에서도 인간의 변혁을 추구하는데, 변화가 일어나기 전에 사람들은 일반적으로 저항을 하게 된다. 저항의 방어기제가 작동되면 갈등이 일어날 가능성이 높아지게 되고 이는 변혁의 과정을 중단시킬 수도 있다. 여기서 갈등을 이겨낼 수 있는 중요한 조건은 치료자와 내담자 사이에 레포(rapport)가 형성되었느냐는 것이다. 치료자는 갈등을 파악하고, 내담자와 함께 갈등의 문제를 해결하기 위해 공동의 탐색을 한다. 이 탐색의 과정은 치료자와 내담자 사이에 형성된 신뢰의 정도에 따라서 더욱 원활해질 수 있다. 이렇게 탐색을 하는 가운데 문제 해결을 위한 통찰에 이르게 되는데, 통찰에는 부정적 통찰과 긍정적 통찰이 있다. 부정적 통찰은 회개의 과정을 불러 일으킬 수 있고, 긍정적 통찰은 창조적, 치유적 변화를 이끈다. 즉, 통찰은 그 자체로 내담자에게 자

---

59 Rambo, *Understanding Religious Conversion*, 111.

신의 삶을 돌이키거나, 아니면 적극적으로 나아가게 하는 변화를 초래한다. 이러한 변화의 과정에 진입함으로 내담자는 그 간의 긴장을 완화시키고 문제를 극복할 수 있는 용기를 갖고 창조적 변화의 길로 나아갈 수 있다. 정신요법 치료에서 건강한 변화의 여정에 들어서기 위한 발판으로 치유자와 내담자 사이의 관계를 강조한 것처럼, 회심을 위한 상호작용 과정에서도 종교 옹호자와 잠재적 회심자 사이의 관계는 중요한 기반이 된다. 두 사람 사이에 공통적인 요소가 많을수록 동질감은 더욱 높아질 것이며, 잠재적 회심자는 옹호자의 종교 경험에 대해 더욱 관심을 갖게 될 수 있다. 또한 안전하고 신뢰할만한 관계는 잠재적 회심자로 하여금 옹호자의 경험과 권면에 더욱 수용적인 태도를 갖추게 할 수 있다.

제임스 로더는 인간이 치유와 변화를 위해 나아가사는 것은 자기발견을 위한 모험이라고 한다. 그것은 진정한 자기가 될 수 있는 자유, 자신을 파괴하려는 유혹에 맞서 싸울 수 있는 자유의 용기를 회복하는 과정이라는 것이다.[60] 종교적 회심 또한 절대자와의 관계 속에서 자신을 재발견하고, 본래적 자아를 찾아가는 여정이라 볼 수 있다. 인간 본연의 모습을 회복하는 길은 혼자만의 탐구가 아니라, 곁에서 공감과 안내를 해주는 동반자를 필요로 한다. 회심의 과정에서 상호 작용은 종교 옹호자의 역할을 전제로 할 때, 헌신에 이르는 길을 더욱 원활하게 할 것이다.

---

60 로더, 『종교적 체험과 변혁』, 108.

6. 헌신(Commitment)의 단계

헌신은 회심 과정의 목표이자 상호작용의 결정체라 할 수 있다. 잠재적 회심자의 탐구 여정이나 종교 옹호자의 설득 과정은 모두 헌신의 단계에 이르러 소기의 목적에 도달하는 것이다. 우리는 잠재적 회심자가 자신이 탐구하던 종교에 귀의하기로 헌신할 때 비로소 회심, 또는 개종이 이루어졌다고 말한다. 헌신의 단계가 회심 과정의 최종 종착지는 아니다. 회심에 부응하는 삶의 변화가 수반되느냐는 헌신의 진정성과 지속성을 보여주는 또 다른 중요한 지표다. 그렇지만 헌신이 회심 과정의 절정임은 분명하다. 헌신의 단계에서 회심자는 과거 삶의 양식과 분리되어 새로운 삶의 체계로 이동하기로 결단하고 실행하게 된다.

램보는 잠재적 회심자들이 새로운 종교에 귀의하기로 헌신하는 양태에는 다섯 가지의 공통적인 요소들이 있다고 한다.[61]

1) 결단 내리기(decision making)

헌신은 다른 말로 하면 종교를 받아들이기로 결정하는 것이다. 기독교에서는 대체로 이러한 결정이 예수 그리스도를 개인의 구세주로 영접한다는 고백으로 나타난다. 그러나 구약 성경에서부터 신앙에 대한 결단은 강력하게 요청되었다. 여호와 하나님은 이스라엘 백성들에게 자신을 예배하고 따를 것인지에 대한 결단을 요청하며, 그 결정 이후에 주어지는 보상도 명료하게 제시한다. 신명기 30:15-20은 그와 같

61　Rambo, *Understanding Religious Conversion*, 125-141.

은 결단 요청의 대표적인 구절에 속한다.

> 보라 내가 오늘 생명과 복과 사망과 화를 네 앞에 두었나니 곧 내가 오늘 네게 명령하여 네 하나님 여호와를 사랑하고 그 모든 길로 행하며 그의 명령과 규례와 법도를 지키라 하는 것이라 그리하면 네가 생존하며 번성할 것이요 또 네 하나님 여호와께서 네가 가서 차지할 땅에서 네게 복을 주실 것임이니라 그러나 네가 만일 마음을 돌이켜 듣지 아니하고 유혹을 받아 다른 신들에게 절하고 그를 섬기면 내가 오늘 너희에게 선언하노니 너희가 반드시 망할 것이라 너희가 요단을 건너가서 차지할 땅에서 너희의 날이 길지 못할 것이니라 내가 오늘 하늘과 땅을 불러 너희에게 증거를 삼노라 내가 생명과 사망과 복과 저주를 네 앞에 두었은즉 너와 네 자손이 살기 위하여 생명을 택하고 네 하나님 여호와를 사랑하고 그의 말씀을 청종하며 또 그를 의지하라 그는 네 생명이시요 네 장수이시니 여호와께서 네 조상 아브라함과 이삭과 야곱에게 주리라고 맹세하신 땅에 네가 거주하리라 (신 30:15-20)

여기서의 결단 요청은 다른 신들을 버리고 오직 여호와를 사랑하며 그의 가르침을 지키는 것이다. 이 요청에 응답하고 순종하면 땅의 보상, 후손의 복, 그리고 장수가 보상으로 주어진다. 그러나 이 결단 요청에 응하지 않고, 말씀을 따르지 않으면 멸망에 이를 것이라는 강력한 경고도 수반된다. 생명과 사망과 복과 저주가 결단 여부에 달려 있다.

이러한 결단과 결단 이후에 주어지는 보상에 대한 기대감은 회심의 헌신단계에 도달하는데 있어서 주요한 동기가 된다. 종종 헌신이란 감정적 결정이 아니라, 헌신 이후에 주어지는 결과에 대한 합리적 판단을 수반하기 때문이다. 신명기 30장에 나오는 물리적인 약속 외에도, 사람들이 한 종교에 귀의하고자 할 때는 인생의 궁극적 의미나 실제적 삶의 문제들에 대한 해결 전망을 품곤 한다. 종교에로 헌신하는 동기들은 개인적인 차원의 문제 해결 뿐 아니라 사회적, 공적 문제들의 해결을 갈망하는 것도 포함된다. 한국이나 일본에 기독교가 처음 전파될 때, 초기 신앙인들 중에는 기독교를 통해서 서구 문명을 도입하여 사회가 계몽되고 국가가 더욱 부강해지는 희망을 가졌던 이들도 많았다. 1880년대 일본에서 초기 기독교가 급속하게 성장할 때, 아예 국교를 기독교로 하자는 움직임도 있었다. 이상재, 조만식과 같은 한국의 초기 기독교 선각자들 또한 개인적 신앙의 동기 외에도 기독교를 통한 국력 회복을 도모하기도 했다.

2) 의식(rituals)에의 참여

헌신을 가시적, 외부적으로 공표하는 것은 헌신을 위한 의식에 참여하는 것이다. 의식에의 참여를 통해 종교에 귀의하는 헌신은 은밀하거나 사적인 영역이 아니라 종교 공동체의 공적인 절차가 된다. 헌신한 회심자는 자신이 선택한 새로운 종교 집단에 대한 충성을 이러한 의식을 통해서 보여주며, 공동체는 의식을 통해서 공표된 회심자의 헌신을 인증하는 것이다. 기독교의 대표적인 헌신 의식은 세례 예식이다. 중세 후기 천주교에서는 세례 예식에서 기독교의 구원으로 말미암은 중생이 일어난다는 교리가 제시되긴 했으나, 세례 예식은 신앙에의 귀의를 공적으로 보여주는 주요 의식으로 간주된다. 예식의 형태를 취하진 않더라도 일상의 표현 속에서 습관화(routinization)된 의식들이 있다. 구원의 선물을 받아들이고 기독교 신앙 요청에 동의하겠다는 표시로 그리스도를 영접하겠다는 개인적 고백이나 '죄인의 기도'(sinner's prayer)과 같은 표현 방식이 자주 쓰인다. 세례가 예전적 헌신(liturgical commitment)이라면, 영접 고백이나 죄인의 기도 등은 개인적 헌신(personal commitment)이라 할 수 있다. 전통에 따라 어떠한 헌신을 더욱 진정성 있는 기준으로 보느냐의 시각은 달라질 수 있다. 천주교는 성사 중심의 신앙을 유지하고 있기 때문에 세례에의 참여를 헌신의 결정적인 계기로 보는 반면, 복음주의 개신교는 예식이나 형식에 거리를 두면서 개인이 직접 신앙을 고백하는 것을 더욱 중시하는 경향이 있다.

이와 같은 가시적인 헌신의 표시는 비록 예전이나 구술적 표현이냐의 차이는 있지만 둘 다 공적인 특성을 갖고 있다. 회심자의 헌신이 가시적이고 공적으로 표현되는 것은 사적이고 은밀하게 이루어는 것에 비해 큰 유익이 있다. 첫째 유익은 헌신의 표현이 공적인 사건이 됨으로써 회심자의 신앙 탐구 여정은 개인적인 선택에 공동체적인 책임이 더해진 것이다. 홀로 추구하는 신앙이 아니라, 동반자들과 함께 대화하고 협력하는 관계 속에서의 여정으로 변모한 것이다. 둘째 유익은 '다리 태우기'(burning the bridge)라고 하는 효과이다. 다리 태우기란 군대가 전투를 위해서 다리를 건넌 다음에 그 다리를 불태워 버림으로써 혹시라도 생길 퇴각의 가능성을 없애는 결연한 의지이다. 회심의 과정에서 헌신이 공동체적 사건으로 진행되면 이는 과거의 구습을 폐기하고 그리로 돌아가지 않겠다는 단호한 결단과 전적인 개종의 표시가 될 것이다. 물론 공적인 사건으로서의 헌신이 배교의 가능성을 배제하게 하진 못한다. 다만, 회심자의 결단을 더욱 강화시키는 기능을 하기에 충분할 것이다.

3) 굴복(surrender)

세 번째로 드러나는 헌신의 표현은 굴복은 혹은 자기 포기라고 하는 내면적 과정이다. 기독교 신앙의 회심 과정은 반드시 과거의 삶을 청산하고 돌이키는 회개(metanoia)를 수반한 믿음의 표현을 요구한다. 사도 바울은 십자가 신앙의 본질에 옛 자아를 포기하고 그리스도 안에서 새로운 자아로 살아가는 것을 명확하게 표현한다. "내가 그리스도와 함께 십자가에 못 박혔나니 그런즉 이제는 내가 사는 것이 아니요 오직 내 안에 그리스도께서 사시는 것이라 이제 내가 육체 가운데 사는 것은 나를 사랑하사 나를 위하여 자기 자신을 버리신 하나님의 아들을 믿는 믿음 안에서 사는 것이라"(갈2:20). 예수 그리스도의 십자가와 부활 사건이 사람들을 구원하는 결정적인 계기를 제공한다면, 이러한 십자가와 부활을 통한 회심의 여정은 그리스도께서 자신을 버리신 것처럼 자아를 포기하고 살아감을 의미한다. 장 칼뱅은 그의 기독교 강요 3권의 제 7장에서 기독교 생활(Christian Life)이란 자기 부인의 삶이라고 말했으며(Institutes, III), C. S. 루이스 또한 기독교 신앙의 본질은 자기 낭패감이라고 주장하였다. "기독교는 제가 지금까지 말해 온 것과 같은 낭패감에서 출발하는 종교로서, 그 낭패감을 먼저 겪지 않는 한 아무리 위안을 얻으려고 노력한들 소용이 없습니다. 여러분이 진리를 구한다면 결국 위안을 발견할 것입니다. 그러나 위안 그 자체를 구한다면 위안도 진리도 얻지 못한 채, 오로지 감언이설과 몽상에서 출발해서 절망으로 마치고 말 것입니다."[62]

    이와 같은 굴복은 신 앞에서의 자기 포기이지만, 이는 자신의 내면에서 솟구치는 욕구와 갈등 관계까지 포기하는 수준에 이른다. 신을 의지하는 신앙은 자신의 권리와 욕망을 내려놓음을 포함하며, 신앙을 추구하는 삶에서도 지속적인 굴복의 도전을 주는 것이다. 기독교적 회심의 출발이 자기 포기로서의 굴복에 있다는 것은 성경의 창세기 기록에서 인간의 근본적인 신에 대한 저항이 바로 신과 같아지려는 자기주장이었다는 점과 대조된다. 인간이 진정한 자아를 회복하기 위해서는 창조주요, 구속주이신 신과의 합일에 들어서야 하고, 이러한 합일을 위해서는 자아를 포기해야 하는 것이다. 자아의 포기는 신과의 합일, 즉 세례를 통하여 그리스도와 연합하는 과정에서 필수적인 조건이 된다. 회심자들은 이러한 자기 포기와 굴복을 통해서 때로 자신의 욕구와 집착으로부터 진정한 해방감을 맛볼 수도 있다.

4) 생애의 재건과 언어의 변화를 반영하는 간증

    헌신의 표시는 회심자의 직접적인 구술을 통해 드러난다. 이는 단순히 수동적으로 신앙의 요구를 수용하는 수준이 아니라, 자신의 회심 이야기를 서술하는 것도 포함된다. 말을 한다는 것은 단순히 우리의 생각을 전하는 것이 아니다. 우리는 말을 함으로써 생각과 신념을 형성하며, 더 나아가 삶의 방향을 재구성하기도 한다. 말로 표현하기 위해서는 여러 갈래로 흩어졌던 생각들을 수집해서 분류하고 논리적 순서를

---

62 루이스, 『순전한 기독교』, 65.

만들어야 한다. 이러한 과정은 신념과 가치관들의 정립을 불러일으키며, 의미 있는 삶의 방향에 대해서 숙고하게 만든다.

말이 이러한 형성적 기능을 한다면 신앙에의 귀의 과정에서 자신의 종교적 경험을 표현하는 간증 또한 신앙 세계를 구축하게 할 것이다. 신앙의 언어적 진술에 대해서는 사도 바울도 분명하게 요구하였다. "네가 만일 네 입으로 예수를 주로 시인하며 또 하나님께서 그를 죽은 자 가운데서 살리신 것을 네 마음에 믿으면 구원을 받으리라. 사람이 마음으로 믿어 의에 이르고 입으로 시인하여 구원에 이르느니라."(롬10: 9-10). 이 구절에서 구원의 과정을 회심이라고 본다면 믿음이라는 헌신은 마음속의 다짐에 그치는 것이 아니라 말로 표현하게 되어 있다. 말로 표현함을 통해서 신앙은 더욱 내면으로 체화되는 것이다. 신학자 토마스 롱(Thomas Long)은 사람들이 자신의 믿음을 다른 이들과 나눔으로 더 깊고 명료한 믿음의 세계를 구축할 수 있다고 말한 바 있다.[63] 이러한 회심 과정의 서술로서 간증은 아직 잠재적 회심자의 단계에 있는 다른 이들에게 자신의 탐구 과정을 공감대가 형성된 상태에서 돌아보게 한다. 즉, 공적인 회심 간증은 회심자의 신념 체계를 더욱 명확하게 구성하는 효과 뿐 아니라, 타인에게도 종교적 신앙으로의 흡인력을 발휘할 수 있다는 것이다.

---

[63] Thomas G. Long, *Talking Ourselves into Being Christian* (Jossey-Bass, 2004), 6. 심지어 롱은 말로 표현되지 않으면 믿는 것이 아니라고 까지 단언하기도 한다. 신앙 증언을 통한 믿음의 형성에 관해서는 Amanda H. Drury, *Saying Is Believing* (IVP Academic, 2015)을 참조하라.

5) 동기의 재구축(motivational reformulation)

잠재적 회심자는 헌신의 결단을 통해서 종교에 귀의하는 자가 되는데, 이때 회심자가 거치는 중요한 절차 중 하나는 자신의 종교적 탐구 동기와 생애에 대한 가치를 재구축하게 된다는 것이다. 회심의 과정에서 초기 동기는 헌신 단계의 현재 동기와 융합되어야 한다. 회심의 동기는 다양하고 복잡할 수 있다. 처음에 종교를 탐구하던 때와 중간 과정에서의 동기는 달라질 수 있으며, 재 해석되기도 한다. 왜냐하면 잠재적 회심자들은 종교를 탐구하며 옹호자와의 상호작용 가운데 자기 인생의 기억을 재구성할 수 있기 때문이다. 기억의 재구성 뿐 아니라 인생에 새로운 가치체계를 도입할 수도 있다. 이러한 동기의 재구축은 헌신이라는 변화의 결단에 이르기 위한 토대가 된다.

7. 결과(Consequence)의 단계

회심의 여정에서 마지막 단계는 회심자가 자신이 수용한 새로운 종교의 요구에 부합하는 삶의 변화를 지속적으로 추구하는 것이다. 헌신에 상응하는 결과로 나타나는 삶의 변화는 우선 종교 의식에 참여하고, 종교에 소속되는 형식적인 모습 뿐 아니라, 일상의 습관에서도 일어난다. 인간의 내면적 변화를 주로 요구하는 복음주의 개신교는 일요일에 교회 출석을 하고 공동체 모임에 소속하는 것이 가장 뚜렷한 변화이겠지만, 종교에 따라서 외적인 표시에서의 변화를 요구하는 경우도 있다. 가장 흔한 예는 의복, 음식, 인간관계에서의 변화일 것이다. 유대교와 이슬람은 섭식에서 더욱 강력한 규례를 요구한다. 먹을 수 있는 음식과 먹지 못하는 음식(돼지고기 등)이 구분되며, 이를 지킴으로써 자신들의 신심을 결과로 보여줄 수 있는 것이다.

이와 같은 결과로서의 변화는 회심을 공고히 하는 통합화의 과정이기도 한데, 이는 정서적, 지적, 윤리적, 사회-정치적 차원 등의 모든 영역에서 새로운 기대에 부응하며, 종교적 가르침에 일관된 일상의 변화를 도모하고자 하는 것이다.[64] 회심의 결과는 헌신 직후에 단번에 이루어지는 것이 아니라, 종종 오랜 시간에 걸쳐 축적되면서 이전과 차별되는 뚜렷한 현상으로 자리 잡기도 한다. 이는 일반적인 회심의 경험이 급진적이라기보다는 점진적으로 일어난다는 것과 같은 맥락이다.

회심 단계에서 결과가 지니는 중요성은 종종 한 종교로의 회심이 진지하고 신중한 헌신에 의해서가 아닌 경우가 많고 그로 인한 피상성과 부작용이 발생하기 때문이다. 심지어 회심이 지속되지 못하고 배교가 일어나기도 한다. 배교는 개인과 집단 모두에게서 일어나는데, 여러 가지 원인들이 작용할 수 있다. 회심자가 비록 새로운 종교의 가르침을 수용하겠다고 외적으로는 표시를 했으나, 내면적으로 진정한 확신에 이르지 못한 상태일 수도 있다. 이때 그는 자신에게 영향을 주었던 종교 옹호자와의 관계를 고려하여 불확실한 상태에서의 헌신을 표명하거나, 주변인들의 권유를 받아들이지 못하여 형식적 결단의 외양만을 갖췄을 수도 있다.

---

64 Rambo, *Understanding Religious Conversion*, 146-148.

회심 이후에 새로이 받아들인 종교의 가르침에 따라 회심자는 전 삶의 영역에서 자신의 습관과 실천을 조정해야 하는 요구에 직면하게 된다. 그때 자신이 그 동안 익숙해왔던 사회, 문화적 관습의 압력에 의해서 타협을 하다가 새로운 종교로의 헌신을 철회할 수도 있다. 이러한 압력은 주변의 가족, 친족, 사회, 문화, 국가에 의해서 가해지는 경우가 있다. 전통적이고 집단적인 공동의 삶을 영위하는 부족에서는 집단 회심이 일어나기도 하지만, 또한 집단적 배교가 일어나기도 한다.[65] 따라서 이에 대응하는 회심의 공고화 전략으로 진정한 회심의 결과들을 정립하려는 움직임이 있다. 따라서 회심에서 헌신은 회심의 완성이 아니라 이후 지속되는 종교적 삶의 순례를 위한 시작으로 봐야 한다. 헌신 이전과 헌신의 순간에 나타났던 현상에 대한 연구보다, 오히려 회심 이후의 결과가 회심의 진정성을 추적하고 평가하는데 있어서 더욱 중요한 시금석이 될 것이다. 이러한 측면에서 윌리엄 제임스가 그의 종교체험에 대한 연구에서 '성자성'에 대한 논의를 상당한 분량으로 담은 것은 의미심장하다. 물론 회심 이후의 결과는 일반적인 도덕성 측면에서만 평가하기에는 종교 전반에 걸친 규범을 담을 수 없다. 종교에 헌신한 새로운 회심자는 윤리적 실천과 내면의 성품에서 뿐 아니라, 종교적 가르침에 대한 지적인 이해력을 심화시키며, 종교에서 요구하는 바람직한 삶을 실천해야 한다. 이 종교적 삶은 외부에서의 봉사 활동 뿐 아니라 종교 공동체를 세우고 구성원 간의 상호 돌봄을 위한 실천도 포함한다. 또한 종교적 신앙을 지속하고 강화하기 위한 의례를 준수하고

---

[65] Alan Tippettt, "Conversion as a Dynamic Pross in Christian Conversion," *Missiology: An International Review*, Vol. 5 (1977), 218-219. 여기서 티펫은 선교사로서 관찰한 오세아니아의 부족들 가운데 집단적 회심을 경험했다가, 나중에 집단적 배교로 돌아서는 경우들을 논의한다.

참여와 재정적 기여를 통해 구성원으로서의 지위를 유지하는 것도 포함될 것이다. 이에 대해서는 뒤에서 기독교적 회심의 언어와 요소들을 살펴볼 때 더욱 자세히 다룰 것이다.

회심은 개인과 일상의 차원에서 뿐 아니라 전체 사회문화와 역사적 차원에서도 결과를 낳을 수 있다. 램보는 회심이 집단에게서 장기간에 걸쳐 일으킨 결과의 상반되는 사례들을 제시한다.[66] 멕시코의 한 원주민 부족이 개신교로 회심하면서 알콜 중독이나 쾌락적 축제에서 벗어나 빈곤을 탈출한 사례나 기독교 선교사들이 소수 부족의 언어로 성경을 번역하면서 그들의 언어가 체계화되고 보존되는 긍정적인 결과들도 있다. 하지만 고대 로마제국이 집단적으로 기독교로 회심했음에도, 로마인들의 도덕적인 지표들은 크게 달라지지 않는 경우도 언급한다. 성규범, 노예제도, 검투사 경기, 형벌체계, 부패와 같은 5대 지표에서 성 규범 외에는 로마의 기독교화 이후에도 변화가 없거나 오히려 더 악화되는 경우(사형과 고문)도 있었다. 따라서 회심이 국가나 민족과 같은 집단의 총체적인 삶에 어떠한 변화의 결과를 가져오느냐에 대해서는 신중한 검토가 필요하며, 이는 회심의 진정성을 가늠하는 중요한 기준으로 고려할 만하다. 회심을 통해서 어떠한 사회윤리적 변화가 일어났느냐의 질문은 회심을 개인의 종교적 사건으로만 볼 것이 아니라, 사회적이고 공적인 측면에서도 조명해야 할 중요한 주제임을 일깨워 준다. 이는 회심과 윤리의 관계를 더욱 중요하게 부각시킨다.

---

66   Rambo, *Understanding Religious Conversion*, 148-155.

4장

회심의 사회학적 이해

    회심에 관한 신학적 해석의 기초가 되는 또 다른 중요한 접근은 회심을 사회학적 관점에서 이해하는 것이다. 앞서 램보의 관점이 회심의 단계에 대해서 사회과학적 분석을 도입했다면, 이 장에서 논하고자 하는 것은 사회적 자본의 관점에서 회심이 어떻게 발생하는가에 대한 연구이다. 이는 회심을 명제적, 교리적 동의와 추종으로 보는 시각을 극복하고 회심 경험에 반영되는 관계적 맥락, 공동체의 기능을 파악하는 데 도움이 되는 관점이다. 이 장에서 논의하는 회심의 종교-사회적 자본에 대한 관점은 사회학자 로드니 스타크(Rodney Stark)와 로저 핑키(Roger Finke)의 저서 *Acts of Faith: Explaining the Human Side of Religion* (University of California, 2000 한글로는 『종교경제행위론』으로 북코리아에서 출간되었음)에서 보여주는 가설과 결과들을 중심으로 전개될 것이다.

1. 종교 선택의 합리성

종교적 회심에 대한 연구는 사람들이 어떠한 동기와 과정을 통해서 종교를 선택하는가를 주된 주제로 삼는다. 종교 선택의 원인이 무엇인가에 대해서 통념적으로 접근하는 방식은 그 종교의 메시지에 대한 관심이다. 다른 종교들의 메시지에 비해서, 혹은 시대적인 관심사에 부응해서, 특정 종교가 전하는 메시지나 교리가 얼마나 사람들에게 개연성을 주었는가에 집중한다. 특히 종교의 메시지가 어떠한 삶의 결과를 낳았으며, 그 결과가 종교 밖의 사람들에게 얼마나 매력적으로 전해졌느냐가 회심 수요의 증가와 직접적 연관이 있으리라고 보는 것이다. 스타크와 핑키는 고대 로마 제국을 휩쓸었던 전염병의 대재앙 한 복판에서 초기 기독교인들이 큰 전염병의 재앙 한 복판에서 이웃과 가족들에게서조차 버림받은 병자들을 돌볼 수 있던 근본적 원인은 육신의 죽음이 존재의 끝이 아니며 이웃을 사랑하고 지켜주는 책임에 대한 신념을 갖고 있었기 때문이라는 예를 든다.[67] 이러한 초기 기독교인들의 선행은 외부인들에게 큰 칭송을 받았고 기독교가 성장하는데 있어서 주요한 역할을 했던 것으로 평가된다. 이렇게 종교의 교리와 관련된 실천이 지니는 매력성과 우월성을 토대로 종교를 선택하는 것은 합리적인 행동으로 간주된다. 합리적 선택 이론은 인간이 새로운 종교를 선택하거나 종교를 교체하는데 따른 불이익이 있더라도 나중에 돌아올 더욱 만족스러운 최대의 보상과 목표를 위해서 기꺼이 그 대가를 치르리라는 것이다.

---

[67] Rodney Stark and Roger Finke, *Acts of Faith: Explaining the Human Side of Religion* (Berkeley and Los Angeles: University of California, 2000), 34.

그런데 문제는 같은 문화 안에 있는 사람들이 같은 보상에 대한 설명을 듣고 같은 미래의 조건을 제시 받아도 동일하게 선택하지 않는다는 점이다. 어떤 사람들은 그러한 한 종교가 제시하는 합리적 개연성에 의존해서 선택하지만, 다른 사람은 그러한 선택을 거부한다. 같은 문화와 시대를 공유하는 사람들 사이에서도 개인의 선택은 달라질 수 있다. 이는 사람들의 선택이 단순히 합리적 계산에 의해서만 이루어지는 것이 아니라, 그들의 선호도와 취향에 의해서 좌우될 수 있음을 의미한다. 인간이 선택을 하는데 있어서, 특히 종교적 회심의 과정에서 최종 선택에 이를 때는 단순히 원하는 목적을 이루기 위한 이성의 지시를 따르는 것만은 아니다. 오히려 우리는 선택을 할 때 대체적으로는 합리성을 동원하려고 하지만, 꽤 많은 경우에는 충동과 기질에 의해서 좌우되기도 한다. 합리성이라는 것은 우리가 추구하고 결정하는 바가 더욱 옳다는 것이 아니라, 그 추구와 결정의 과정에서 합리적 수단을 사용함을 의미한다. 따라서 사람들은 나름대로의 합리적 사고 절차를 거쳐 종교를 선택하는 것이다. 스타크와 핑키는 미래의 보상과 상황을 설명하기 위한 기제로서 종교에 의존하는 합리적 성향을 다음과 같이 정의한다. "인간은 자신들의 정보와 이해력의 한계와 제한된 선택 사항 내에서, 자신들의 선호와 취향에 따라, 합리적인 선택을 하려고 한다."[68] 과거 종교를 정신 병리적 행동으로 취급하던 때에는, 종교를 갖는 것을 비합리적 선택으로 보는 시각도 있었으나 이는 합리성을 편협하게 보는 시각에 근거하는 것이다. 인간은 엄정한 실증주의적 차원에서 합리

---

68 Stark and Finke, *Acts of Faith*, 85. 이 책에서 저자들은 종교의 기반과 선택, 운영 원리에 관한 99개의 명제(proposition)와 36개의 정의(definition)을 제안한다. 위의 진술은 첫 번째 명제이다.

적인 결과에 이르려고만 하는 것이 아니라, 자신의 감동과 만족을 최대치로 높일 수 있는 선택을 추구하기 때문이다. 선택의 결론을 놓고 합리적이냐, 아니냐는 판단을 하는 것은 정당하지 않다. 오히려 결론에는 경이와 정서가 수반되어 최종 선택을 지도할 수 있다. 합리성은 그 과정에 대한 것이지 결론에 대한 잣대가 아니다.

2. 종교 선택과 사회적 자본(social capital)

스타크와 핑키는 종교적 선택을 '회심'(conversion)과 '재입'(再入 reaffiliation)으로 구분해서 설명한다. 회심은 종교 간 이동을 말하며, 재입이란 기존 종교 전통 안에서 이동하는 것이다.[69] 앞서 말한 것처럼, 종교적 선택에 대한 가장 많이 언급되는 설명은 사람들이 새로운 교리에 이끌렸기 때문이라는 것이었다. 그런데 이 두 저자는 개별 회심과 집단 회심을 신중히 검토하면서 교리나 명제 중심의 종교적 선택이 아닌 사람들의 네트워크 혹은 사람들과의 밀착도(attachment)가 선택에 영향을 준다는 점을 제시하였다. 이와 같은 사람들과의 관계 및 친밀도를 가리키는 용어를 사회적 자본이라고 하며, 사회적 자본은 종교적 자본을 형성하는데 영향을 주게 된다. 사회적 자본이라는 표현 자체가 인간관계를 형성하기 위해서는 많은 시간과 정신적, 신체적 에너지가 소요된다는 점을 시사한다. 따라서 축적된 사회적 자본은 한 사람의 선택에 영향력을 행사할 수 있다. 내가 중요하게 여기고, 관계를 맺고 있는 사

---

[69] Stark and Finke, *Acts of Faith*, 114.

람들의 가치나 신념은 나에게도 자주 노출되기 때문이다. 아이들이 부모의 신앙을 따르는 것은 부모와의 밀착된 유대감 때문이다. 부모의 종교를 따름으로서 부모와의 관계라는 사회적 자본을 유지할 수 있게 된다. 스타크와 핑키가 제시하는 사회적 자본과 종교적 선택의 관계는 다음과 같다.[70]

1) 사회적 자본과 종교 자본

정의(23): 사회적 자본은 인간관계의 밀착도로 이루어져 있다.

명제(29): 종교를 선택하는데 있어서, 사람들은 자신의 사회적 자본을 보존하려 할 것이다.

명제(30): 일반적인 상황에서, 대부분의 사람들은 회심이나 재입을 하려하지 않는다.

사회적 자본은 인간관계와 교류를 가리키고, 사람들은 각자 자신에게 가치 있는 관계들을 확보하고 유지하려는 성향을 갖고 있다. 따라서 자신에게 의미 있고 친밀한 사람들이 따르는 종교일 경우, 사회적 자본을 보존하고 확장하려는 차원에서 그 사람의 종교에 가까워질 수 있다. 종교를 선택한다는 것은 그 종교와 연관된 사회적 자본을 축적하는 것이다. 동시에, 자신의 기존 사회적 자본과 멀어지는 결과를 낳을 수도 있다. 그래서 사람들은 기존의 사회적 자본을 보존하기 위해서 쉽게 새로운 종교를 선택하는데 주저하게 된다. 그것은 명제(30)에서 말

70　Stark and Finke, *Acts of Faith*, 118-119.

하는 일반적 상황이다. 그러나 일반적이지 않은 상황에서, 사람들은 기존의 사회적 자본이 와해되는 위기를 경험한다. 예를 들어, AD 2~3세기 경, 고대 로마제국에서 두 차례에 걸쳐 전염병이 창궐하자 사람들의 기존 가족 및 지인 관계가 흔들리기 시작했다. 가족의 일원이 전염병에 걸리면 다른 가족 구성원들도 감염을 우려해서 다른 곳으로 피신을 하기 때문이다. 이러한 위기 상황에서 사람들의 기존 사회적 자본이 와해되는 상황에서 기독교인들이 전염병 환자들을 도와줌으로 새로운 사회적 자본을 제공하였으며, 이는 기독교에 더욱 우호적인 분위기를 조성했으리라 본다. 19세기 중반 조선 후기의 상황에서도 콜레라와 같은 전염병이 이북 지역에 급격하게 퍼져나갔다. 남녀노소를 무론하고 사람들이 전염병에 걸려 죽어가자, 유교의 근간을 이루던 장례와 제사가 주자가례에 입각해서 치러질 수 없게 된다. 이는 민중의 삶에 대한 유교의 영향력을 감소시키며, 새로운 의술을 통해 병을 고친 서양의 의료 선교사들에게 더욱 신뢰를 보내는 사회적 자본의 변화를 가져온다.

명제(32): 사람들이 다른 전통의 종교에 헌신한 이들과 더욱 깊이 밀착되는 정도에 따라 그들은 회심하게 된다.

결혼이나 이민은 인간관계의 밀착도를 변화시키는 주된 요인으로 작동한다.[71] 결혼은 배우자를 통해서 새로운 가족과 연결된다는 의미에서 사회적 자본을 확장하는 기회다. 따라서 배우자 가족의 종교는 결혼을 통해 확대된 사회적 자본의 범주에 함께 포함될 가능성이 높다. 새로운 사회에 정착하려는 사람은 새로운 친구를 만들어야 한다. 타국으

---

71 Stark and Finke, *Acts of Faith*, 119.

로 이민을 간 사람들이 그곳에서 유용한 인간관계인 사회적 자본을 쌓기 위해서 가장 많은 이들이 참여하는 종교 기관을 방문하기 쉽다. 젊은 이들은 결혼 뿐 아니라 진학, 직장 등의 문제로 잦은 이동을 하기 때문에, 그러한 삶의 자리가 움직일 때마다 새로운 사회적 자본을 창출하고 축적할 필요를 느끼게 된다. 따라서 새로운 이웃과 친구, 동료를 만들어 가는 과정에서 사회적 자본이 형성됨과 동시에 종교적 자본이 수반될 수 있다. 이는 사회적 자본의 변화를 통한 회심을 용이하게 할 것이다.

회심에서 종교적 자본은 중심에 있음은 자명하다. 종교를 선택하는 것은 단순히 취미 모임에 참여하는 것과는 성격이 다르다. 종교는 교리적 가르침으로 기반이 형성되어 지탱된다. 많은 사람들이 종교의 가르침이나 형식에 매료되어 그 종교를 선택한다. 그러나 동시에 종교는 문화적 삶의 양식을 내포하고 있다. 종교적 가르침은 그 종교를 따르는 이들의 독특한 생활 방식을 만들어간다. 종교는 의례와 형식 뿐 아니라, 아이를 양육하는 방식, 서로 다른 계층의 사람들을 대하는 방식, 의사 소통과 인사를 하는 방식에 새로운 규칙을 만들어 간다. 따라서 종교는 그 나름대로의 고유한 문화적 자본을 갖추게 된다. 종교의 문화적 자본은 교리 뿐 아니라, 기도방식, 찬송, 의례, 개인의 기억 등이 복합적으로 축적되는 것을 말한다.[72] 우리가 종교적 가르침을 배우고 익히는 것은, 그 종교적 가르침이 지향하는 삶의 방식과 익숙해진다는 의미이기도 하다. 이런 의미에서 종교적 가르침은 종교적 자본과 불가분리의 관계를 이룬다. 종교 자본에 대한 정의와 명제는 다음과 같다.[73]

72　Stark and Finke, *Acts of Faith*, 120.
73　Stark and Finke, *Acts of Faith*, 120-121.

정의(24): 종교 자본은 특정한 종교 문화에 대한 통달과 그 문화와의 밀착도로 이루어진다.

명제(33): 종교를 선택하는데 있어서, 사람들은 자신들의 종교 자본을 보존하려고 한다.

명제(34): 자신들의 종교 자본이 크면 클수록, 사람들은 재입이나 회심할 가능성이 더욱 줄어들게 된다.

위의 정의는 종교 자본은 종교적 활동들인 기도, 의식, 경험, 관계 등으로 이루어져 있으며, 이는 해당 종교를 사람들로 하여금 자신이 성장한 문화 속에서 익숙하게 만든다는 것이다. 또한 이어지는 명제들(33, 34)에 따르면, 사람들은 자신에게 이미 문화적으로 형성되어 있는 종교 자본을 고수한다는 것이다. 종교가 자신들의 문화적 생활 양식으로 깊게 뿌리 내리고 있으면, 다른 종교로의 회심이나 다른 전통으로의 재입이 발생할 가능성은 더욱 줄어들 것이다. 다른 말로 해서, 이미 자기 종교의 가르침과 문화를 체득한 사람일수록 다른 종교를 찾아 나설 가능성은 없다. 비록 다른 종교의 사람과 친밀하고 신뢰감 있는 유대관계를 누리고 있다 할지라도 그 종교로 회심할 가능성은 거의 없다. 이 말은 만일 잠재적 회심자가 기존에 체득된 문화자본으로서의 종교가 없는 경우에, 새로운 종교 자본에 이끌릴 가능성이 기존 종교에 헌신하고 있는 사람들보다 높다는 의미이기도 하다.

연구에 의하면, 회심자들 가운데 상당히 많은 다수가 이전의 종교적 헌신 경험이 없거나 또는 명목상의 신도였던 이들에서 나온다고 한다. 자기 가족이나 문화의 종교와 어느 식으로든 연관되어 있는 이들은 그와 같은 기존 종교와의 연속성을 계속 유지하려는 성향이 강한 반면, 자기 가족의 종교가 없다고 한 이들의 상당수가 성인이 되어서 새로운 종교를 선택한다는 것이다. 따라서 새로운 종교로의 회심에 이르는 이들은 종교의 경험이 없거나 기존 종교가 있다하더라도 명목상의 연계만 되어 있던 이들이 다수를 차지한다. 종교가 없던 이들이 새로운 종교를 받아들이는데 있어서 원래의 종교가 있던 이들에 비해서 치르는 대가가 적기 때문이다.[74]

새로운 회심자들의 다수가 과거에 종교적 경험을 갖고 있지 않다는 주장은 우리가 흔히 생각하던 관념과는 엇갈린다. 기독교에서는 선교적 차원에서 흔히 '종교적 구도자'(religious seekers)로 불리는 이들의 존재를 중요하게 여겼다. 구도자들이란 아직 종교인이 아니고, 종교에 헌신하기로 결정하지도 않았지만 특정 종교에 관심을 갖고 그 종교에 대해서 배우고 탐구하는 이들을 말한다. 그러나 위와 같은 조사에 의하면 대부분의 회심자들은 종교적 구도자들이 아닐 경우가 더 많으며, 회심은 종교적 구도의 완성도 아닌 셈이 된다. 대부분의 회심자들은 그들이 새로운 신앙을 발견한 것이 아니라 새로운 신앙이 그들을 발견한 셈이다. 사람들은 자신들의 신앙 여정을 회상하면서 신학적인 깨달음에 방점을 찍으려고 한다. 그러나 여러 회심 연구에 의하면 그와 같이 일관되게 진리를 추구하고 탐색했던 여정의 종착지로서 회심 사건은 재건된 이야기일 가능성이 높다. "사람들은 새로운 신앙을 받아들이면서, 자신의 이전 삶을 돌아보고 과거의 다양한 사건들과 생각들을 현재 위

---

74 Stark and Finke, *Acts of Faith*, 122.

치에 비추어 재해석하는 것이다."[75] 자신들에게 각성을 준 교리의 중요성을 일깨우긴 하지만, 사실 그 여정에서 회심을 위한 보호막을 제공했던 무수한 사람들의 도움과 사회적 관계들이 존재했음이 분명하다.

종교는 믿음의 체계이며, 신도들은 종교적 성숙을 위해서 믿음의 내용을 통달해야 한다. 하지만 객관적 관찰에 의하면 종교의 내용을 배우고 익히는 과정은 그들이 신앙의 세계에 헌신한 이후에 일어나는 일이었다. 이와 관련해서 새로운 종교를 선택하고, 그 종교의 구성원으로서 정체성을 갖게 되는 과정을 두 단계로 구분할 필요가 있다. 그것은 모집(recruitment)과 회심(conversion)이다.[76] 이는 멕시코의 천년왕국 운동 신도들에 대한 레덤(Leatham)의 연구에서 제시된 가설로서, 그는 교리는 사람들이 종교에 가입하기로 결정하는데 있어서 매우 작거나 무시해도 될 만한 요소였다고 주장한다. 사람들은 먼저 친분관계를 통해서 종교에 이끌리어 구성원이 된다. 그와 같은 소속의 단계를 지난 다음에서야 그들은 그 종교집단이 믿는 바에 대해서 배우는 단계에 들어선다. 그래서 레덤은 회심을 집단의 종교 문화를 통달하는 과정이라고 정의한다. 종교의 온전한 구성원이 되는 것은 모집으로부터 시작해서 회심으로 완성된다.

2) 21세기의 사회적 자본

스타크와 핑키의 이러한 명제는 오늘날의 변화된 세계에서 재고해

---

75   Stark and Finke, *Acts of Faith*, 122.
76   Stark and Finke, *Acts of Faith*, 123.

야 할 과제를 떠오르게 한다. 더욱 젊은 사람들이 이동성이 많다면 회심이나 재입이 더 많이 발생한다는 가설이 가상 세계가 보편화되는 상황에서도 유효할까? 인터넷과 스마트폰이 연령에 관계없이 모든 사람들에게 보급되고 있고, 특히 젊은이들은 더욱 더 능숙하게 스마트폰을 통해서 대부분의 소통과 생활을 영위하고 있다. 가상 세계가 시공간에 매이지 않고 더 많은 경험을 사람들에게 제공하고, 이를 통해서 새로운 관계들이 형성되고 있다면, 가상 세계 내에서 사회적 자본은 어떤 식으로 축적되는가? 아니, 가상 세계가 더욱 더 많은 생활 영역을 차지하는 상황에서 인간의 신뢰적 관계와 연결인 사회적 자본의 성격은 대면 세계와 다를까, 같을까? 지금까지의 이동성은 지리적, 신체적 이동을 전제로 한다면, 오늘날의 이동성은 비대면 가상세계에서의 이동이 더욱 더 비중을 넓히고 있다. 코로나 팬데믹으로 인해 비대면 생활양식이 더욱 보편화되고 있는 실정에서 사회적 자본의 새로운 국면은 중요하게 취급되어야 할 질문이 될 것이다. 이에 관해서는 아직 본격적인 논의가 제기되어 있지 않지만, 두 가지 점을 유념해 두어야 할 것 같다. 먼저, 스마트폰의 보편화는 개인주의적 라이프 스타일을 더욱 심화시킬 것이다. 스마트폰의 등장으로 시공간의 제약 없이 소통할 수 있고 정보 전달은 급속도로 빨라지고 있다.(25) 다른 말로 해서, 거의 모든 개인이 항상 쥐고 있는 스마트폰이 소통과 정보 획득의 유일무이한 도구 역할을 차지함으로 인해서 사람들이 과거와 같이 대면을 통해서 필요한 모든 상호작용을을 하지 않게 되었다. 이는 지하철 안에서 탑승객 모두가 각자의 스마트폰만을 보는 현상이 일반화된 것이나, 가정에서도 더 이상 거실에서 TV를 향한 공동의 시선이 사라지고, 심지어 소파에 앉아서도 각자의 스마트폰에 열중하는 풍경에서 드러난다. 개인의 시간은 더욱 늘어나고, 개인의 공간에 대한 요구도 더욱 높아지고 있다. 코로나 팬데믹으로 인해서 개인의 시공간이 갖는 중요성은 더욱 커지고 있다.

이와 같은 개인주의적 라이프스타일의 급속한 팽창은 우리가 고려해야 할 두 번째 사안인 사회적 관계의 전환을 불러일으킨다. 이제는 개인의 선택과 자유가 가장 중요한 가치로 격상했다. 집단과 공동체의 명분 또는 이익을 위해서 개인의 권리가 양보되거나 희생되는 것은 점점 기대하기 힘들어졌다. 개인주의가 늘어난다고 해서 공동체가 소멸되는 것은 아니다. 공동체에 참여하기를 원하는 것은 인간의 본질적 욕구이다. 그러나 이제 공동체는 개인의 취향에 의해서 선택된다. 개인주의적 가치는 의무적이고 끈끈한 연대와 소속감과 어울리기 힘들다. 따라서 오늘날의 자유지향적 개인들이 요구하는 공동체는 '느슨한 연대'로 표현된다. 서로의 취향과 자유로운 의지에 따라서 참여와 탈퇴가 자유로운 공동체이다. 그 동안 교회가 가족이나 회사와 마찬가지로 '끈끈한 연대'에 기반을 둔 전통적인 공동체였다면, 개인 중심의 사회에서 형성되는 공동체는 느슨한 연대, 또는 취향 네트워크라고 하는 이질적 관계망을 기초로 한다. 지리적으로 고정되지 않은 사회, 즉 사람들의 이동이 잦고 개인주의가 점증하는 사회에서 사람들의 관계는 느슨한 형식으로 맺어지게 된다. 사회적 자본과 회심에 대한 논의는 이러한 개인주의적 생활방식의 급증과 느슨한 연대의 모색이라는 오늘날의 관계 문법을 염두에 두고 전개되어야 할 것이다. 인간은 사회적 동물이고 본질적으로 공동체적 존재이기 때문에 소속과 연결에 대한 욕구는 시대가 바뀌어도 변화지 않을 것이다. 그러나 디지털 시대에 부응하는 사회적 자본은 어떠한 형태로 집적될 수 있는가에 대한 이해는 미래의 교회가 지향해야 할 회심 공동체의 방향을 가늠하는데 중요한 토대가 될 것이다.

3) 결속형 자본과 가교형 자본

현대 문화에서 사회적 자본의 중요성을 강조해 온 공공정책학자 로버트 푸트넘(Robert Putnam)은 "사회적 자본이란 개인들 간의 연결망을 가리키는데, 이는 그러한 연결들로부터 발생하는 사회적 연결 및 상호성과 신뢰의 규범"이라고 정의한다.[77] 그는 사회적 자본을 창출하고 제시하는데 있어서 교회와 같은 종교단체들의 영향력을 높게 평가했으며, 이러한 사회적 자본이 사람들의 정신적 건강성 뿐 아니라 자라나는 아이들의 교육 불평등을 해소하는데 있어서도 상당한 역할을 감당할 수 있다고 보았다. 종교 자체가 현대인들에게 결핍된 사회적 자본을 제공할 수 있다는 그의 기대는 회심에 미치는 사회적 자본의 지대한 영향력과도 상응한다. 푸트넘은 사회적 자본을 두 가지 유형으로 구분하는데, 하나는 결속형 사회자본(bonding social capital)이며, 가교형 사회자본(bridging social capital)이다. 전자는 집단 내부에서의 관계를 말하며, 집단 내의 유대를 더욱 공고히 하는 대신 배타적이거나 폐쇄적일 수 있다. 결속형 사회자본은 견고한 연대를 이루며 내부 사람들끼리의 동질감과 신뢰도 더욱 강하다. 반면, 가교형 사회자본은 집단 밖 사람들과의 관계, 혹은 집단 간의 관계를 말하며, 외부지향적이기 때문에 포괄적이고 개방적인 성격을 띤다. 이는 서로 다른 사람들끼리의 약한 연대

---

77   Robert Putnam, *Bowling Alone: The Collapse and Revival of American Community* (New York: Simon & Schuster, 2000), 19.

와 느슨한 신뢰를 기초로 한다.[78]

가교형 사회자본은 종교적 회심과 연관된 논의에서 중요하게 고려해야 할 개념이기도 하다. 사회적 자본이 결속형과 가교형으로 구분된다면, 결속형 사회자본이 어떤 의미에서는 종교 밖 외부인들, 혹은 잠재적 회심자들과의 상호 작용에서 긍정적인 영향을 미치리라 가정하기 힘들다. 결속형 사회자본은 종교 공동체로 하여금 폐쇄적, 배타적 성향을 띨 가능성이 높기 때문이다. 그에 반해 가교형 사회자본은 관계적 친밀감을 동질적 내부인을 향해서가 아니라 이질적인 외부인들을 향해서 발휘할 수 있기 때문에 회심 과정에서 더욱 유용할 것이다. 또한 결속형 사회자본은 집단 내부의 공동 과제와 가치를 중시한다면, 가교형 사회자본은 개인의 존재를 보호하고 인정해주는 성향이 있다. 한 종교 공동체가 형성한 가교형 사회자본은 존중과 배려의 사회적 유대망을 제공하며 잠재적 회심자들을 새로운 종교에 동화시키는 도구적 역할에 더욱 적합할 것이다.

4) 가족과 사회적 자본

종교적 회심과 사회자본의 밀접한 연관성을 잘 보여주는 현상은 가족에게서 나타날 것이다. 종교사회학자 정재영은 회심에 미치는 사회문화적 요인을 설명하면서, 한국사회의 가족주의를 지목한다. 그는 서구의 개인본위의 가족주의에 비해 한국의 가족은 집단적인 필요에 개

---

78 Putnam, *Bowling Alone*, 22ff.

인의 생활을 종속시키는 경향이 있어서, 가족이 공통의 종교를 가져야 한다는 인식이 더욱 강하고 한다.[79] 가족이라는 가장 일차적인 사회적 자본을 보존하기 위해서는 종교적 선택을 동일시하는 것이 개인의 신앙 양심에 의한 선택보다도 더욱 우선시되는 경향이 있다는 것이다. 이는 결혼과 관련해서 더욱 두드러지는데, 자신의 종교와 배우자의 종교가 다를 경우, "출신 종교보다는 목표 종교에 의해 더 많은 영향을 받는다."고 한다.[80] 여기서 '목표 종교'라는 것은 가족의 일치와 화합이라는 사회적 자본의 유지를 위해 더욱 부합되는 종교를 함의한다. 따라서 종교 선택은 사회적 자본의 확충과 보존을 위해서 이루어지는 경우가 많을 수밖에 없다.

종교적 회심에 있어서 가족이 미치는 영향은 동양과 서양 모두에 나타나지만, 한국과 같은 가족주의 사회에서는 그 효과가 더욱 증대되는 것으로 보인다. 김선일은 성인이 되어서 기독교로 회심한 이들 303명에 대한 연구를 하였는데, 그들이 기독교 신앙을 갖는데 있어서 가장 큰 도움을 준 이들로는 가족(부모, 형제, 배우자, 자녀, 친척 포함)이 35%로 첫 번째 응답률을 보였다. 두 번째로 많은 응답자들이 지목한 신앙에 영향을 준 그룹은 친구-선후배였으며(27%), 세 번째는 목회자(16%)였다. 가족들을 세분화하면, 부모가 13%, 형제-자매가 10%, 친척이 8%, 배우자가 4%로 나타났다. 두 번째 그룹에서 친구는 20%, 선후배는 7%의 비중을 가졌다. 단일 요인으로는 20%의 친구가 가장 높지만, 가족이라는 범주에 들어가는 이들이 총합 35%에 해당된다는 것은 회

---

79   정재영, "개종의 사회 문화적 요인"「신학과 실천」14 (2008), 234.
80   정재영, "개종의 사회 문화적 요인", 235.

심에서 가족주의의 영향을 짐작하게 한다. 첫 번째 가족 그룹과 두 번째 친구-선후배 그룹 모두가 밀접한 사회적 관계망 안에 있는 이들이라는 점은 사회적 자본의 중요성을 재확인시켜준다.[81]

김선일의 최근 회심자 조사는 같은 종류의 참조 연구인 영국과 미국의 조사와 비교되는 결과를 보여준다. 영국에서는 1994년에 *Finding Faith*라는 프로젝트로 당시 주교인 존 피니(John Finney)에 의해서 500명 이상의 회심자 조사를 벌였는데, 신앙을 갖는데 도움을 준 이들로 1위는 친구였고, 2위가 가족(배우자, 자녀, 부모 포함)이었다.[82] 미국의 보스턴 대학교 실천신학부에서도 2018년에 발간한 *Finding Faith Today*라는 책에서 영국의 조사 틀을 기초로 해서 1149명의 회심한 미국 내 크리스천들을 조사한 결과를 발표했다. 이 발표에 의하면, 인물을 기준으로 했을 때 그들을 기독교 신앙으로 인도한 첫 번째 요인은 목회자, 두 번째가 배우자, 세 번째가 자녀, 네 번 째가 친구, 다섯 번째가 부모로 나타난다. 여기서 나타난 신앙에 영향을 준 인적 요인은 가족 외의 인물들인 목회자와 친구가 상당히 중요하게 나타났다는 점이다. 부모의 영향은 영국의 조사에 비해서는 더 나왔지만, 전체 순위에서는 뒤로 밀리며 오히려 자녀보다도 낮다.[83]

위와 같은 조사 결과들을 비교하면, 한국사회에서는 기독교적 회심

---

81 김선일, "최근 회심자 연구", 「복음과 실천신학」 42 (2017), 58.
82 김선일, "최근 회심자 연구", 62.
83 Bryan Stone, *Finding Faith Today* (Eugene, OR: Cascade Books, 2018), chapter 4. 이 조사를 주관한 보스턴 대학교의 실천신학 교수인 브라이언 스톤이 목회자와 회중의 특성이 지니는 연관성에 주목한 까닭에, 영국의 조사와는 달리 '회중'(congregation)이라는 항목을 예시에 포함시켰다. 이 조사는 기독교인들의 부류를 로마 가톨릭, 주류교단 교인, 복음주의자들로 구분해서 설문을 했고, 복수 응답이 가능했기 때문에 정확한 수치를 계산하지 못했음을 양해구한다.

에 있어서 가족의 요인이 더욱 높게 나타나며, 더욱 특이한 점은 성인 자녀의 회심에 있어서도 부모의 영향력이 여전히 상당하다는 점이다. 영국의 조사에서는 회심에 끼치는 부모의 영향력이 거의 나타나지 않았으며, 미국에서도 낮은 수치로 나타난 것을 고려할 때, 한국은 부모와의 수직적 연대가 개인의 결정에서 더욱 강하게 작용하는 것이라 추론할 수 있다. 이러한 연구의 결과들은 가족과 지인을 중심으로 한 사회적 자본이 회심에 미치는 영향을 단적으로 보여준다.

3. 사회적 자본과 대규모 회심(mass conversion)

사회적 자본의 축적이 종교적 회심을 유도한다는 가설은 개인 뿐 아니라 집단적인 행동의 차원에도 적용할 수 있다. 사회적 자본의 이동은 한 개인에서 그치지 않고, 그와 연관된 다른 개인들에게도 확대될 수 있기 때문이다. 기독교 역사에는 대규모 회심에 관한 이야기들이 회자된다. 사도행전 2장에 나오는 베드로의 설교를 듣고 3000명이 동시에 회심한 오순절 사건 뿐 아니라 기독교가 공인된 이후에도 대량의 회심 사건들이 나타난다. 하지만 대규모 회심에 대한 수학적이고, 통계적인 근거는 빈약하기 때문에, 이러한 현상을 공식적으로 증명할 수 있는 자료는 많지 않다. 그럼에도 불구하고, 종교 인구의 추세를 볼 때 상당한 규모의 회심이 연속적으로 일어났으리라는 추측은 가능하다. 로드니 스타크는 고대 기독교의 성장은 매 10년 마다 40% 가량 이루어졌으리라고 추산하는데, 그것은 최근의 몰몬교 성장 추이와의 비교를

통해서 가능하다고 그는 주장한다.[84]

몰몬교의 성장에 관해서는 비교적 최근의 연구 조사들을 통해서 분석할 수 있다. 1863년 조셉 스미스(Joseph Smith)는 천사와 조우하는 환상을 경험하고 천사로부터 받은 계시를 가족들에게 알렸다고 한다. 스미스의 가족들은 그의 경험을 인정하고 수용했으며, 가족들의 열정적 전도를 통해서 몰몬교의 신앙은 확산되었다. 스미스의 오랜 친구들과 이웃들 또한 이 새로운 신앙운동에 설득되어 참여하기 시작했고, 이러한 인간관계망을 통해서 몰몬교는 확장되어간다. 이와 같은 신앙 전파와 영향력 증대의 연쇄 작용은 전형적인 사회적 자본의 고리를 통해서 가능했다. 조셉 스미스의 가문 이후에도 여러 친구와 동료, 후계자들이 몰몬교 전파에 참여하여 각기 역할을 감당하였는데 이는 마치 '대 가족'(the Big Family)과 같은 형태가 되었다. 가족적이고 우정적인 교류관계를 통해서 몰몬교의 네트워크가 확장되었던 것이다. 오늘날 몰몬교도들의 포교 방식은 주로 길거리나 축호방문 형식으로 나타나지만, 실제로 초기에 형성된 그들의 신앙 공동체는 친밀한 연대를 통해서였다. 스타크와 그의 동료들의 연구에 의하면, 몰몬교 선교사들이 잠재적 회심자를 그 친구나 가족의 집에서 처음 접촉을 하게 되면 그 잠재적 회심자가 회심할 가능성이 50%에 이른다고 한다. 이미 기존의 관계 네트워크 안에 있는 사람은 주변의 사람들이 따르고 있는 종교의 가르침을 배우는데 거리낌을 느끼지 않게 된다.[85]

---

84 Stark and Finke, *Acts of Faith*, 127f.
85 Stark and Finke, *Acts of Faith*, 135.

이와 같은 주장에 의하면, 사회적 자본이 회심에 미치는 영향력은 개인적으로나 집단적으로 중대한 것으로 간주된다. 이는 회심이 오랫동안 인생의 문제에 대한 해답을 찾으려는 노력 끝에 이르게 된 합리적 선택이라기보다는 '재사회화'(resocialization)의 차원을 더욱 중요하게 부각시킬 것이다. 우리는 기본적으로 한 나라와 가정에서 태어나고 자라며 기본적으로 우리가 속한 사회의 규범과 관습, 그리고 가치들을 자연스럽게 습득하면서 그 사회의 정상적인 구성원이 되는 과정은 사회화라고 할 수 있다. 그렇다면 재 사회화라는 것은 우리가 성인이 되어서 다른 사회의 구성원으로 이동하거나, 혹은 기존 사회 안에서 또 다른 하위 사회의 구성원으로서 삶의 양식을 습득하는 과정이다. 예를 들어, 다른 나라로 이민을 갔을 경우 우리는 원래 자라나고 익힌 사회와 다른 곳의 법규, 규범, 풍속, 관습, 언어를 익히며 그 사회에 적응하는 재 사회화를 겪어야 한다. 대한민국의 남자들은 국방의 의무를 감당해야 하는데, 군에 입대하는 것은 전형적으로 대한민국이라는 더 큰 집단 내 하위 사회의 구성원이 되는 것이다. 여기서 군대의 복장과 명령 체계, 언어와 관습들을 익히는 것은 하위 사회로의 재 사회화인 것이다. 두 남녀가 만나서 결혼을 하고 한 가정을 이룬다는 것도 서로의 원 가족에서 형성된 규범과 관습이 만나서 새로운 질서를 만든다는 의미에서 상호적 재 사회화의 과정이기도 하다. 이렇게 우리는 살아가면서 국가, 민족, 가족과 같은 기본적 사회화의 차원 뿐 아니라, 여러 하위 사회 집단 속에서 생존하기 위하여 재 사회화를 거치게 된다. 종교적 회심은 국가 종교나 가족 종교 체계 안에 있는 사람이 아니라면 재 사회화의 전형에 속한다. 재 사회화는 자기 주변에서 함께 어울리고 살아가는 이들의 사회적 관계와 질서를 따라가는 것이다. 그런 의미에서 회심에 미치는 사회자본의 영향력은 지대하다.

　사회적 자본에 의한 설득은 심리학에서 말하는 사회적 증거의 법칙, 또는 사회적 증거의 효과와도 유사하다. 사회적 증거의 효과란 사람들이 어떠한 선택을 할 때 다른 이들을 살펴보고 비슷한 예가 많을 때 그대로 따라 하는 성향이 있다는 것이다. 사회적 증거의 효과라는 말도 사회적 증거의 영향력은 자기 자신과 비슷한 사람의 행동을 관찰할 때 효과가 더욱 클 수 있다. 이는 친밀감이나 동질감을 느끼는 이들의 행동을 모방하고 선택하는 것은 자신에게 더욱 안전하고 적합한 길이라고 은연중 간주하게 된다. 기본적으로 인간은 자신과 비슷한 사람들과 어울리려는 동종 선호(homophily) 성향을 지녔기 때문이다. 이와 같은 유대감에 의해서 종교적 선택으로 이끌리는 것은 사회적 자본의 확장이라는 측면에서 동질 집단에게서 대규모 회심으로 이어질 수 있다. 개인이 특정 종교를 의식적으로 탐구하고 깨달음에 의하여 선택하는 것이라는 가정은 회심에서 교리의 역할을 중시하게 된다. 그러나 사회적 자본 확장에 의한 회심은 기존의 친밀한 네트워크를 기반으로 이루어지기 때문에 관계의 연결고리를 통해 종교적 영향력을 더욱 확대할 수 있을 것이다.

　물론 회심에서 교리의 중요성은 간과할 수 없다. 회심자들은 교리를 배우고 깨달음으로 자신의 종교적 선택을 강화하고 신앙을 지속할 수 있다. 그러나 회심의 초기 여정에서 교리는 사회적 관계망에 비해 부차적 역할을 맡는다고 봐야 한다. 교리의 영향력은 회심의 초기 여정이 끝난 이후에 나타난다. 회심자는 종교 옹호자의 도움과 설명에만 의

존해서 종교를 선택하고 헌신하는 것이 아니라, 자신의 선택에 대한 점검과 재확인이라는 과정을 거치게 된다. 이때 교리는 회심자로 하여금 자신의 신앙 탐구 여정을 합리적으로 회상하게 하는 긍정적 기능을 할 것이다. 그러나 이와 같은 지적이고 탐구적 회심은 개별적인 신앙 귀의 과정을 돌아보는데 도움을 주지만, 일반적인 회심의 현상을 설명하기에는 적합하지 못하다. 새로운 종교에 대한 관심과 선택을 이끄는 초기 회심의 현상은 오히려 사회적, 인간적 관계망을 통해서 펼쳐진다. 한 집단 안에서도 새로운 종교와 접촉하는 이들이 많아지게 되면, 사회적 자본 안에서 종교 자본의 비중이 변동하는 것이다. 사람들은 자기 주위 사람들의 종교 선택을 관찰하고 모방함으로써 새로운 사회적 자본을 더욱 축적하려는 도전을 받게 될 것이다. 이는 개인 뿐 아니라 집단에게도 압력이 될 수 있다. 때로 강요에 의한 회심은 노골적인 폭력이나 위협에 의하지 않더라도, 자기 주변의 사람들이 모두 새로운 종교를 받아들임으로 말미암아 가해지는 사회적, 심리적 압력에 의한 선택일 수도 있다.

4. 종교집단의 역동성과 종교경제론

1) 종교적 헌신도: 종파 vs. 교회

스타크와 핑키는 에른스트 트뢸치(Ernst Troeltsch)와 리쳐드 니버(Richard Niebuhr) 등이 제기했던 종파(sect)와 교회(church)의 상호 관계를 토대로 종교 집단의 역동성을 논한다. 그들은 종교 조직의 태동과 성장이 종교적 회심의 결정적 단계인 헌신(commitment)에 어떠한 영향을 주는지를 살핀다. 종파는 비공식적인 소규모의 신앙 운동이며 주류 사회의 문화와 긴장 관계를 갖는 반면, 교회는 제도적인 종교 조직으로서 주류 사회의 문화와 덜 긴장적인 관계를 유지한다. 이들의 연구에 의하면 종교적 신앙이 더 큰 사회의 문화적 관습이나 가치와 긴장적 관계를 갖지 않게 되면, 종교에 대한 헌신은 약화된다. 종교가 더 큰 사회와 긴장관계를 가질수록, 종교는 더욱 배타적인 성향을 갖게 된다. 반면, 긴장이 낮을수록 기존 사회와 문화에 더욱 동화되고, 자기 종교를 포교할 동력은 약화된다. 이들이 말하는 종교가 주변사회와 어떠한 긴장도를 유지하느냐에 따라서 종교에 대한 헌신도와 종교의 성장이 달라지는 양태는 다음의 명제들로 요약된다.[86]

> 명제(46): 주변 사회와의 긴장 정도가 높을수록, 종교 집단이 요구하는 헌신의 정도는 더욱 배타적이고, 더욱 광범위하며, 더욱 고비용이 된다.

> 명제(47): 종교 집단의 주변 사회와의 긴장도가 높아질수록, 구성원들의 평균적인 헌신도는 더욱 높아진다.

> 명제(48): 종교 조직들 가운데서, 헌신의 비용과 구성원에게 주어지는 보상의 가치 사이에는 호혜적 관계가 형성된다.

한 종교가 삶의 규범과 가치관에서 주위 세계와 충돌하고 긴장적인 관계를 맺게 되면, 그 종교는 주류 사회로부터 소외되긴 하지만 뚜렷한 대립관계로 인해 구성원들의 결속을 도모하는 효과도 얻게 된다. 그 종

---

86 Stark and Finke, *Acts of Faith*, 145.

교의 구성원들은 세상이나 종교 둘 중에 하나를 더욱 배타적으로 선택하고 헌신하는 요구를 받게 된다. 소규모의 종파 운동은 기존 제도권 종교가 사회에 순응하고, 사회와 공존을 하는 상황에서, 그러한 종교의 행태에 동의하지 않는 지도자와 추종자들에 의해서 시작된다. 뚜렷한 자기 정체성과 주변 사회와의 긴장관계를 가진 종파 운동일수록 자기 종교를 알리고 다른 사람들을 끌어 들이려는 경향성이 강해진다. 종교들 전체를 볼 때도, 주류 문화와의 긴장도가 높은 종교일수록 선교적 성격과 성장추세가 강하며, 긴장도가 낮은 종교일수록, 즉 기성 사회와 자연스러운 공존을 하는 종교일수록 선교적 성격과 성장추세가 약해진다.

> 명제(49): 종교적 헌신과 성장 사이에는 호혜적 관계가 존재한다. 사이에 밀접한 관계가 형성된다.[87]

그런데 사회-문화와 대립각을 세우던 종파 운동이 더 많은 추종자들을 끌어 들이고 성공적인 궤도에 올라서게 되면 서서히 주류 세계와의 긴장을 완화시키고 제도적 교회의 모습을 갖추려 하게 된다. 긴장도가 높은 종파의 형태에서는 뚜렷한 정체성을 지닌 구성원들이 운동을 주도했으나, 점점 구성원이 늘어나고 다양해지면서 차별적인 정체성은 희석되고 신앙 공동체의 출입에 대해서도 관대해지게 된다. 신앙 공동체에 참여하는 이들이 다양해지고 확대되면서, 이전과는 달리 엄격한 윤리적 규범이나 행동양식을 요구할 수 없게 된다. 제도권의 교회로 자리매김을 하는 가운데 주류 사회와 협력하고, 그 사회의 규범과 공

---

87 Stark and Finke, *Acts of Faith*, 154.

존할 수 있는 길을 모색할 수밖에 없다. 원래 뚜렷한 정체성을 견지하는 신앙 종파 운동은 소규모의 친밀한 교제와 높은 수준의 성원권(high membership)을 요구하기 마련이다. 그래서 여전히 자기들만의 교리와 행동양식을 고집하고 미국의 주류문화와는 거리를 두는 여호와의 증인이나 몰몬교와 같은 집단들은 한 공동체의 구성원이 200명, 혹은 300명 이상을 넘어서면 그 공동체를 분립시키는 것을 원칙으로 한다.[88] 한 공동체의 규모가 커지면 상호작용의 밀도는 떨어지고, 종교적 결속력도 쇠퇴할 수밖에 없기 때문이다. 그런 의미에서 개교회의 대형화는 공동체 안의 사회적 결속력을 떨어뜨릴 수밖에 없다. 이에 대한 해결책으로 대형교회들은 내부의 다양하고 많은 소그룹들을 활성화시키려 노력하고 있다. 또한 여러 대형교회들의 폭발적 성장에는 단순히 목회자의 설교나 필요중심적 프로그램 뿐 아니라 구성원들로 하여금 공동체적 돌봄을 경험시켜주는 소그룹 사역들이 기여한 바도 상당하다.

이러한 측면에서 볼 때, 앞서 언급했던 오늘날의 문화적 트렌드가 되고 있는 느슨한 연대와 개인주의는 한편으로 소규모 신앙 공동체들이 안고 있는 난제가 될 수도 있다. 왜냐하면 자유롭고 얽매이지 않은 방식으로 종교적 경험을 추구하는 이들에게는 익명성을 보장받을 수 있는 대형교회들을 선호할 수 있기 때문이다. 그러나 문제는 대형교회들이 아무리 그 안에 다양한 소그룹들을 운영한다 하더라도 그러한 결속력 있는 공동체에 참여하는 이들의 숫자는 갈수록 줄어들 것이기 때문이다. 종교 공동체의 내부적 결속력이 약화되면, 이는 신앙 헌신의

---

88 Stark and Finke, *Acts of Faith*, 155.

약화를 초래하게 되고, 이는 결국 종교 공동체가 성장하는데 장애가 될 것이다. 여기에 아이러니가 있다. 차별적 정체성과 사회와의 긴장적 관계가 소수의 종파 운동을 성공하도록 이끌 수 있으나, 일단 신앙 공동체가 성장하고 규모를 갖추면서 제도의 형태를 띠고 주류 사회와의 자연스러운 공존을 추구하자 구성원들의 결속력과 종교에 대한 귀속성이 쇠퇴하는 것이다. 이에 대한 가설적 명제들은 아래와 같다.[89]

> 명제(52): 회중의 규모가 커질수록, 그 집단 안의 사회적 유대감은 옅어진다.
>
> 명제(53): 회중 안의 유대감이 옅어질수록, 헌신을 위해 필요한 신앙의 강화 수준은 더욱 낮아진다.
>
> 명제(54): 회중 안의 유대감이 옅어질수록, 구성원들의 행동을 점검하는 방식도 비효율적이 된다.
>
> 명제(55): 회중이 커질수록, 무임승차자들(free-riders)의 비율은 높아진다.
>
> 명제(56): 회중 안의 유대감이 옅어질수록, 외부 관계망과의 연결은 더욱 강하게 유지된다.

바로 위의 명제는 의미심장한 교훈을 시사한다. 교회 내부의 구성원들 간 교제와 결속력이 약해지는 것은 단순히 신앙의 헌신과 성장에 장애요인으로 작용하고 끝나는 문제가 아니다. 그것은 구성원들로 하여금 교회 밖의 세계와 더욱 가까워지게 만들고, 심한 경우에는 교회보다 더욱 밀착된 관계를 이루며 살아가게 한다는 것이다. 따라서 종교

---

89   Stark and Finke, *Acts of Faith*, 160-161.

의 대형화와 제도화는 더욱 많은 명목상의 종교인들을 양산하고, 신앙과 세계가 이원화된 삶의 양식을 관행화시킬 수 있게 된다. 이는 신앙 헌신에 대한 열정을 감소시키고, 회심이라는 종교적 체험을 요원하게 만들 수 있다.

2) 종교경제론(religious economy)

스타크와 핑키의 사회학적 회심 연구는 '종교경제론'(religious economy)이라는 독특한 관점을 제시한다. 이들은 종교적 활동과 경험을 수요와 공급이라는 경제적 개념으로 해석하고자 한다.

> 정의(32): 종교경제라는 것은 어느 사회에서나 볼 수 있는 모든 종교적인 행동들로 이루어져 있다. 이는 현재의, 그리고 잠재적인 신도들의 '시장', 신도들을 유인하거나 유지하고자 하는 하나 이상의 종교단체들, 그리고 그 단체가 제공하는 종교 문화들을 말한다.[90]

일반적인 경제행위를 수요와 공급으로 분석하듯이, 종교경제도 마찬가지다. 종교영역에서 수요는 새로운 종교적 경험과 욕구일 것이다. 그에 따라 사람들의 종교적 선택은 달라진다. 새로운 욕구에 부응하는, 즉 새로운 종교적 수요를 공급하는 종교나 교파가 부상하게 된다. 따라서 제도권의 종교는 종교 시장에서 일어나는 틈새(niche) 욕구를 이해하고 적절한 공급을 해줘야 한다. 이때 가장 빠르게 독점적으로 틈새를 공략하는 종교가 주도적으로 부상하게 된다.

---

90   Stark and Finke, *Acts of Faith*, 193.

명제(69): 배타적인 종교 단체는 더욱 귀하고 위험성이 거의 없는 종교적 보상을 제공하기 때문에, 과거에는 비 배타적인 집단들이 지배했던 종교 경제 시장에 배타적인 단체가 등장하게 되면, 배타적인 단체가 주도하게 된다.

사람들의 종교적 욕구들이 있고, 여러 종교들이 비 배타적으로 그러한 수요에 부응해왔던 상황에서, 배타적인 공급을 주장하는 종교단체가 등장하면 배타적인 집단이 우세할 수밖에 없다. 왜냐하면 배타적인 종교는 다른 종교들에 비해서 훨씬 더 유독하고 고유한 보상체계를 제안하기 때문이다. 이는 역사적으로, 유대교, 기독교, 이슬람교의 발흥에서도 입증된다. 초기 기독교는 수많은 종교들을 관용해주던 로마제국 아래서 성장한다. 당시의 종교상황은 다신교적이고 다원주의적이었다. 배타적 유일신을 주장하는 종교들이 아니라, 여러 종교들이 서로 공존하고 혼합하는 무대였다. 그러한 상황에서 유일신과 배타적 구원론을 주장하는 기독교는 많은 오해와 반대에도 불구하고 로마제국의 지배적인 종교가 되었다. 종교 집단과 주변 상황 사이에 고조될수록, 그 종교에 소속하려면 더욱 많은 대가를 치러야 한다. 그러나 그와 같은 높은 문턱이 고대 기독교의 정체성을 강화시키고, 선교적 동력을 생성시켰으며, 결국 기독교의 성장을 이루어 로마제국을 정복하는데 주요한 원인이 되었다. 초기 기독교는 매우 미약한 규모였으나, 종교 다원주의적이고 다신교적인 고대 로마사회에서 유일신 고등종교라는 이른바 종교 틈새시장의 수요에 부응했다고 볼 수 있다.

종교적 틈새시장은 몇 가지 요인들에 의해서 조성된다. 일단, 종교

경제가 규제되지 않은 상황, 즉 다양한 종교적 선택들이 통제되어 있지 않고 시장 세력이 우세할 때, 종교적 틈새들은 가시화된다. 왜냐하면 다양한 종교적 선택들이 서로 경쟁하기 때문이다. 반면, 종교경제가 하나의 독점적 신앙에 의해서 고도로 통제되고 제한될 때도, 비록 뚜렷하지는 않지만 종교적 틈새가 생겨날 수 있다.[91] 두 극단적 상황 모두에서 종교적 욕구의 틈새는 생성된다. 통제 없는 다종교 상황이나, 한 종교의 독점적 상황 모두에서 새로운 종교에 대한 욕구는 공히 존재한다는 것이다. 왜냐하면 사람들은 다양한 동기와 표현으로 그들의 종교적 욕구를 추구하기 때문이다. 어떤 이는 좀 더 자유로운 종교적 경험을 원하고, 다른 이는 좀 더 명확하고 규범적인 종교의 기능을 선호할 수 있다.

한국 근대사에서 기독교의 성장도 이러한 종교시장 경제론을 통해서 조명 가능할 것이다. 한국은 역사적으로 유교와 불교, 그리고 무속신앙이 서로 혼재하면서 공존해왔던 곳이다. 그러다가, 18세기 후반부터 천주교가 전래되었고, 19세기말에는 기독교(개신교)가 소개되었다. 일제의 강점으로 인해서 조선의 정신적 이념이었던 유교의 위력은 크게 약화되었고, 강요된 근대화로 인해 전통종교들의 공식적 권위도 상실될 수밖에 없었다. 일제 강점기가 끝나고 한국전쟁과 보릿고개, 그 이후 박정희 정권의 산업화시기를 거치면서, 한국사회에는 전통종교들이 여전히 존재했으나 시대의 변화에 부합되는 종교는 기독교였다. 서구의 선진문명을 수용하여 산업화와 근대화를 도모해야 하는 시기에, 전통 종교들의 역할은 매우 제한될 수밖에 없었고, 천주교는 오랜 박해

---

91 Stark and Finke, *Acts of Faith*, 195.

로 인해 활력을 되살리기 힘들었다. 천주교와 개신교 모두 서구로부터 도입되긴 했으나, 천주교는 특유의 내면적이고 명상적인 성격으로 인해 국민적 역량을 동원하고 결집하는 종교적 운동으로서는 적절하지 않았다. 그에 비해 개신교는 당시 정부의 근대화 정책에 적극 협조하면서 경제성장과 동반된 교회성장을 이루게 된다.

한국사회는 한 종교가 독점하는 토양이 아니다. 비록 숭유억불이나 조선후기의 천주교 대 박해와 같은 집권세력의 편파적 정책들이 시행된 적은 있으나, 비교적 여러 종교들이 공존하고 혼재하는 상황에 익숙한 사회다. 특히 한국의 근대 시기에 종교경제는 통제되지 않은 다원적인 상황을 연출했다. 유교, 불교, 천주교, 무속신앙, 그리고 개신교가 각자의 상당한 종교 시장을 점유하며 서로 경쟁하였다. 그러나 근대화가 진행되면서 공적으로 호의를 입은 종교는 기독교(개신교)였음은 분명하다. 하나의 종교가 한국사회와 한국인들의 심성을 독점할 수 없는 상황에서, 한국사회의 개조라는 과제에서 기독교는 모범이 되는 서구의 종교였기에 더욱 우호적인 상황에서 종교시장을 주도할 수 있었다. 게다가, 기독교의 유일신론과 배타적 구원론은 종교경쟁에서 더욱 우세한 여건으로 작용했을 것이다. 말하자면, 한국의 근대 종교시장에서 개신교가 승자가 되기에 적합한 종교경제론의 조건을 갖추었으리라 유추할 수 있다.

종교적 욕구의 틈새는 여섯 가지의 범주로 나눠질 수 있다. 그것은 (1) 극단적 자유주의 틈새, (2) 자유주의적 틈새, (3) 온건주의적 틈새, (4) 보수주의적 틈새, (5) 엄격주의적 틈새, (6) 극단적 엄격주의 틈새이다.[92] '극단적 자유주의 틈새'는 종교와 철학의 경계선에 있으며, 사회와의 긴장도는 가장 낮고 가장 자유스러운 모습으로 종교를 추구하는 방식이다. 이러한 종교적 틈새의 욕구를 가진 이들은 초자연적 실체에 대해서는 인정을 하지만 인격적 신을 믿는 것은 아니다. 서구의 경우에는 유니테리언 교도들(Unitarian Universalists)이나 뉴에이지 운동을 추종하는 이들이 이에 해당된다. 한국에서는 극단적 자유주의 틈새의 욕구는 유교적 제의를 예의로 따르거나 민속신앙을 취향과 염원으로 받아들이는 정도가 가까울 것이다. 예를 들어, 종종 TV에서 영화나 드라마 작품을 시작할 때 고사를 지내는 모습을 보여준다. 이때의 제작자나 배우들은 특정한 종교적 신앙을 표현하기보다는, 자신들의 계획대로 잘 이루어지기를 바라는 마음을 담아냈다고 볼 수 있다. 유교의 제사를 드리는 경우에도 한편으로는 조상신을 숭배함으로 가족의 복을 기원하는 미신적 숭배도 있지만, 대부분의 경우에는 부모에 대한 효심과 가족에 대한 예의로 예를 따를 것이다. 우리나라의 이와 같은 풍습은 소속과 규범을 따르는 종교가 아니지만, 일단의 자유로운 종교적 욕구를 반영하는 형태라 할 수 있다. '자유주의적 틈새'는 기독교의 자유주의 신학이나 교파에 해당된다. 혹은 기독교 교리에 대해서 인본주의적 판단을 거쳐 선택적으로 수용하는 자세를 취하는 방식이다. 예를 들어, 기독교 신앙의 본질을 더욱 선한 사람이 되고, 자기 문제를 해결하여 행복한 삶을 영위하기 위한 원리로 받아들이며 신앙생활을 하는 이들도 이에 해당된다. '온건주의 틈새'를 지닌 이들은 자유주의자들에 비해서는 더욱 진지하게 신앙을 추구하지만 종교의 기능을 특정한 시

---

92 Stark and Finke, *Acts of Faith*, 209-213.

간이나 장소, 혹은 필요에 국한시키는 이들이다. 이들은 정기적으로 예배를 드리고 신에 대한 경외심도 갖고 있으며 종종 기도를 드리기도 한다. 하지만 특별하게 규칙적이거나 엄격한 신앙생활을 추구하진 않는다. 기독교 안에서는 일반적인 주류 교단들인 장로교, 감리교, 루터교의 상당수가 이에 속하며, 때로는 보수적인 교단들 안에서 좀 더 자유롭게, 혹은 명목적으로 신앙을 추구하는 이들도 이러한 틈새 욕구를 지닐 수 있다. '보수주의적 틈새'의 종교적 욕구를 지닌 이들은 교리나 경전을 절대적인 기준으로 삼고 정통 진리를 지키는 일을 중대한 과제로 여긴다. 이들은 행동양식이 신앙의 기준에 부합되는지를 점검하며, 음주, 춤, 도박, 음식 등에 있어서 신앙의 규례를 따르며 엄격하고 경건하게 신심을 지키고자 한다. 보수적인 종교적 틈새를 채워주는 미국의 교단들은 남침례교단이나 루터교 미주리 총회, 보수적인 장로교와 웨슬리안들이 해당될 것이다. 보수주의는 온건주의와 더불어 가장 종교 욕구의 틈새 시장을 형성한다고 볼 수 있다. 특히 보수주의적 틈새의 종교집단들은 사회와의 적절한 긴장점과 고유한 헌신에 대한 요구로 인해서 성장하기 쉬운 면모를 갖추고 있다. '엄격주의 틈새'는 기성 종교 제도에 대한 대응으로 등장하는 전형적인 종파들이 출현하는 곳이다. 이들은 원래의 신앙 전통과 유산을 회복하려는 열정을 갖고 종교의 갱신 운동을 벌이며, 강한 선교적 지향성을 갖는다. 스타크와 핑키는 개신교 종교개혁자들도 당대에는 이러한 유형에 속했으며, 엄격주의라고 해서 지성적 역량이 결핍된 것은 아니라고 한다. 오늘날 미국의 교단들 중에서는 오순절과 하나님의 성회, 나사렛교단 등이 이러한 틈새에 속하며, 여호와의 증인과 몰몬교도 같은 범주에 들 수 있다고 한다.[93] '극단의 엄격주의적 틈새'는 세상에 대한 관심을 최대한 절제하고 초월적인 세계에 몰입하며 세상의 기쁨과 향락을 멀리하는 가운데 고유한 신심을 고양하는데 집중하는 이들이다. 따라서 이들은 세상과 분리되어 자기들만의 고립된 공동체를 형성하기도 하다. 역사적으로는 수도원 운동이 그러했고, 미국의 아미쉬(Amish) 공동체, 유대교의 하시딤(Hasidim: 율법과 안식을 엄격히 지키는 고대 유대교의 한 분파) 운동이 이 유형에 속한다. 현대 한국의 기독교에서는 이에 해당되는 뚜렷하고 가시적으로 상당한 규모를 갖춘 종파 운동은 없으나, 이와 같은 사상과 성향에 가까운 소수 공동체들은 존재하는 것으로 보인다. 정통 기독교 관점에서 이단적으로 보이는 신흥 종교운동들은 대체로 극단의 엄격주의적 틈새에 해당되는 행태를 보인다.

지금까지 살펴 본 종교집단의 역동성과 종교경제론에 따르면, 한 신앙 종파가 기존 사회에서 제도권의 종교로 이동하는 데에는 구성원들을 모을 수 있는 역량과 사회의 질서에 대응하는 태도가 중요함을 볼 수 있다. 소수 종파가 그들의 잠재적 구성원들을 모으는 과정을 일종의 회심 사역이라고 본다면, 이러한 논의는 사회적 관계가 회심에 어떠한 영향을 주는지 이해하는데 필요한 통찰을 던져준다. 종교경제론에서는 회심 단계의 목표인 헌신을 강화할 수 있는 조건이 어떻게 형성되는지를 알려준다. 사회적 자본과 회심의 관계에 대해 논의된 가설들을 정리하면 다음과 같다.

(1) 사람들은 더 많은 사회적 자본에 부합되는 방향으로 선택을 한다.

---

93 Stark and Finke, *Acts of Faith*, 212.

(2) 사람들은 종교를 선택할 때 사회적 자본을 보존하고 확대하려고 한다. 즉, 그들은 자신과 친하거나, 자신이 신뢰하는 사람의 종교적 선택을 따를 가능성이 높다.

(3) 사람들은 사회적 자본에 의해서 회심의 과정에 들어선 다음에 종교 교리에 비추어 자신의 삶을 재정립한다.

(4) 사회적 자본의 보존을 통한 종교선택은 동질성을 공유하는 이들로 더욱 확대될 수 있기 때문에 대규모 회심으로 이어질 가능성이 있다.

(5) 특정한 종교 안에서 형성된 사회적 네트워크는 외부 사회와의 긴장관계를 통해서 더욱 강화되는 성향이 있다.

3) 평가

헨리 호렌은 사회적 자본과 종교경제의 관점에서 회심을 이해하는 방식에 대한 몇 가지 주요 비판을 소개한다. 먼저 이 이론은 종교의 성과를 주로 수적 성장의 차원에서 취급한다는 것이다.[94] 이는 각 종교들의 고유한 기능과 목표가 될 수 있는 질적 요소, 예를 들어 의례에의 신실한 참여나 변화된 행동과 같은 측면을 간과할 수 있다.

둘째로, 사람들이 자기들의 기존 사회적 자본을 보존할 수 있는 측면에서, 즉 자신들의 인적 관계가 강화되는 차원에서 종교를 선택할 것이라고 했는데, 사실상 전 세계에서 종교적으로 일치와 조화를 이루는 가족들이 얼마나 많다고 볼 수 있겠는가? 사회적 자본을 보존하고 강

---

94 Gooren, *Religious Conversion and Disaffiliation*, 61-67.

화할 수 있는 방향으로 종교적 선택을 한다면 점점 종교는 가족이나 친족, 친한 이웃과 친구를 중심으로 이루어져야 할 것이 아닌가? 하지만 현실은 그와는 달리 한 사회나 민족 안에서도 다종교적 상황이 일어나고 있다. 과연 사람들이 사회적 자본을 보존하는 종교로 집중된다고 볼 수 있을까? 오히려 자기 친구나 가족과는 다른 종교로 회심하는 사람들의 경우들도 쉽게 볼 수 있는데 이를 어떻게 해석할 것인가?

셋째로, 스타크와 핑키는 사회자본적 회심 관점에서 구도자라는 개념을 배격하는 것처럼 보인다. 이는 회심자가 사회적 자본에 의해서만 영향을 받는 것이 아니라, 종교자본을 추구한다는 점을 간과할 수 있다. 사람들이 실제로는 믿음의 내용이나 명제적 주장에 영향을 받아 종교에 동화되기 보다는, 사회적 자본에 이끌려 회심을 한 이후에 자신의 생애를 사후적으로 성찰하며 재구축하는 것이라는 그들의 주장은 여러 논란을 불러 일으켰다. 그들은 종교자본이라는 믿음의 내용 및 믿음의 탐구라는 영역을 과소평가했다는 지적을 받는다.

이러한 사회적 자본과 종교 경제론의 관점에서 회심을 해석하는 방식은 공급자 측면을 강조하면서 수요자 측면에서 어떤 일이 일어나는지를 충분히 주목하지 못할 수 있다. 따라서 호렌은 이 책의 2장에서 소개한 회심경력 이론이 종교제도라는 공급적 측면과 개인 회심자라는 수요적 측면을 균형있게 관찰한다고 주장한다.

2부는 기독교 신학에서 표현하는 회심의 내용을 중심으로 논의하고자 한다. 기독교적 관점에서의 회심 사례들과 논의들은 이미 1부에서도 필요할 때마다 언급되긴 했다. 그러한 논의들은 종교적 회심이라는 일반적 준거 틀에서 기독교적 회심의 사례를 통해 논증을 보완하기 위한 것이었다면, 이번 단원의 논의에서는 기독교적 회심의 특별한 성격과 기능에 대해서 집중할 것이다. 2부에서는 먼저, 회심에 대한 신학적 정의를 시도한 뒤, 회심의 성서적 전거를 살펴볼 것이다. 그 다음에는 주로 신약성경의 회심 내러티브들을 앞서 소개했던 램보의 회심 단계론에 비추어서 조망을 할 것이다. 이러한 성서적 통찰은 회심의 본질적인 구성요소들을 신학적으로 정립하는데 도움을 줄 것이다. 끝으로는 회심의 실천적 차원들인 회심과 전도, 회심과 신앙성장, 회심과 타문화선교 등의 이슈들을 논할 것이다.

2부

—

회심의
신학적 서술

5장

기독교적 회심에 대한 신학적 탐구

기독교는 회심에 근거하는 종교다. 그것도 유일하고 배타적인 회심을 강조해왔다. 따라서 회심이라는 단어가 글자 그대로 성경에 자주 나타나지 않는다 하더라도 회심을 가리키는 사상은 성경에 풍성하게 등장한다. 구약 성경에서는 이스라엘과 하나님의 관계에서 회심의 사상을 엿볼 수 있으며, 신약 성경은 더욱 뚜렷하게 회심 중심으로 이해될 수 있다. 예수와 바울의 사역과 가르침에서 하나님과의 화해, 그리스도의 제자됨이라는 회심 모티브가 지배적이기 때문이다.

1. 신학적 용어로서의 회심[1]

---

[1] 이하에서 논의하는 회심의 신학적 이해와 기독교적 회심의 전인성과 관계성에 관한 내용은 필자의 다음 논문의 내용 일부를 수정 보완한 것이다. 김선일, "전도적 관점에서의 회심 이해"「실천신학」 52 (2106), 655-658.

회심이라는 용어는 중생(regeneration)과 같은 현상을 가리키지만 구분될 필요가 있다. 중생은 신적인 주권의 차원에서 이루어진 일이라면 회심은 인간이 그에 대해 반응하는 일이라 할 수 있다. 따라서 마틴 로이스 존스에 의하면 중생이 원인이라면 회심은 결과적 사건이라 할 수 있다.[2] 즉, 하나님의 주권적 은혜에 의해서 중생의 사건이 일어난다면, 그에 대한 주관적 경험이자 응답으로 인간에게 회심이라는 결과가 나오는 것이다. 그런 의미에서 회심은 구원이나 중생의 현상과 병행해서 쓰이는 신학적 용어이긴 하지만, 또한 각기 구원의 양면을 다룬다. 회심이 주관적 경험의 차원에서 구원으로 인한 변화를 다룬다면, 중생은 객관적 차원에서 구원의 서정을 신학적으로 서술하는 과정에 속하는 것이다.

루이스 벌코프(Lewis Berkopf)는 회심에 관한 논의에서 이를 능동적 회심과 수동적 회심으로 구분한다. 능동적 회심이란 하나님께서 중생한 죄인으로 하여금 회개와 믿음에 이르게 하는 측면이며, 수동적 회심은 중생한 죄인이 그에 대한 결과로 하나님께 나아가는 행위이다.[3] 여기서 능동적 회심이 하나님이 주관하시는 중생의 역사를 가리킨다면, 수동적 회심은 중생의 역사에 대한 반응으로 인간이 경험하는 과정을 가리킨다 고 볼 수 있다. 그러나 능동적이든, 수동적이든 기독교적 회심은 정의상 그리스도를 향한 삶의 급진적 방향 전환이라는 본질적 특성을 지녀야 한다. 구약에서 회심에 해 당되는 단어인 '숩'(shub)은 주

---

[2] 마틴 로이드 존스, 『성령 하나님과 놀라운 구원 - 교리강좌 시리즈 2』 임범진 역 (서울: 부흥과 개혁사, 2007), 133.
[3] 루이스 벌코프, 『조직신학』 권수경·이상원 역 (서울: 크리스챤다이제스트, 2001), 733.

로 하나님께로 돌아감이라는 의미로 쓰였고, 신약의 주된 회심 단어인 '에피스트로페'(epistrophe) 또한 '전환'이나 '돌아섬'을 의미했다. 그리고 이 돌아섬을 이루는 필수 요소는 회개와 믿음이라 할 수 있다. 기독교적 회심은 종교 경험이나 종교적 의례에 참여하는 수준이 아니라, 삶의 방향을 전환하고 재정립한다는 특징을 지니고 있으며, 이는 인간 삶의 전 영역이자 구체적인 대상과의 진지한 관계에 들어서는 것이다.

1) 기독교적 회심의 전인성

기독교적 회심은 시초부터 삶의 전 영역에서의 변화를 요구했다. 따라서 기독교적 회심은 전 인격적이었으며, 영혼과 육신을 구분하는 그리스적 이원론을 거부했다. 1세기 그리스 로마 사회에서 회심 또는 개종은 종교의 의례를 실행하는 차원으로 이해되었다. 회심을 위해서 종교 간의 급격한 이동, 즉 기존의 종교를 버리고 새로운 종교에 배타적으로 귀의할 필요가 없었다. 반면 초기 기독교의 회심은 급격한 전환이었다. 비록 고대 그리스 로마 사회에서 기독교에 대한 다양한 차원의 관심과 입회가 시도되긴 하였으나, 이교도인들이 기독교로 회심하는 것은 기존의 종교를 비롯한 전체적 삶의 양식을 포기하고 배타적으로 돌아서는 것이어야 했다. 이는 기원 2세기 문헌으로 알려진 히뽈리투스의 『사도전승』과 같은 책에 잘 드러난다. 당시 로마교회의 감독이었던 히뽈리투스는 입교에 관한 자격과 절차를 가르치면서 세례를 받으려는 자들에 대한 엄격한 검증을 권고한다. 이 책은 세례를 받기에 합당하지 않은 직업과 업종들을 나열하는데, 창녀들을 거느리는 포주나 인명을 살상하는 군인, 우상 신전에 바치는 음식을 만드는 이들 뿐 아니라 이교도의 신화와 문학을 가르치는 교사들도 배제할 것을 지시한다.[4] 초기 기독교는 처음부터 잔인함이나 비인간적인 부도덕함은 신앙에의 귀의와 공존할 수 없음을 명확히 했다. 따라서 기독교 전통의 회심은 전적인 충성(exclusive allegiance)을 요구하였으며, 유일 신앙과 전적인 회심은 초기 기독교의 강력한 선교적 추진력을 형성시킨 것이다.

반면 고대 그리스-로마 세계에서의 개종은 이러한 전인적인 전환이 아니었다. 고대의 다종교 사회에서는 한 종교에 대한 신념을 갖고 있으면서도 다른 종교들의 의례를 준수하는 것이 가능하다. 적어도, 1세기 고대 그리스-로마 세계에서는 만신전(pantheon)을 방문하여 여러 종교들에서 요구하는 제의에 참여하고, 각 종교들이 요구하는 의례를 준수하는 것이 가능했다. 한 종교에 입회하기 위해서 기존의 종교를 떠나거나 배격할 필요가 없다. 오히려 더 많은 신들을 숭배함으로서 종교적 자산을 증식할 수 있었다. 고대 로마사회의 정의와 평화(pax Romana)는 다양한 신들을 섬기는 종교적 신심과 그 신들의 평화(pax deorum)에 의지하고 있었다.[5] 그리고 이러한 종교적 신심의 핵심에는 "의례"가 있다. 의례에 참여하는 것은 기독교적 회심에서 필수적으로 여겨지는 신앙의 내용에 대한 동의와 고백과는 차원이 달랐다. 예를 들어, 키벨레(Cybele) 종교에 입회하기 위해서는 황소를 죽인 피가 쏟아지는 자리에서 그 피에 흠뻑 젖어야 했다. 그들에게 있어서 구원은 형식

---

4 히뽈리투스, 『사도전승』, 이형우 역 (서울: 분도출판사, 1992), 123pp.

5 Cicero, *On the Nature of the Gods* I.3. D. W. Williams, *Evangelicals and Tradition: The Formative Influence of the Early Church* (Grand Rapids: Baker Academic, 2005), p. 28에서 재인용.

과 의례가 중요한 것이지 무엇을 믿고 사느냐가 아니었다.[6] 그리스-로마 세계에서 종교적 개인은 유일신론자가 되기 힘들었다. 일반적인 시민생활에서는 로마사회의 신에 대한 공경과 예의에 참여할 수밖에 없기 때문이다. 그것은 시민의 책무에 해당되는 것이었다. 민족의 신, 가족의 신에 대한 숭배가 확고하다 할지라도, 시민생활의 특성상 많은 신들이 절충되고 동화되는 것이 그리스-로마 사회의 규칙이라 할 수 있다.

이러한 종교-문화적 상황에서 "거듭남"이나 "새로운 생명"과 같이 기독교적 회심을 규정짓는 용어들은 매우 낯설게 들렸을 것이다.[7] 기독교 전통에서 회심은 영혼의 재설정, 즉 종교적 무관심에서 특정한 종교적 관심으로의 전환일 수도 있고, 아니면 과거의 종교적 신심에서 돌이켜 거대한 의식의 변화를 수반하는 새로운 종교적 선택으로 옮기는 것일 수 있다. 어떠한 것이든 간에 기독교적 회심은 근본적인 층위에서 삶의 전환을 수반했다. 기독교적 회심의 필수불가결한 두 가지 요소는 바로 유일신 신앙과 믿음의 차별적 내용이다.[8] 유일신 신앙은 배타적인 예배를 요구하기 때문에, 기독교로 회심한다는 것은 기존의 다 종교 사회에서 추가적으로 다른 종교들의 의례에 참여하는 것과는 완전히 다른 차원의 전적인 헌신이었다. 기독교인이 되기 위해서는 형식적 의례 참여 이상의 지적, 감정적, 의지적 헌신이 요구되었다. 이러한 고대 기

---

6   Williams, *Evangelicals and Tradition*, 29.
7   Williams, *Evangelicals and Tradition*, 28.
8   A. D. Nock, *Conversion: The Old and New in Religion from Alexander the Great to Augustine of Hippo* (Oxford: Oxford University Press, 1933), 7. *Evangelicals and Tradition*, 29-30에서 재인용.

독교에서의 회심이 갖는 독특성은 다문화, 다종교 상황에 비추어 볼 때 매우 유독한 현상이었기 때문에 기독교 신앙의 정체성을 가르는 분기점이 되었다.

2) 기독교적 회심의 관계성

기독교적 회심은 종교적 경험 자체나 종교의 제도나 의례 과정에 참여하는 것을 본질적 요소로 간주하지 않는다. 리처드 피스(Richard Peace)는 기독교적 회심의 본질은 경험 그 자체에 있는 것이 아니라, 경험의 내용에 있음을 강조한다.[9] 그가 기독교적 회심에서 강조하는 구체적 내용이란 인격적 대상, 즉 예수 그리스도이며, 그를 향한 충성의 관계에 들어서는 것이다. 이처럼 신적, 인격적 대상을 향한 관계성이 기독교적 회심의 특수성을 규정짓는다. 따라서 기독교적 회심 경험과 관련해서 물어야 할 핵심 질문은 회심자가 무슨 경험을 했느냐 보다, 그 전환의 경험이 누구를 향했느냐 하는 것이다. 또한 이 경험을 통해서 회심자가 어떠한 새로운 삶의 규범들을 갖게 되었는가 하는 질문들이 중요해진다. 따라서 이러한 전환은 극적이고 신비한 깨달음과 확신이 나타났다는 것 자체가 아니라, 그 경험이 얼마나 총체적이고 지속적인 변화의 과정을 수반하느냐가 중요하다. 기독교적 회심은 인간의 전인적 요소를 포함하며, 회심이 전인성을 수반하는 이유는 그것이 신성한 존재께 대한 충성의 합일을 이루기 때문이다.

---

9   Richard Peace, *Conversion in the New Testament* (Grand Rapids: Eerdmans,1999), 6-7.

이와 연관해서 기독교 교육학자인 제임스 파울러(James Fowler)는 회심은 개인이 자기 자신을 기반으로 하는 삶(self-groundedness)에서 하나님이 주시는 소명으로 삶의 변혁적 발달을 일으킨다고 보았다.[10] 이는 자신이 중심이 되었던 삶의 이야기를 기독교 신앙의 핵심 이야기에 점진적으로 합치시키는 과정으로 본다. 따라서 기독교적 회심은 자기 본위적인 무게와 부담에 짓눌려진 삶으로부터의 해방이며 안식이자, 삶의 열정을 재정립하는 과정이기도 하다. 회심은 인간 발달과 무관하게 일어나는 순간적인 경험이 아니라, 오히려 인간 발달을 새로운 층위로 변혁시키며 완성하는 것이다. 이 변화의 과정에는 지성과 감성, 의지가 통합되며, 회심은 인생의 더욱 위대하고 고결한 소명을 향하여 하나님과의 동반적 관계에 들어서는 것이다. 이러한 변혁은 예수 그리스도를 따르는 제자도적 회심의 결과인 것이다.

3) 변혁으로서의 회심

따라서 기독교적 회심은 변혁 지향성을 지닌다. 이는 예수 그리스도와의 연합이라는 기독교 회심의 고유한 특징을 고려할 때 당연한 논리적 결과다. 회심의 주요 목표가 성자성에 이르는 것이라면, 기독교적 회심은 예수 그리스도께로 귀의하는 것에서 그치지 않고 그의 신성한 성품과 존재에 참여하는 것이기 때문이다. 회심을 기독교적으로 의미 있게 만드는 것은 삶의 질적 변화다. 로더는 신약 회심의 대표적 유형인 사울의 다메섹 도상 체험에서 중요한 것은 '순간'이 아니라 '변형'이

---

10 James W. Fowler, *Becoming Adult Becoming Christian: Adult Development &Christian Faith*, (Jossey Bass, 2000), 115.

라고 주장한다.[11] 이는 사울의 자기 인식과 인생 목표에서 특별한 변화가 일어났다는 것이다. 이 변화는 삶의 방향과 질을 완전히 바꾸어 놓은 확신과 상상이 기반이 되었다. 사울은 그리스도를 만났고, 그를 알게 되었고, 그와 대면하고 그의 존재에 참여하는 연합적 경험을 통해서(갈2:20) 삶의 전 차원이 변화되는 인식에 이르게 되었다. "내가 그리스도와 함께 십자가에 못 박혔나니 그런즉 이제는 내가 사는 것이 아니요 오직 내 안에 그리스도께서 사시는 것이라 이제 내가 육체 가운데 사는 것은 나를 사랑하사 나를 위하여 자기 자신을 버리신 하나님의 아들을 믿는 믿음 안에서 사는 것이라"(갈2:20)는 서술은 자신의 회심 사건 이후에 일어난 삶의 변화를 가리키는 것이었다. 이러한 변혁적 인식은 그리스도를 새로운 인식의 규범이자 전형으로 수용하는 믿음에 기반을 두고 있다. 목회상담학자인 로더는 이러한 종교적 체험의 자아 변혁적 기능은 자기가 될 수 있는 자유를 부여하는 것이며, 이는 또한 모든 형태의 파괴적 자아에 맞서 싸울 수 있는 자유라고 주장한다.[12] 로더의 논의는 엄밀히 말해서 본 연구에서 전개하는 회심을 대상으로 하지 않는다. 그는 회심(개종) 이후에도 삶을 변화시키는 종교적 체험에 관심을 두고 있다. 하지만 이러한 종교적 체험의 변혁적 능력은 여러 회심 사건에서 의미심장하게 일어나며, 이는 회심의 대표적 전형으로 취급되는 사울의 다세멕 도상 체험에서도 반영되고 있다.

회심의 과정에서 일어나는 변혁은 삶의 목표와 방향을 새롭게 제시한다. 사울은 다메섹 도상에서 예수 그리스도와 대면을 한 이후 자신이

---

11 로더, 『종교체험과 삶의 변화』, 36.
12 로더, 『종교체험과 삶의 변화』, 108.

이방인을 향하여 예수 그리스도의 복음을 전파하는 소명을 받았음을 깨달았다. 그는 후일에 자신의 회심 사건을 회상하면서, "일어나 너의 발로 서라 내가 네게 나타난 것은 곧 네가 나를 본 일과 장차 내가 네게 나타날 일에 너로 종과 증인을 삼으려 함이니 이스라엘과 이방인들에게서 내가 너를 구원하여 그들에게 보내어 그 눈을 뜨게 하여 어둠에서 빛으로, 사탄의 권세에서 하나님께로 돌아오게 하고 죄 사함과 나를 믿어 거룩하게 된 무리 가운데서 기업을 얻게 하리라"(행26:16-18)고 하면서 자신의 변화된 생애 목표를 확고히 했다. 이러한 소명의 확립은 삶의 변화를 일으키는데 주요한 동력이 된다. 그는 고린도전서 9:20-22에서 사도로서의 소명 때문에, 유대인, 율법 아래 있는 자, 율법 없는 자, 그리고 약한 자들에게 다양한 형태로 그들과 하나 된 모습을 취할 수 있다고 말한다. 이처럼 바울이 타인과 동일시 된 모습을 취할 수 있는 원천은 자신의 권리를 구하지 않고 다른 많은 사람의 유익을 구하는 그리스도를 본받기 때문이다(고전10:33-11:1). 그리스도의 자기 비움(빌2:5-11)을 품고 그의 죽으심을 본받는 것(빌3:10)은 바울의 변혁적 삶을 위한 근본적 토대였다. 따라서 기독교적 회심에서 진정한 변혁은 예수 그리스도와의 연합된 삶으로부터 비롯된다.

4) 겸손, 회심에 요구되는 유일한 덕목

위와 같은 기독교적 회심의 고유한 특징들은 또 다른 기독교적 회심의 차별적 특징을 가리키게 된다. 그것은 바로 회심의 기초이자 열매로서 겸손이라는 덕목이다. 회심에 이르기 위해서는 어떠한 인간의 내재적 덕목이 요구되지 않는다. 중생이 하나님의 주권적 은혜에 의해 이루어진다고 할 때 인간 편에서의 회심은 하나님이 값없이 주시는 선물을 받아들이는 것이다. 하지만 여기에서 유일하게 인간이 응답해야 할 유일한 태도는 겸손이다. 고든 스미스(Gordon Smith)는 회심의 신학적 측면들에 대한 연구에서 겸손은 회심을 가능하게 할 뿐만 아니라, 회심 자체가 "겸손의 길로 한 사람의 인생 방향을 다시 바꾸는 것"이라고 말한다.[13] 그는 회심자의 겸손한 자세는 성경과 기독교 역사에서 계속해서 유일하게 요구되고 확인되는 덕목이었다고 한다. 겸손은 인간이 피조물로서의 의존성을 순수하게 받아들이고 창조주요 구원자이신 하나님을 바라보는 필연적인 태도이기 때문이다. 기독교 전통의 영적 거장들은 이러한 겸손의 덕목을 반복적으로 강조했다. 성 베네딕트(St. Benedict)의 계율에서 제시한 '겸손의 12가지 단계', 성 그레고리(St. Gregory) 대제가 '겸손은 온갖 미덕의 어머니요 영광'이라고 했던 표현은 기독교의 오래된 전통에서 차지하는 겸손의 위치를 반영한다. 칼뱅도 아우구스티누스가 기독교의 첫째, 둘째, 셋째 교훈 모두가 겸손이라고 한 것을 인용하며 기독교 신앙에서 진정한 겸손은 겸손 외의 다른 마음을 전혀 품지 않는 상태라고 정의하였다. 근대의 영성 지도자이며 수도사였던 토마스 머튼(Thomas Merton) 또한 겸손에는 온갖 중대한 문제들에 대한 해답이 다 들어있다고 말할 만큼, 겸손은 그리스도께 나아가고 이르는 기초로 거듭 확인되어 왔다.[14]

스미스는 더 나아가 기독교적 신앙의 체험에서 진정한 인간됨을 위해 겸손이 유일무이한 위치를 차지하는 이유를 다음과 같이 정리한

---

13   고든 스미스, 『온전한 회심, 그 일곱 가지 얼굴』 (서울: CUP, 2017), 248.
14   스미스, 『온전한 회심』, 249-250.

다.[15] 첫째, 겸손은 진리 가운데 살아가는 것이다. 인간이 피조물로서 창조주 앞에 살아가는 삶의 길이다. 둘째, 겸손은 피조 세계와 동떨어져서 누리는 자유이기도 하다. 이는 만물의 본성이 창조주와 떨어져서는 덧없음을 정중하게 인정하는 태도이다. 셋째, 겸손은 이 세상과 우리의 삶에서 죄의 실체를 인정하며 하나님의 자비를 의존하게 한다. 넷째, 인간의 도덕적 체계는 공허하고 무의하며, 기독교적 회심은 교만과 자기만족의 길을 거부하는 겸손과 이어질 수밖에 없다.

로마 가톨릭의 영성신학자인 도널드 해거티(Donald Haggerty)는 모든 진지한 회심은 우리의 영혼으로 하여금 연약함이라는 초기 상태에 들어서게 한다고 한다.[16] 회심의 과정에서 우리는 내면의 깊은 곳에서 비어짐을 경험한다. 회심의 세계로 들어가면서 연약함과 비어짐을 필수적으로 통과해야 한다는 것은 회심 여정의 궁극적 목적지가 그리스도와의 연합임을 고려할 때 자연스럽게 이해할 수 있다. 그리스도의 삶은 곧 하나님의 뜻을 따라 자기를 비우시는 겸손이기 때문이다. 그리스도께로 나아가는 것은 곧 그의 겸손을 배우고 따르며, 그리스도와의 연합은 그의 자기를 비우심에 참여하는 것이라 할 수 있다. 이러한 측면에서 겸손은 회심의 도구적 덕목이 될 뿐 아니라 지속적으로 고양되는 덕목이 된다. 기독교적 회심은 이와 같이 전인적, 인격적, 변혁적 독특성을 겸손의 양식 속에서 견지한다.

---

15   스미스, 『온전한 회심』, 251-252.
16   Father Donald Haggerty, *Conversion: Spiritual Insights Into an Essential Encounter with God* (San Francisco: Ignatius, 2017), 26.

2. 회심의 성경적 전거

1) 구약적 전거

구약에서 회심을 가리키는 단어는 '슈브'(*shub*)인데, 구약 본문에서는 1060회 정도 쓰였다. 이는 문자적으로 가던 길을 멈추고 되돌아가는 의미(삿8:13)를 지니며, 특정인에게 나아가는 모습(왕상12:27)에도 쓰이지만, 하나님께서 사람의 마음을 돌이키거나(렘3:14; 수24:20), 또는 사람이 하나님께 돌이키는 것(사44:22; 51:11; 55:7)에 주로 사용된다.[17] 구약에서 회심의 요청은 마음의 변화 뿐 아니라 성경이 제시하는 생명의 길로 나아가는 것이며, 개인적인 차원이 아니라 민족적으로 이스라엘과 야웨의 언약적 관계가 회복되는 것을 의미한다. 따라서 구약에서 하나님의 회복을 가리키는 언약의 말씀들은 이와 같은 옳은 길로 돌아서는 회심의 의미를 담고 있다.[18]

구약에서의 회심 표현은 주로 야웨의 계명에 불순종하고 언약관계에 불충실했던 이스라엘을 향해서 자주 사용되었다.[19] 이스라엘의 지속적인 불순종에 대한 대가는 이방 국가의 포로가 되어 끌려가고, 이스라엘 민족은 흩어지는 것이었다. 신명기에서는 이러한 경고를 암시하면서 회심의 표현을 사용한다. "이 모든 일이 네게 임하여 환난을 당하다

---

17 소형근, "너는 돌아와 다시 야웨의 말씀을 청종하고(신30:8)- 구약성서에 나타난 이스라엘의 회심에 대한 고찰", 「구약논단」 17 (2011), 106.
18 소형근, "너는 돌아와", 107.
19 이하에 기술하는 구약 신명기, 역사서, 예언서 등에서 나타나는 회심의 용례는, 소형근, "너는 돌아와", 108-118의 내용을 요약한 것이다.

가 끝 날에 네가 네 하나님 여호와께로 돌아와서 그의 말씀을 청종하리니"(신4:30)라는 구절과 "네 하나님 여호와께서 마음을 돌이키시고 너를 긍휼히 여기사 포로에서 돌아오게 하시되"(신30:3)라는 구절은 모두 미래의 심판과 재난을 거치고 하나님께로 회심해야 할 것을 암시하고 있다. 신명기의 관점이 역사서에 반영되고 있기 때문에, 역사서는 시점 상 최후 경고와 같은 양식으로 이스라엘이 하나님께 돌아와야 하는 회심의 과제를 강조한다. 열왕기상 8장 33절과 34절에 나오는 솔로몬의 낙성식 기도는 대표적이다. "만일 주의 백성 이스라엘이 주께 범죄하여 적국 앞에 패하게 되므로 주께로 돌아와서 주의 이름을 인정하고 이 성전에서 주께 기도하며 간구하거든 주는 하늘에서 들으시고 주의 백성 이스라엘의 죄를 사하시고 그들의 조상들에게 주신 땅으로 돌아오게 하옵소서." 솔로몬의 기도는 이스라엘 백성이 미래에 다시 하나님께로 돌아오는 것을 예견하고 있지만, 가나안 입국 이후 이스라엘 민족의 집단적 행실은 하나님께로 돌아오지 않고, 그를 떠났던 부정적 용례로 슈브가 쓰였다. 그에 대응해서 하나님도 이스라엘로부터 그의 얼굴을 돌이키시게 된다. 즉, 여호수아서부터 열왕기서에 이르는 역사서 전체의 일반적인 분위기는 긍정적 의미에서 슈브를 사용하지 않고, 하나님을 떠나 언약적 관계를 파기했던 불순종의 차원으로 슈브가 그려지고 있다. 솔로몬의 낙성식 기도나 요시야의 종교개혁은 긍정적 의미에서 야웨께로 돌아오는 모습을 그리고 있으나 이 또한 이스라엘의 패망이라는 운명을 거스를 순 없다.

역대기에서는 이스라엘의 불순종이라는 과거를 있는 그대로 묘사하고 있으나 그들이 다시 돌아오면 야웨로부터 용서와 구원이 임할 것이라는 희망도 함께 제시하고 있다. 예언서에서는 회심의 메시지가 하나님을 버리고 떠난 이스라엘의 상태 뿐 아니라, 하나님께로 다시 돌아와야 한다는 호소도 담고 있다. 예를 들어, 아모스는 이스라엘이 그 패역함으로 인해 하나님의 심판의 재앙을 받게 되는데, 이는 "너희가 내게로 돌아오지 아니하였느니라"(암4:6, 8, 9, 10, 11)는 반복적 후렴구로 표현된다. 즉, 부정적 차원의 슈브는 이스라엘을 심판하는 근거가 되었다. 호세아 역시 "저희의 행위가 저희로 자기 하나님에게 돌아가지 못하게 하나니 이는 음란한 마음이 그 속에 있어 야웨를 알지 못하는 까닭이라."(호5:4)고 이스라엘의 돌이키지 아니하는 마음을 강하게 힐책하고 있으나, 동시에 '야웨께 돌아가자'(호6:1)는 간곡한 호소를 제안하기도 한다.

예레미야의 경우에는 이스라엘과 야웨의 애정적 관계에서 회심의 표현을 사용한다. 특히 그들이 다시 하나님께로 돌아갈 능력을 상실한 상태를 탄식한다. 하지만 여기서 인간의 능력을 넘어선 초월적인 하나님의 은혜가 필요하고, 이 하나님의 은혜가 인간의 회개를 가능하게 한다는 사상을 발전시킨다.[20] "배역한 이스라엘아 돌아오라. 나의 노한 얼굴을 너희에게로 향하지 아니하리라. 나는 긍휼이 있는 자라. 노를 한없이 품지 아니하느니라."(렘3:15) 이와 같은 하나님의 용서와 구원에 견고하게 터를 잡는 회심의 표현이 포로기와 그 이후의 예언자들에게서 더욱 선명하게 나타난다. 하나님께서 일방적으로 새로운 언약을 세우셔서 그들을 사랑하시고 품으시겠다는 사상(렘31)은 하나님의 영광

---

20   소형근, "너는 돌아와", 117.

이 구현되는 성전의 회복을 그리는 에스겔서나 이스라엘 민족의 귀환에서 주도하고 인도하는 하나님의 임재를 묘사하는 스가랴서의 토대를 이루고 있다. 구약의 후기 문서로 갈수록 비중있게 등장하는 사상은 회심의 주체가 이스라엘이 아니라 하나님이라는 점이다. 야웨의 긍휼과 사랑이 그의 백성을 회심하게 한다. 이는 야웨께서 그의 백성에게 먼저 돌이키셨기 때문, 즉 회심하셨기 때문이다. 사람들을 회심하게 하는 것 또한 하나님의 주도적 역사로부터 말미암는 것이다. 구약에서는 큰 그림에서 하나님과 이스라엘의 전체적 관계를 묘사하는데 회심의 역동적 표현을 사용했다면, 신약으로 가서는 이 회심의 사역이 예수 그리스도와 사도들을 통해서 만개하는 양상을 더욱 구체적으로 전개되고 있다.

2) 신약적 전거

신약의 전체 장면은 회심의 관점에서 볼 때 구약에서 지속적으로 제기되어 왔던 야웨께로 돌아오라는 요청이 예수 그리스도 안에서 실현되는 모습이라 해도 과언이 아니다. 그것은 예수 그리스도 안에서 나타난 하나님의 새로운 언약이 완성되는 것이었고, 인간의 주체적 반응으로서의 회심이 아니라 예수 그리스도의 강권적 사랑에 의해서 이끌리는 회심이었다. 따라서 신약에서 회심은 예수 그리스도를 중심 준거점으로 삼고 그에 대한 이해, 그와의 관계가 어떻게 형성되어 간다.

비벌리 가벤타(Beverly R. Gaventa)는 신약성서의 문헌들에서 회심의 의미를 이해하는데 중요한 업적을 남겼다. 그는 신약성서의 대표적인 회심 유형을 바울의 다메섹 도상 사건으로만 고정되는 시각을 넘어서서, 회심 유형이 더욱 확장되어야 함을 주장한다. 가벤타가 지목하는 회심을 가리키는 또 다른 유력한 개념은 요한복음에 나오는 '거듭남'(born again) 이다. 이는 니고데모의 질문에 대한 예수의 대답에서 유래하며 가장 익숙하고 많이 사용되는 회심 용어이긴 한데, 신약성서에서는 요한복음과 베드로 전서에만 등장한다. 반면 가벤타는 "어둠에서 빛으로"(행26:18 "from darkness to light")라는 구절에 주목한다. 이 용어는 베드로가 그리스도인의 변화된 신분을 설명할 때도 사용했던 구절이기도 하다. "너희를 어두운 데서 불러 내어 그의 기이한 빛에 들어가게..."(벧전2:9) 또한 바울이 고린도후서 4:6에서 "어두운 데에 빛이 비치라 말씀하셨던 그 하나님께서 예수 그리스도의 얼굴에 있는 하나님의 영광을 아는 빛을 우리 마음에 비추셨느니라"고 말할 때도 진정한 회심의 과정은 그리스도와 하나님의 영광을 모르는 어둠 속에 있던 인간의 영혼에 새로운 지식의 빛이 비쳐지는 것이라는 이해를 염두에 두고 있을 수 있다.[21]

'어둠에서 빛으로'를 회심을 잘 드러내는 중심적 은유로 보는 관점은 과거에 대한 부정적 시선을 내포하며, 또한 회심 이후의 세계를 온전하고 긍정적으로 평가하는 것이다. 단순히 주관적 선호와 선택에 따른 종교의 이동이 아니라, 어둡고 희망이 없는 비본질적 삶에서 진정한 자신을 찾고 삶의 긍정적이고 건설적인 방향을 찾은 여정에 들어선 것이다. 그런 의미에서 성경적 회심은 급진적 특성을 안고 있다. 회심의

---

21 Beverly R. Gaventa, *From Darkness to Light: Aspects of Conversion in the New Testament* (Philadelphia: Fortress, 1986), 1-2.

여정은 점점 새로워지고 온전해지는 단계로 나아간다. 신약성경은 이러한 희망의 회심 내러티브들로 충만하다. 고든 스미스는 공관복음, 요한복음, 사도행전, 바울서신 등에서 나타난 회심의 요소들을 아래와 같이 정리한다.[22]

(1) 공관복음서의 회심 요소들: 공관복음서들에는 예수께로 나아오는 회심의 사건들이 연속적으로 등장한다. 게네사렛 호수가에서 예수를 만난 베드로는 회심에서 회개와 믿음의 전형을 보여준다(눅5:1~11). 세리 레위(눅5:27~28), 부자청년(눅18:18~22), 돌무화과나무로 올라간 삭개오(눅19) 등의 이야기는 예수께로 회심한다는 것은 곧 자기를 부인하고, 자신의 소유를 포기해야 함을 알려준다. 이는 제자도를 치르기 위한 대가를 강조하는 것과 연관된다(눅14:33, 막4:19~20; 19:16~30). 회심은 제자도로의 부르심과 무관하지 않은 정도가 아니라, 회심으로의 요청이 곧 제자도로의 요청이었다. 회심은 사역으로의 부르심도 포함한다. 예수께서 처음 제자들을 부르실 때는 사람을 낚는 어부가 되리라고 말씀하심으로 복음전도의 과업이 동시에 주어졌다. 회심은 곧 사명의 부여이기도 했던 것이다. 사역은 고되고 힘겨운 과업만이 아니다. 예수를 따르는 자들에게는 항상 기쁨과 위로의 약속이 주어진다(마11:28~30; 눅15). 회심의 결정을 보여주는 상징은 예수께서 대위임령에서 명령하신 것처럼 세례를 베푸는 것이다(마28:19-20).

(2) 요한복음의 회심 요소들: 요한복음은 주요한 신학적 언어에서 공관

---

22 스미스, 『온전한 회심』, 205-239. 이하의 공관복음, 요한복음, 사도행전, 바울서신의 회심요소들에 관한 스미스의 상세한 논의를 필자가 간략하게 요약한 것이다.

복음서들과 미묘한 차이를 보인다. 천국이나 하나님의 나라를 영생이라는 단어로 대치하는 것이나, 거듭남이라는 요한복음만의 고유한 언어를 사용하는 것(3:1-16)도 그렇다. 여기서 다시 태어남은 '다시'에 방점이 찍힌 것이 아니라, 위로부터의 남(3:8), 즉 성령을 통한위로부터의 출생(7:37-39)을 의미한다. '다시'(anothen)라는 단어는 오히려 예수께서 거부하셨던 니고데모의 잘못된 언어였다. 요한복음에는 믿음이라는 단어를 계속적으로 강조한다. 예수를 믿는다는 것은 요한복음이 가리키는 회심의 지배적 언어인 것은 분명하다(1:12; 3:16; 4:39; 6:29; 12:44). 그러나 이러한 믿음의 언어는 사랑의 관계로 점차적으로 변모한다. 따라서 요한복음은 예수 안에 있는 삶, 예수와 밀접한 관계를 맺는 삶의 실체가 무엇인지를 묘사하는 특별한 자료들을 제공한다. 즉, 예수를 믿고 그의 계명을 지키며 그와 하나가 되는 삶에는 지적, 정서적 평안이 있으며(14:27), 이러한 믿음과 순종의 관계는 자발적이어야 한다(12:46). 그리스도와의 연합은 믿음의 결과이자, 믿음을 더욱 강화시키는 핵심 개념이다(15장). 요한복음 또한 회심의 형태를 규정하는 상징은 물과 성령(3:5)이다.

(3) 사도행전의 회심요소들: 사도행전은 예수 그리스도의 복음이 전파되고, 대위임령에서 지시한 것처럼 민족적, 지리적 경계를 넘어 세례를 주고 제자를 삼는 이야기들이 확장된다. 사도행전 2장에 나오는 베드로의 설교(2:36-42)는 회심의 과정을 규정짓는 주요한 측면들로 회개와 세례, 죄사함, 그리고 성령의 선물이 차례대로 등장한다. 복음서에 나오는 기독교적 회심의 양 대 축이 회개와 믿음이었는데 반해 사도행전에서는 세례가 규범적인 측면으로 등장하다. 빌립이 사마리아인들과

에티오피아 간다게 여왕의 내시를 회심시킬 때나, 베드로가 고넬료와 그의 집안을 회심케 할 때, 바울이 빌립보에서 루디아와 감옥의 간수를 변화시킬 때도 세례가 중심적 상징이었다. 사도행전은 또한 성령의 선물을 회심의 주요한 표지로 제시한다. 사도행전 2장의 베드로의 설교에서도 성령의 선물을 받으리라는 것을 약속하였으며, 사도행전 19장은 바울이 에베소에서 어떤 제자들을 만나 "너희가 믿을 때에 성령을 받았느냐?"(19:2)고 묻고, 그들에게 세례를 베풀고 안수할 때 성령이 임하였다고 기록한다(19:6). 사도행전에 나타나는 또 다른 회심의 주요 요소는 공동체적 삶으로의 통합(2:42)이다. 신자들은 사도들의 가르침을 따라 서로 기도하고 교제하며 공동식사(성찬)에 참여하며 새로운 공동체를 경험하였다. 사도행전에서 우리는 사도들과 제자들이 기뻐하였다는 묘사를 자주 접할 수 있다. 회심한 자들도 마찬가지이다. 대표적으로 에디오피아의 내시는 이사야서를 읽었으나 그 뜻을 헤아릴 수 없는 상태에서 성령에 의해 이끌림을 받은 빌립을 만나 그의 설명을 듣고 자원하여 세례를 받는다. 세례를 받은 그는 기쁨에 사로잡혀 고국으로 돌아갔다고 사도행전은 기록한다. 기쁨은 회심한 자들에게서 자주 나타나는 삶의 질적 변화이다.

(3) 바울 서신의 회심요소들: 바울은 그리스도를 믿고 그와 연합하는 회심의 의미를 여러 곳에서 설명한다. 로마서 6장은 죄로부터 그리스도께 나아오는 성숙으로서의 회심을 알려준다. 바울에게서 회심은 궁극적으로 그리스도와 동일시되는 것이다. 그의 죽으심과 부활, 그의 인격, 그가 맡으셨던 사명의 정체성을 그에게로 나아가 그를 믿고 회심한 이들은 공유하게 되어 있다. 회심은 또한 충성의 대상을 바꾸는 것이

다. 회심은 그리스도 안에서의 새로운 삶으로 결단하는 의지적 순종과 헌신을 요구한다. 이처럼 그리스도와의 연합과 그에게 충성하는 일은 물에 잠기는 세례를 통해서 상징적으로 나타난다(롬6:3-4). 또한 세례는 그리스도와의 연합과 그분께 대한 충성을 상징하는 것(골2:12)이었다. "너희가 세례로 그리스도와 함께 장사되고 또 죽은 자들 가운데서 그를 일으키신 하나님의 역사를 믿음으로 말미암아 그 안에서 함께 일으키심을 받았느니라"(골2:12).

바울은 또한 믿음과 성령의 임재, 그리고 하나님의 가족에 참여함이라는 회심의 표지들을 제시한다. 믿음은 하나님의 구원의 은혜를 경험하는 수단(롬3:26)인 동시에, 선한 행실을 낳는 뿌리(엡2:8~10)가 된다. 이러한 믿음을 일으키는 유일한 동인(갈3:2; 롬8:16)은 약속된 성령께서 임재(엡1:13~14)하심으로 말미암는다. 회심을 한다는 것은 곧 그리스도 안에서 하나님 가족으로 통합되는 것이기도 하다(엡2:19). 바울의 공동체는 자주 가족적 관계의 언어를 통해서 연합을 이루도록 권면 받았다(갈4:19~20; 고전4:14~16; 살전2:7).

스미스는 위와 같은 신약 성경의 회심 요소들을 종합할 때, 공통적인 일곱 가지 회심의 측면들을 추려낼 수 있다고 한다. 그것은 예수 그리스도를 믿는 믿음, 회개, 예수 그리스도를 향한 신뢰, 충성의 대상 변화, 세례, 성령을 선물로 받음, 공동체적인 삶으로의 통합이다.[23] 이 일곱 가지 요소들은 기독교적 회심의 내적 구성을 이루며, 회심의 단계와

---

23 스미스, 『온전한 회심』, 241.

더불어 회심 연구의 주요한 주제가 될 것이다. 이에 대해서는 먼저 회심의 단계를 성경적으로 적용한 다음에 더욱 구체적으로 다루기로 하겠다.

3. 신약의 회심 단계

앞에서는 구약과 신약의 회심 언어들이 지니는 특징적 요소들을 살펴보았는데, 여기서는 1부에서 상술한 회심의 단계적 유형 모델을 예수와 바울에 적용해서 살펴보고자 한다. 이는 종교사회학적인 회심의 과정에 대한 이해가 성경의 회심 내러티브에 상응하는지를 이해하는데 도움이 되면, 더 나아가서 회심의 단계와 과정이 지니는 특성들을 조명하는데도 유용할 것이다. 필자는 제자들과 바울의 회심 단계에 대해서는 리쳐드 피스(Richard Peace)의 분석을 중심으로, 그리고 예수와 바울 자신의 사역이 어떻게 (루이스 램보의 이론에 따른) 회심으로 전개되었는가에 대해서는 스콧 맥나이트(Scot McKnight)의 분석을 중심으로 논의하겠다.

1) 복음서에 나타난 회심의 단계

복음서는 제자들이 예수께 나아와 진정한 회심에 이르는 과정의 단서들을 보여주고 있다. 피스는 마가복음을 중심 본문으로 삼고 열 두 제자가 하나님의 아들이신 예수께 대한 믿음의 회심으로 나아가는데 있어서 약 여섯 단계로 전개된다고 말한다. 즉, 제자들의 예수에 대한

이해는 점진적인 발전을 보여주고 있는 것이다.[24]

(1) 선생이신 예수(1:16-4:34): 마가복음은 처음에는 제자를 모으시고 가르치며 치유를 행하시는 예수를 묘사한다. 이는 유대교적 맥락에서 전형적인 선생의 모습이다. 특히 제자들이 풍랑 속에서 두려워할 때 예수를 가리켜 선생이라고 부른 것(4:38) 그들의 예수에 대한 종전 이해를 보여준다. 그러나 풍랑을 잠재우는 사건은 제자들의 예수에 대한 이해가 새로운 전환점에 이른 것이다.

(2) 선지자이신 예수(4:35-6:30): 예수가 풍랑과 바다를 잠잠케 한 것은 그의 신적인 기적인 동시에, 하나님께서 보호하시고 도우시는 선지자적인 면모를 보여준다. 선지자 요나는 바다에 던져짐으로 폭풍을 잠재웠다. 예수는 하나님의 초월적 기적이 함께 하는 선지자로 비쳐졌을 것이다. 또한 예수께서 기적과 치유를 행하는 모습은 비를 멈추게 하고 사르밧 과부의 생계를 해결하고 그의 아들을 살렸던 엘리야와 수넴 여인의 아들을 구하고 선지생도들을 위해 기적을 일으켰던 엘리사와 같은 선지자들을 연상시킨다(왕상17; 왕하4).

(3) 메시아이신 예수(6:31-8:30): 예수께서 5천명을 먹이신 사건은 모세가 광야에서 일으킨 만나의 이적을 상기시킨다. 모세는 오실 메시아의 표상이기도 했다. 메시아는 이스라엘 민족을 압제로부터 해방시킬 뿐 아니라, 그들에게 필요한 양식을 공급하여 그들을 자립하고 자족하

---

24   Peace, *Conversion*, 118-121. 이하에 나오는 설명은 같은 책의 223-278에서 핵심만 발췌하여 요약한 것이다.

게 하는 자이다. 당시 팔레스타인 민중의 생계 문제는 절박했으며 이는 그들이 식민통치를 받으며 수탈당하는 처지로부터 연유했다. 그래서 메시아는 이처럼 하나님 백성의 가장 기본적인 필요를 해결해주는 존재이기도 했다. 예수의 이적은 바로 그와 같은 기대를 품게 한다.

(4) 인자이신 예수(8:31-10:45): 예수의 메시아적 정체성은 단순히 군사적이거나 정치적인 승리자나 권력자로서의 모습이 아니었다. 다니엘이 기록한 구약의 메시아적 예언(단7:13)은 사람의 아들로 묘사되었다. 예수는 연약한 인간의 몸을 입고 고난을 당하시며 십자가에서 처형당하는 인자로 자신을 계시하셨다. 여기서 제자들은 그들이 그때까지 견지해왔던 메시아에 대한 이해가 혼란스러워지는 것을 경험하게 된다. 이 단계는 예수께 부여된 하나님의 독특한 계시가 드러나며, 예수께 대한 진정한 이해와 믿음으로 도전받는 지점이다. 제자들이 고난당하는 인자이신 예수를 믿음의 대상으로 이해하게 된 것은 그의 죽음과 부활 이후였다.

(5) 다윗의 자손이신 예수(10:46-13:37): 다윗의 자손으로서 예수에 대한 이해는 그의 왕권과 통치권을 상징한다. 마가복음에서 다윗의 자손이신 예수에 대한 고백은 시각 장애인이었던 바디매오의 입에서 나왔다. 예수는 구약으로부터 약속되고 예언된 다윗의 자손이자, 그의 능력과 왕권을 계승하는 존재였다. 왕이신 예수의 통치와 심판권은 이스라엘 안에 국한되지 않고 온 우주를 향한 것이었다. 이러한 예수의 왕 되심은 그의 부활과 승천을 통해서 증명되었고, 사도들의 행전은 예수께서 비로소 왕으로 다스리시고 이끌어 가시는 역사였다.

(6) 하나님의 아들이신 예수(14:1-15:39): 예수께 대한 이해의 종착지는 바로 그가 하나님의 아들이시라는 것이다. 이는 곧 그가 믿음과 경배의 대상이신 하나님이시라는 것이다. 아이러니하게도 예수의 하나님 아들 되심에 대한 언급은 그를 따르는 무리들에 의해서가 아니라, 그를 심문하는 대제사장의 질문(14:61-62)에서 나왔으며, 그를 하나님의 아들로 고백하는 선언은 그를 십자가에 못 박은 로마군대의 백부장에 의해서 들려지게 된다(15:39). 예수를 하나님의 아들로 믿는 믿음은 인간의 종교적 열심과 노력에 의해서 획득되는 것이 아니라, 하나님의 전적인 은혜로 주어지는 선물이기 때문이다.

위와 같은 여섯 단계는 마가복음의 내러티브에 근거한 것이지만, 사람들의 일반적인 예수에 대한 믿음의 이해를 반영할 수도 있다. 위대한 가르침을 전해주는 선생으로서의 예수, 훌륭한 일과 심지어 기적까지 일으킨 비상한 선지자로서의 예수, 인간의 문제를 해결해주는 메시아로서의 예수 등은 온전한 기독교적 회심에 이르기 전이라도 많은 사람들이 어렴풋이 받아들이고 기대하는 예수의 상과 크게 다르지 않을 수 있다. 그러나 예수께 대한 회심은 그러한 수준에 머무르지 않는다. 예수께서 자신을 우리의 구주로 제시하신 방식은 연약한 인자로서의 모습이었고, 그 인간적 연약함을 안고 하나님의 구원이 임하였다. 또한 예수는 우리의 삶 전체와 세계에 대한 통치권과 심판권을 지니신 왕적인 존재이며, 더 나아가 그는 우리가 전적으로 예배하고 신뢰해야 할 하나님 자신이시다. 이러한 기독교적으로 온전한 회심에 이르는 여정은 단번에 이루어지기보다 일련의 경험과 배움 들을 통해서 도달하는 경우가 더욱 많을 것이다. 제자들의 경우에는 하나님의 아들이신 예수께 대한 온전한 이해와 믿음에 이르는 데에 최소한 그의 공생애 기간 3년이 다 소요되었을 것이다. 비록 베드로가 "주는 그리스도시오, 살아계신 하나님의 아들"이라고 고백했으나, 이어지는 행적을 보면 베드로의 그러한 고백도 그의 굳건한 이해와 신념에 기초하지 않고 인간적으로 흔들리는 모습을 보였다. 따라서 기독교적 회심은 예수를 점점 더 배우고 깊이 이해하고 온전한 믿음에 이르는 과정이라 할 수 있다.

2) 바울의 회심: 급진적 vs. 점진적

제자들의 회심에 비해서 바울의 회심은 매우 급진적인 양상을 보인다. 이는 시간적으로나 경험적으로 모두 그렇다. 시간적으로 다메섹 도상에서 일어난 예수 그리스도와의 대면은 순식간에 일어났다. 사도행전 9장의 기록에 의하면, 바울은 말에서 떨어지고 앞을 볼 수가 없었으며 오직 음성만을 들을 수 있었다. "사울아 사울아 네가 어찌하여 나를 박해하느냐?"라는 질문에 대한 바울의 대답은 "주여 누구시니이까?"(행9:4-5)라는 절규였다. 이는 제자들의 회심에서 나타난 것과 마찬가지로 예수가 누구이신가에 대한 이해를 구하는 것이었으며, 제자들이 예수와 3년간 동행하며 점차 이르렀던 과정을 바울은 한 순간에 응축되어 경험한 것이라 할 수 있다. 시간의 길이에서는 바울과 제자들은 전혀 다른 양상을 보였지만, 그 내용에서는 본질적으로 같은 대상에 대한 믿음에 이르렀다.

피스는 바울의 회심을 신약의 급진적 모델로 보고, 제자들의 회심을 점진적 모델로 본다. 비록 시간으로는 상반된 모습이지만, 두 유형

사이에는 본질적 유사성이 존재한다. 그것은 예수와의 대면이며, 진정한 주님이신 그분께로 완전히 돌아서는 것이다. 제자들이 여섯 단계의 예수 이해 발전을 거쳤다면, 바울은 깨달음과 돌아섬, 그리고 새로운 삶의 변화라는 과정을 통과했다.[25]

갈라디아서 1장에서 바울은 자신의 회심을 이방인에게 복음을 전하기 위한 하나님의 은혜의 부르심으로 해석한다. "나를 택정하시고 그의 은혜로 나를 부르신 이가 그의 아들을 이방에 전하기 위하여 그를 내 속에 나타내시기를 기뻐하셨을 때에 내가 곧 혈육과 의논하지 아니하고 또 나보다 먼저 사도 된 자들을 만나려고 예루살렘으로 가지 아니하고 아라비아로 갔다가 다시 다메섹으로 돌아갔노라"(갈1:15-17). 바울 자신이 이 회상에서 다메섹에서의 급진적 회심 경험을 사도행전과 같은 방식으로 상세하게 묘사하지 않았다는 점으로 인해 그러한 사건의 진위 여부에 대한 논란이 있지만, 본 연구에서는 회심의 내적 특성을 논하기에 그에 대해서는 다루지 않겠다. 다만 17절 마지막 부분에서 바울이 "다시 다메섹으로 돌아갔노라"고 표현한 것을 볼 때, 다메섹이 바울의 회심을 출발시킨 기점이었다는 개연성을 주고 있다. 또한 갈라디아서 1장에서 바울은 자신의 회심이 소명과 함께 하는 것임을 분명히 했다.[26] 이는 기독교적 회심이 변혁적 목표와 소명을 지니고 있다는 점과도 일맥상통하다. 바울의 회심은 경험 그 자체가 아니라 특

---

25 Peace, *Conversion in the New Testament*, 37-87.
26 Frank K. Flinn, "Conversion: Up from Evangelicalism or the Pentecostal and Charismatic Experience" in *Religious Conversion: Contemporary Practices and Controversies* (New York: Cassell, 1999), 52. 플린은 바울이 로마서 1장이나 고린도전서 1장을 시작할 때 회심한 자보다는 부르심을 받은 자로 표현하고 있음에 주목한다.

정한 방향과 목적을 지닌 경험이었다. 가벤타 또한 바울의 회심이 급진적인 양상을 띠고 있으나, 그것은 단순히 경험만이 아니라 그의 인식과 가치관에서 급진적인 변화가 일어난 것으로 봐야 한다고 주장한다.[27] 비록 바울이 급진적이고, 순간적인 회심을 경험했다 하더라도, 이 짧은 그의 회심 경험에도 깨달음과 돌아섬, 그리고 새로운 변화라는 회심의 본질적 특성들이 반영되어 있다.

(1) 깨달음(insight): 예수를 따르는 자들을 붙잡아서 핍박하고자 살기등등한 자세로 다메섹을 향하던 바울은 갑작스럽게 임한 예수와의 대면을 통해서 새로운 진리와 마주하게 된다. 바울은 다메섹에서 만난 사건을 예수 그리스도의 계시와 마주한 사건으로 해석한 것으로 보인다. 이는 갈라디아서 1장 12절에서 자신이 전하는 복음을 변호하며 "이는 내가 사람에게서 받은 것도 아니요 배운 것도 아니요 오직 예수 그리스도의 계시로 말미암은 것이라"고 진술한다. 살아 있을 때 예수와 마주하거나 대화할 일이 없던 바울이 예수 그리스도의 계시를 받았다고 하는 것은 다메섹 도상에서의 대면 경험이 바탕이 되었을 것이라는 신학적 주장이 있다.[28] 바울은 여기서 율법에 충실한 바리새인으로서 자신이 견지해왔던 하나님과 종교에 대한 모든 이해가 붕괴되고, 새롭고 참된 진리와 마주하게 된다. 이 만남에서 그는 자신이 축적해 온 자아관과 내면의 율법주의적 도덕성이 한계에 부딪히는 순식간의 경험을 했을 것이다. 자신이 거부하고 혐오했던 주님이신 예수 그리스도와의

---

27 Gaventa, *From Darkness to Light*, 37-38.
28 이에 대해서는 Seyoon Kim, *The Origin of Paul's Gospel* (Pasadena, CA: Wipf and Stock, 2007)을 참조하라.

조우는 충격적인 깨달음을 가져다주는 순간이었다.

(2) 돌아섬(turning): 이제 바울은 그와 대면하신 예수가 누구이신지를 묻고, 그와 인격적인 대화와 교류를 하게 된다. 그 시간이 얼마나 되었는지 사도행전은 정확하게 말하지 않는다. 바울이 얼마나 많은 예수 그리스도의 계시를 그 자리에서 얻게 되었는지 모른다. 그러나 최소한 그 경험은 바울의 삶을 급진적으로 돌이키기에 충분했다. 바울은 여기서 예수가 구약에서부터 예언하고 약속한 참된 메시아이심을 깨닫게 되었다. 그러나 깨달음으로 끝나지 않고, 다메섹의 그리스도인들을 붙잡아 박해하려고 가던 자신의 여정을 완전히 뒤바꾸게 된다. 그의 삶의 방향이 급진적 전환을 하게 된 것이다. 박해자에서 복음의 사도로 바뀌게 된다. 유대인의 선민주의와 율법주의를 고수하던 자가 그리스도 안에서 만유를 향한 복음, 이방인을 위한 복음의 사도가 되었다. 이러한 돌아섬의 경험은 바울의 소명도 급진적으로 바꾸었다. 그래서 바울은 다메섹에서도 사람들에게 복음을 전하는 소명을 실천했다.

(3) 변화(change): 바울은 다메섹의 경험을 통해서 새로운 삶의 의무와 과제를 안게 된다. 이방인을 위한 선교의 소명과 열방 중에 예수 그리스도를 따르는 공동체를 세우는 일에 참여하게 된다. 이처럼 변화된 소명은 바울의 일생에서 지속되었다. 그의 율법에 대한 기존의 이해는 예수 그리스도 안에서 완성된 복음의 빛 아래서 재해석되었다. 바울은 여러 곳에서 자신의 이방인을 향한 소명을 재확인한다. "그러나 내가 너희로 다시 생각나게 하려고 하나님께서 내게 주신 은혜로 말미암아 더욱 담대히 대략 너희에게 썼노니, 이 은혜는 곧 나로 이방인을 위하

여 그리스도 예수의 일꾼이 되어 하나님의 복음의 제사장 직분을 하게 하사 이방인을 제물로 드리는 것이 성령 안에서 거룩하게 되어 받으실 만하게 하려 하심이라"(롬15:15-16). 바울은 자신을 선택하신 하나님의 은혜가 이방인을 위한 일꾼으로 살기 위함이었다고 한다. 그것이 바울의 회심 이후 일관된 소명의 삶이었다. 돌아섬으로서의 회심은 새로운 삶의 길이 실제로 추구되지 않는 한 완성되지 못한다.[29]

---

29 Peace, *Conversion in the New Testament*, 89.

6장

신약성경의 회심 내러티브

　신약성경에서 회심은 중심적 개념이며, 주요 이야기들을 조망하는 분석 틀이 된다. 이 장에서는 1부의 3장에서 언급했던 루이스 램보의 회심 단계론을 예수와 바울의 사역적 회심 여정에 적용해서 고찰하고자 한다. 신약성경이 회심 단계론의 틀에 맞춰서 기록된 것은 아니지만, 회심 단계론의 적용은 우리로 하여금 성경을 새로운 관점에서 조명하고 기독교적 소명과 영성을 위한 통찰을 제공할 것이다. 램보가 제안한 회심의 단계는 상황-위기-탐구-대면-상호작용-헌신-결과의 순서이다. 이 순서를 예수와 바울의 사역에 접목하는 것은, 회심의 성서학적 고찰 뿐 아니라 실천신학적 측면에서도 유용한 참고 자료가 될 것이다.

1. 예수께 나아오는 회심

예수의 메시지와 요청은 근본적으로 그에게로 나아와 그의 가르침을 순종하고 그가 선포하는 하나님의 나라를 받아들이며 그와 함께 하자는 것이었다. 이것은 바로 기독교적 회심의 전형이라 할 수 있다. 그러나 예수 그리스도께로 나아오는 회심의 유형들도 사람에 따라, 상황에 따라 매우 다른 양상을 띠고 있음을 복음서의 기록들은 전하고 있다.[30]

첫째로, 많은 경우의 회심 유형들은 기존의 종교를 떠난다는 점에서 배교의 성격을 띠고 있다(막4:1-9, 13-20). 씨 뿌리는 자의 비유를 통해 유추할 수 있는 것은 유대인 회심자들이 기존의 유대교 주류 사회로부터 계속해서 회유나 박해를 받을 가능성이다. 그러한 정황 속에서 이들은 기존의 전통적 종교 집단을 완전히 떠나서 예수 운동에 동참해야 했을 것이다. 물론 이 당시 예수 운동이 별도의 교회나 교파였기 보다는 유대교의 테두리 안에서 새로운 형태의 신앙 운동으로 예수를 따랐을 가능성이 높다. 물론 배교(apostasy)와 기존 신앙의 갱신(renewal) 및 강화(intensification) 사이에서 회심의 움직임이 일어났을 수도 있다. 따라서 그런 의미에서 초기 기독교 유대인들에게 있어서 회심은 배교적 성격과 아울러 자신들의 기존 신앙을 갱신 내지는 강화시키는 차원이었을 것이다.

---

30 Scot McKnight, *Turning to Jesus: The Sociology of Conversion in the Gospels* (Louisville: WJK, 2002), 116-122.

둘째로, 강화란 기존의 신앙을 더욱 강렬한 방식으로 새롭게 경험하는 것이다(눅15:11-32, 막1:15). 예수의 회심자들은 유대인으로 남아 있었고, 내부자의 회심이었다. 누가복음 15장에 나오는 비유에서, 둘째 아들은 타락하여 자기 길로 가서 방탕하였으나, 다시 돌아와서 용서를 구하고 사회적 회복을 경험하게 된다. 그의 돌아섬은 과거 신앙의 재각성(reawakening), 즉 강화의 사건이다. 또한 예수께서 사역을 시작하면서 회개와 하나님 나라의 도래를 선포하신 것은 예수님께로의 회심을 기존 유대교 신앙의 강화로 볼 수 있는 토대가 된다. 이 선포는 이미 규범화되었고 기대했던 것이 도래했음을 암시하기 때문이다. 따라서 예수께로 회심하는 것은 과거 신앙이 성취되는 순간을 의미한다. 예수께서 열 두 제자를 선택하심 또한 이스라엘 신앙의 강화를 의미한다. 열 두 지파를 열 두 사도로 바꾼 것이다. 즉, 예수께로 돌아옴은 이스라엘과 맺으신 하나님의 언약에 대한 기존 신앙이 더욱 강화되는 것이다.

셋째로, 예수 운동은 확실히 유대교와는 전혀 다른 차원의 메시지와 방향으로 나아갔다. 사도 바울의 선교가 대표적인 예다. 그는 유대인 회당을 중심으로 선교 활동을 벌였지만, 회당과 유대교 율법주의를 넘어서는 다른 종류의 회심을 전했다. 이와 같은 새로운 종교의 구축은 이미 예수의 실천에서 그 맹아를 엿볼 수 있다. 이처럼 새로운 신앙운동으로의 결속(affiliation)은 예수 그리스도께로 나아오는 회심의 종결 방향이었다. 이러한 새로운 결속은 유대교적 배경이 약한 이들에게 더욱 필요했다. 알패오의 아들 레위, 즉 마태의 경우(마9:9, 막2:13-17)가 이에 해당된다. 마태나 삭개오(눅19:1-10)와 같은 세리들은 유대인들에 의해서 부정한 도둑, 합법적 소매치기라 불렸다. 이들은 유대인들이 보기에는 로마에 협조하는 매국노였고, 율법을 준수하지 않는 죄인들이었다. 그렇다면 이러한 세리들의 회심은 '강화'라기보다는 '새로운 결속'으로 볼 수 있다.

2. 예수의 회심 사역과 상황[31]

1) 사회 종교적 상황

(1) 갈릴리: 예수께서 주로 활동하신 갈릴리는 예루살렘 북쪽으로 75마일 근방에 위치했으며, 하층민들이 많이 거주하는 지역이었다. 예수님이 활동하던 당시에 이곳은 종교적 경건성과 함께 혁명적인 기운이 움트고 있다. 토지는 비옥하였으나 많은 이들이 거주농으로 경제적인 수탈을 당했던 곳이었다. 이런 배경에서 예수의 빚 청산과 같은 비유(눅11:2-4)는 솔깃하게 들릴 수 있다. 예루살렘 종교 지도자들에 대한 예수의 대응은 세례 요한과 비슷한 입장이었으며 이는 갈릴리 평민들에게 지지를 받았을 것으로 보인다(막11:15-18; 12:13-17; 12:18-27; 13:2). 갈릴리는 위치상 이스라엘에서는 로마와 헬라의 문화적 영향에 더욱 노출되었기 때문에, 중심지 예루살렘의 지도자들은 갈릴리를 종교적으로나 사회적으로 천시했을 것으로 보인다. 예수께서 어린 시절 나사렛 인근 세포리스(Sepphoris)에서는 유다라는 인물에 의한 봉기가 일어난다. 그는 세포리스에 있는 로마군 요새를 습격하여 무기와 재물을 탈취한

---

31   이하의 예수의 회심과 상황에 대한 논의는 McKnight, *Turning to Jesus*, 123-133의 내용들을 요약한 것이다.

다음 인근 지역에서 테러 활동을 벌였고, 또 다른 갈릴리인들은 총독 사비누스에게 항거하는 차원에서 성전에서 소란을 일으키기도 했다. 이러한 정황들만으로도 예수는 당시 예루살렘 지도자들의 눈에는 정치적 요주의 인물이 될 수 있었다. 사실상, 갈릴리는 언제든 불온한 지역으로 간주될 수 있던 곳이다.

(2) 예루살렘: 1세기 팔레스타인의 중심지는 예루살렘이다. 유대인들의 삶에 있어서 예루살렘은 종교, 사법, 사회, 경제적인 차원에서 중심적 위치를 점했으며, 해마다 절기 때가 되면 순례자들은 예루살렘으로 와서 민족적 정체성과 토라에 대한 헌신을 재확인하였으며, 이스라엘을 향한 예언자들의 비전을 기억하곤 했다. 가장 중요한 절기는 유월절이었다. 정치적으로 예루살렘은 로마 총독부에서 인정한 대제사장이 관리하고 있었다. 예루살렘과 유대 땅의 안정은 이들 대제사장이나 로마 총독의 자질에 의해 좌우되었다. 비록 예루살렘 성전은 팔레스타인 내 유대인들뿐 아니라 디아스포라 유대인들에게서도 삶의 중심이었으나, 다른 한편으로 로마 제국에 충성하는 제사장 집단에 의해서 관리되는 성전에 대한 반감도 매우 강했다. 강성 민족주의자들이 보기에, 당시 성전은 로마제국에 대한 부역의 장소로서 원래의 취지를 상실했다. 그래서 일부 강경파 유대인들은 성전이 무너지고 하나님에 의해서 새롭게 지어지기를 소원하기도 했다.

(3) 로마 제국: 로마 제국은 바벨론으로부터 이어져오는 포로기의 연장선상에 있었다. 로마는 직접 이스라엘을 통치하기보다는 그들에게 공물과 세금을 잘 걷어서 낼 수 있는 자치 정부를 후원하는 방식으로

다스렸다. 즉, 정치 경제적으로 로마에 충실히 예속되는 한 이스라엘은 상당한 종교적 자유를 누릴 수 있던 것이다. 그럼에도 불구하고 로마의 직접적인 억압은 심하지 않았다 하더라도, 그 당시에 일반적인 유대인들은 로마로부터 해방되기를 염원하였다.

1세기의 갈릴리와 예루살렘, 로마제국의 상황들을 고찰해보면 이스라엘에 하나님의 구원을 가져오는 메시아 대망사상이 움트고 있음을 볼 수 있다. 이러한 '신화적 꿈'(myth-dream: 이스라엘을 위한 하나님의 계획)은 누가복음 1-2장의 메시아 탄생에 관한 찬가와 기도들(마리아, 사가랴, 시므온, 안나, 엘리자베스)에서 잘 드러난다. 마리아의 찬가는 부자들과 힘 있는 자들을 부끄럽게 하고 가난한 자들과 소외된 자들을 돌보시는 하나님의 구원을 찬양한다.

2) 회심에 이르게 했던 상황적 요인들

(1) 소외된 자들: 예수께로 회심한 이들은 주로 시골의 소외된 자들이었다. 예수의 메시지는 이들이 처한 상황에서 특별히 호소력이 있었다. 사람들이 예수께로 나아올 때는 단지 영적인 문제 때문만은 아니었다. 특히 갈릴리 지역의 가난한 이들은 농사와 건축의 과중한 업무에 시달리고 있었다. 특히 그중에서도 예수께로 회심한 가장 도드라진 이들은 바로 창기, 세리, 사회적 억압자들과 죄인들이었다. 즉 갈릴리 사람들은 위기감 속에서 예수께로 나아온 것이다. 사회적으로 소외된 자들일 뿐 아니라, 육체적인 질병으로 시달리는 이들이었다(마11:4-6). 그렇다고 예수는 특정 계층들만을 회심의 대상으로 삼으신 것은 아니다. 그의

사역은 포괄적이었다(막9:40). 그는 근본적으로 인간의 내면적 빈곤을 더욱 더 중요하게 다루셨다.

사회, 경제적 소외자들 외에 예수께로 나아온 또 다른 회심자들로 종교적 소외자들도 있다. 이런 사람들은 토라를 제대로 준수하지 않는다는 종교적인 이유로 인해 유대교 공동체에서 배제된 이들이었다. 예수는 이와 같이 바리새인들에 의해 배제된 종교적 소외자들을 끌어안으셨다.

(2) 가난한 자들: 이들은 예수님에게서 새로운 부를 발견하다. 공동체적 나눔을 통한 부나 또는 미래의 약속을 통한 부일 수 있다. 물론 후자가 더 유력하다. 아프고, 절름거리고, 장애를 지녔던 이들은 예수에게서 치유를 받고 회심하게 된다. 이들 또한 그들의 필요가 충족됨을 경험한 것이다. 창기들도 예수에게 이끌렸는데, 이들은 예수님 안에서 아버지의 무조건적인 사랑과 관관용의 공동체라는 메시지를 발견한 것이다. 세리들이 예수 주변으로 모여든 것은 그들의 탐욕적인 삶과 사회적 단절로 인한 죄책감을 해소하기 위한 것으로 보인다.

(3) 위기: 예수께로 나아온 자들을 보면 포괄적인 측면에서 위기를 겪고 있었다. 대체로 그들은 이스라엘이 이방의 압제 아래서 신음하고 있는 현실에 대한 심각한 위기의식을 느끼고 있었다. 이 위기감은 예수님 당시에는 폭동을 일으킬 정도로 팽배한 수준은 아니었으나, 예수의 메시지와 사역에 많은 이들이 기대를 갖고 관심을 갖게 만들었다(마 15:29-31).

3) 회심자들의 다양한 특성과 동기들

예수의 하나님 나라 선포는 유대 사회에서 소외된 갈릴리인들의 기대와 부합되는 메시지였다. 예수는 하나님 나라의 옹호자(advocate)로서 새롭게 편성되는 이스라엘의 회복을 제시했다. 하나님 나라의 도래와 더불어 하나님의 약속은 이제 성취되고 있었고 새로운 백성들이 형성되는 중이었다. 그러므로 예수의 하나님 나라 선포는 청중의 핵심 가치와 공명이 되었으며, 이런 측면에서 매우 실제적인 적합성을 지니는 개념이었다.

예수께서 전한 하나님 나라는 매우 다양한 사람들에게 다양한 의미로 다가왔다. 하나님 나라는 이스라엘 민족이 오랫동안 염원해온 영적이며 민족적인 신화적 꿈(시므온의 경우)을 이루어주는 메시지로 들렸다. 그러나 또 다른 사람들에게는 경제적 정의로 들리기도 했다. 또 어떤 이들에게는 로마제국에 대항하는 새로운 질서로 보이기도 했다(예수의 제자 가운데 열심당원 시몬이 있었음을 고려하라). 또는 육체적 질병의 치유를 약속받는 것일 수도 있다. 그러므로 우리는 예수께 나아온 이들이 모두 같은 필요와 같은 신화적 꿈을 지녔다고 단정 지어서는 안 된다. 창기가 예수께 와서 죄용서를 구했다고 해서, 모든 여인이 다 같은 죄 문제를 안고 온 것은 아니다. 나병환자는 기도의 가르침보다는 정결케 됨이 필요했다. 예수는 사람들에게 기도를 가르치셨고, 영혼을 위한 안식을 약속하셨고, 식탁의 교제를 나누시는 사랑과 거룩의 하나님을 보여주기도 하셨다. 우리는 예수의 전도적 접근에서 사회적, 정체적, 문화적, 신체적, 가족적 필요들이 함께 다루어지는 모습을 다양하게 볼 수 있다. 고대 1세기 갈릴리 지역의 사람들도 오늘날의 우리와 마찬가지로 각기 다양한 종교적, 영적 필요를 안고 예수께 나아온 것이다.

3. 예수의 회심 사역과 위기

회심 과정에서 위기는 아주 다양한 정도의 차이를 보인다. 심각한 위기에서 가벼운 고민, 오랜 번민이나 잠시간의 깨달음, 또한 외부로부터 발생한 위기나 내적인 위기 등이 있다. 보통 위기의 전형적인 예로는 사도 바울이나 아우구스티누스, 또는 마르틴 루터 등이 떠오른다. 그러나 이는 많은 그리스도인들로 하여금 특정한 종류의 위기를 진정한 회심의 사례로 보게 만드는 우를 범하게 하기도 했다. 즉, 위기를 죄책감으로부터의 해방이나 극적인 전환 경험으로 제한시킴으로 대부분의 사람들을 소외시키는 경우도 있다. 그러나 이러한 관점은 학문적으로도 입증이 되지 않을뿐더러, 예수의 사례들과도 맞지 않는다.[32]

1) 사소한 위기 유형들: 예수의 회심 사례에서 위기 유형들은 다양하게 나타난다. 여기에는 신비적 경험들도 수반된다. 일단 예수의 사역에서 치유와 신비한 사건들은 줄곧 등장한다. 그러나 신비한 경험의 결과로 회심이 일어난 사례는 많이 등장하지 않는다. 변화산상에서 세 제자가 예수의 신비스러운 모습을 본 정도일 것이다. 또는 초월을 향한 갈망이나, 의식의 변화된 상태 또한 자주 나타나지 않는다. 이스라엘 백성들

---

32 McKnight, *Turning to Jesus*, 133-138.

은 이미 철저한 종교적 배경을 갖고 있었기에 이러한 초월을 향한 갈망은 이미 내재되어 있던 것으로 보인다.

예수께 회심한 자들에게서 죽음의 위기는 적게나마 발견된다. 마가복음 5:21-43에 나오는 야이로의 딸이 살아나는 이야기가 대표적이다. 또한 나인성의 과부(눅7:11-17)나 나사로(요11:1-46)도 비슷한 경우다. 야이로의 딸과 같은 경우, 예수께서 왜 그 아이가 잠 들었다고 하셨는지 정확히 알 수는 없다. 그러나 이러한 경우들을 보면 회복된 자들이 죽음의 위기를 거쳐 예수께로 나아왔을 것이라 추론할 수 있다.

사회학자들은 종교적 회심들은 현 상태의 삶에 대한 전반적인 불만족 때문에 종종 일어난다고 지적한다. 사람들은 현재의 삶에서보다 더욱 많은 것들을 종교에서 찾으려고 하는 경향이 있다. 베드로나 레위의 경우도 그들이 하던 일에서 무언가 더욱 큰 의미를 주는 것을 찾지 않았을까? 기쁨과 만족을 얻기에는 우선 슬픔과 불만족이 선행되는 경우가 많다. 마태복음 11:28-30에서 예수께서 약속하신 쉼은 수고하고 무거운 짐진 자들의 필요를 채우는 것이다. 그러나 이 짐은 단지 율법의 짐만이 아니라 삶 전반에 대한 피로와 짐을 상징한다고 볼 수 있다.

질병의 고통은 가장 흔한 위기의 예들이다. 막달라 마리아나 베드로의 장모와 같은 경우 축귀와 치유를 통해서 예수께로 나온 전형적인 경우이다. 역시 소경 바디매오도 고침을 받고 나서 예수의 길을 따라나셨다(막10:46-52).

2) 이스라엘을 향한 사회 정치적 비전: 예수의 메시지는 이중적인 함의를 담고 있었다. 사람들은 그에게서 하나님 나라의 도래와 이스라엘의 구속을 향한 비전의 메시지를 들었다. 그러나 동시에 그는 하나님 나라를 통한 구속적 비전뿐 아니라 그의 이스라엘을 향한 사역으로 주어지는 하나님의 역사를 거절하는 자들에게는 심판의 메시지도 전달하셨다(마 12:31-32. 용서받을 수 없는 죄는 바로 이러한 맥락이라 볼 수 있다). 따라서 회심자들이 예수의 이스라엘을 향한 사회 정치적 비전을 받아들이려면 바리새인이나 열심당, 에세네파의 비전을 버려야 하는 요청과 자연스럽게 마주하게 된다.

예수님에게로의 회심 과정에 수반되는 위기 유형들은 고통의 경감, 재사회화, 사회정치적 비전 갱신, 배교 등과 같이 다양하게 전개된다. 또한 다소 덜 심각한 위기로는 신비적 체험, 초월을 향한 갈망, 근사체험 등도 열거될 수 있다. 예수께로 회심한 자들은 의미와 행복에 관한 자신들의 관념이 충족되리라 기대했던 것이다.

4. 예수의 회심 사역과 탐구[33]

과거의 사회학적 연구는 회심을 외부적인 영향에 수동적으로 조정된 것으로 보기도 했다. 그러나 최근의 연구에 의하면 회심자들은 자신의 회심 과정에 더욱 적극적으로 참여적 역할을 한 것으로 본다. 따라

---

33   McKnight, *Turning to Jesus*, 139-143.

서 회심에 있어서 탐구의 과정은 매우 비중 있는 순간이라 할 수 있다.

첫째로, 상당수 사람들은 고통에서 치유받기 위해 예수께 나아왔다. 나병환자는 치유를 구하였으며(막1:40-45), 백부장은 종의 병을 낫게 하기 위해(눅7:1-10), 많은 군중들 또한 치료를 위해 예수님을 찾았다(막1:32-34).

둘째로, 일부 갈릴리 유대인들은 자신들의 경험에 일관성을 부여해 줄 개념적 체계를 위해서 회심 과정에 들어섰다. 예수의 하나님 나라 선포는 상당수 갈릴리인들에게 신화적 꿈에 대한 기대를 불러 일으켰다.

셋째로, 어떤 이들은 자존감을 탐구하는 결과로 예수께로 나아왔다. 예수께서 식탁 교제를 통해 하나님의 전적인 사랑과 화해를 보여주셨고, 특히 유대인 사회의 사각지대에 놓인 여성에 대한 존중을 보여주셨기에, 예수께로 나아온 이들은 하나님으로부터의 용납과 자존감 회복을 발견하게 된다. 그래서 이들은 예수의 사역 안에서 새로운 관계, 새로운 대체 가족을 만나게 된 것이다. 이것은 예수 사회가 억압적이고 남성지배적인 갈릴리 유대 사회에서 새로운 매력적 구조(plausibility structure)로서 기능하였기 때문이다. 또한 예수는 하나님을 아바 아버지라 부르는 새로운 가족 관계에서 생물학적 유대 보다 그의 가르침을 따르는 새로운 관계적 유대가 탄생했다(요2:1-11, 막3:31-35). 예수는 심지어 그를 따르는 이들에게 가족 시스템으로부터 나와(마10:34-39), 새로운 대체 가족에 합류할 것을 요구하기도 하셨다(막10:29-30).

권력에 대한 탐구 가운데 예수께로 나아온 이들도 있다. 물론 예수는 이스라엘의 진정한 왕이시며 하나님의 통치를 구현하셨다. 그러나 사람들은 실제적인 차원에서 세상 권력과 예수가 전하는 하나님 나라의 권력을 비교하게 된다(막12:13-17, 마17:24-27). 또한 예수께서 열 두 제자를 선정하신 것도 새로운 이스라엘의 형성이라는 권력적인 측면을 포함하고 있다.

끝으로, 어떤 이들은 종교적 초월과 신비적 경험, 그리고 영적 행복을 탐구하였다. 예수는 카리스마적 영권의 소유자였고(마6:24), 내면의 메시지를 전하셨다(마6:19-21).

5. 예수의 회심 사역과 대면: 하나님 나라의 옹호자(advocate)이신 예수[34]

예수는 하나님 나라의 옹호자로 활동하셨다. 예수께로 온 회심자들은 하나님 나라의 핵심 가치를 발견하였다. (사도 바울의 경우에는, 이 하나님 나라의 핵심 가치를 약간 달리 표현하면서 화해, 칭의, 구속, 대속 등과 같은 개념들을 사용한 것이다.) 예수는 일관되게 하나님 나라를 전하셨으며, 사람들은 그 가르침 속에서 자신들의 가장 깊은 소원에 대한 대답을 발견하였다. 이는 곧 아브라함과 다윗에게 주어진 약속이 실현되어 정의와 평화, 사랑과 순결의 이스라엘이 세워져서 열방의 중심이 되는 것이었다. 이를 위해

---

34 McKnight, *Turning to Jesus*, 145-156.

이스라엘은 토라에 대한 순종으로 인해 거룩해지는 것이다. 그러나 예수는 이스라엘의 새로움과 거룩함이 토라의 준수를 통해서 이루어지지 않고, 예수를 통한 하나님과의 급진적 관계 갱신으로 이루어진다는 것을 그의 제자들에게 가르친다. 유대인들은 영광과 권세 속에 임하는 하나님 나라를 갈망했으나, 예수는 그 나라가 겨자씨와 같은 예기치 않은 모양으로 임한다고 가르치셨다(막4:30-32). 즉, 예수는 유대인들의 열망인 하나님 나라라는 핵심 상징을 중심 주제로 삼으셨으나, 이를 새롭게 급진적으로 재해석한 것이다.

예수의 1차적 사명은 바로 하나님 나라를 선포하는 것이었다. 그러나 그는 일반 종교들의 평범한 옹호자들과는 차원이 달랐다. 그는 메시아이자, 하나님의 아들이시고, 주님이셨다. 더욱 구체적으로, 그는 종말론적 선지자의 역할을 완성하였고 이 선지자적 역할이 바로 옹호자의 범주에 자연스럽게 들어맞는다. 회심자와 옹호자의 관계는 매우 중요하다. 둘 사이의 상호관계가 어떻게 형성되느냐가 순조로운 회심 과정을 좌우할 수 있다. 예수님께서는 회심자들을 향하여 가르치고 요구하기도 하셨다. 즉, 단지 동료 여행자와의 관계가 아닌 권위있는 스승과 제자의 관계가 설정된 것이다.

옹호자로서 예수의 주된 전략은 구약적 신앙의 강화 및 갱신에 가깝다고 볼 수 있다. 예수의 생애 전체를 보면, 그의 사역은 방사형이 아닌 집중형이라 할 수 있다. 즉, 자신의 사역 지경을 확장하려고 하기 보다는 이스라엘 내에 국한된 모습을 보였다. 또한 예수는 주로 경제적으로나 신체적으로, 그리고 종교적으로 소외된 자들에게 초점을 맞추셨고, 그들을 통해서 이스라엘을 향한 하나님의 관심을 다시금 일깨우셨다. 이러한 소외된 자들을 향한 사역의 초점은 인간의 조건이 아닌 하나님의 은혜에 의한 구원을 상징적으로 보여주는 메시지였다.

또한 예수는 선지자들의 커뮤니케이션 전략과 비슷한 방식을 취하신 것으로 보인다. 선지자들은 공적으로 설교했으며(왕상22, 예레미야, 오바댜 등), 핵심 인물들을 개별적으로 만나서(사7:1-14, 이사야가 아하스를 만남), 상징적 행위를 보여주었다(렘19:11, 겔4:4-6, 호1:2-5, 3:1-5). 마찬가지로 예수님도 공적으로 설교하셨으며 (마5-7:29, 막11:27-40 성전에서의 가르침), 군중들을 모으시고 가르치셨다(막4, 8, 10). 그분은 또한 선지자적 상징 행위를 보여주셨는데, 요단강에서 세례 요한에게 세례를 받으신 사건이 그러한 경우에 해당된다(막1:1-13). 또한 아픈 자들을 치유하시고(눅7:18-23), 새 이스라엘을 대표하는 12제자를 선정하셨으며(막3:13-19), 소외된 자들과 더불어 식탁교제를 나누셨다(막2:13-17). 예루살렘에 입성하실 때는 나귀를 타셨고, 그 뒤 무화과나무를 꾸짖으시고 제자들과 만찬을 나누셨다.

예수의 사역은 공적인 차원에서 개별적인 인물들로 전환된다. 베드로의 회심(눅5:1-11)은 도전과 응답, 부르심이 모두 담겨있으며, 거라사의 광인 또한 예수님과의 강력하고도 인격적인 대면을 하게 된다(막5:1-20). 사마리아의 여인(요4:1-42)과 죄 많은 여인(눅7:36-50), 삭개오(눅19:1-10)와 마리아, 마르다 자매(눅10:38-42)의 이야기도 개별적인 상황과 각자의 필요에 따른 예수의 세밀한 접근이 드러난다.

예수는 그가 제시하는 하나님 나라의 비전을 공유하는 이들에게 주어지는 유익으로 '상급'이라는 단어를 사용하기도 하셨다. 개신교 신학에서는 이 상급이라는 단어를 '은총'의 교리와 조화시키지 못하는 경우가 있으며, 자유주의 신학은 박애주의적 강박관념 때문에 선을 행하는 것 그 자체를 상급으로 축소시키기도 한다. 그러나 예수는 그의 제자가 되는 길을 오는 이들에게 뚜렷하게 상급을 말씀하신다. 그가 약속하신 상급들은 철저히 이스라엘과 이스라엘의 구원에 초점이 맞춰져 있었다. 내세나 지상낙원에 관한 것들이 아니었다. 현재 그를 따르는 이들에게 주어진 유익은 새로운 공동체다. 예수의 공동체는 혈연에 의해 세워지는 것이 아니라 신앙의 연대에 기초한다. 예수께서는 미래에 하나님과 영원한 식탁의 교제를 나누게 됨을 강조하셨다. 최후의 만찬에서 주님은 다시금 하늘나라에서 이 식탁의 교제를 마련하시겠다고 약속하신다(막14:25).

6. 예수의 회심 사역과 상호 교류[35]

일단 대면이 일어나면 상호작용이가 생긴다. 이 단계에서 옹호자와 잠재적 회심자는 기독교 신앙을 놓고 서로의 생각과 느낌, 경험을 주고받는 관계 속에 들어간다. 상호작용의 과정에서 가장 중요한 것은 보호막의 형성이다. 보호막은 4가지 차원에서 필요하다: 신체적 보호막, 사회적 보호막, 지적 보호막, 그리고 상징적 보호막이다.

---

35 McKnight, *Turning to Jesus*, 157-164.

1) **신체적 보호막**: 예수는 죄인들과 더불어 식탁의 교제를 하셨고, 제자들과도 동고동락을 하셨다. 또한 기적을 베풀고 가르침을 준 다음에는 제자들에게 후속 설명을 하셨다(막1:29, 2:13-17, 23-28, 3:13, 6:1, 8:27, 9:2, 33, 10:32). 군중들을 벗어나서 제자들과 거하심으로 이러한 신체적 보호막을 형성하셨다(마15:21-23). 막4:33-34을 보면 예수께서 비유의 뜻을 제자들에게는 은밀히 알려주셨다. 즉, 예수는 그와 친밀한 자들과 더불어 보호막을 형성하는 시간을 보내신 것이다(눅10:38-42의 마리아, 막11:19; 14:3, 17의 제자들).

2) **사회적 보호막**: 회심의 다양한 단계마다 사회적 보호막은 필수적이다. 회심자는 계속해서 이전의 사회로 돌아갈 유혹이나 권고를 받을 수 있기 때문이다. 회심이 완성되려면 새로운 공동체에 가입하는 것 뿐 아니라, 과거의 공동체를 떠나는 작업이 꼭 필요하다. 그래서 회심에는 동의 뿐 아니라 배교도 포함된다. 누가복음 14:26에서 예수는 자기를 따르는 자는 심지어 부모와도 절연되어야 함을 말씀하신다. 이러한 떠남에는 새로운 가족과의 합류가 보상으로 주어진다. 마가복음 3:31-35은 예수께서 그의 가족을 아버지의 뜻을 행하는 자들로 재구성하시겠다는 취지로 해석될 수 있다.

3) **지적 보호막**: 회심 과정에서 옹호자는 잠재적 회심자로 하여금 과거의 세계관에서 탈피되도록 도와야 한다. 이는 그 동안 세상과 사물을 보는 방식을 형성해 주던 '일차적 사회화' 유산을 벗어나 새로운 방식의 관점을 취하는 것이다. 지금까지는 부모, 가족, 친구, 제도를 통해서 삶의 의미체계를 학습해왔지만, 예수께 회심하는 과정에서 그의 하나

님 나라 선포를 통해 '이차적 사회화'를 거쳐야 했다. 회심은 과거의 틀이 폐기되고 새로운 의미 체계, 즉 매력적 구조 속에 들어가는 것이다. 예수의 하나님 나라 선포는 전반적으로 '실재의 사회적 구축'이며 '상징적 우주'를 형성한 것이다. 그를 따르는 이들도 자신들의 회심을 완성하고 의미 있게 하기 위해서는 그와 같이 질서 잡힌 세계가 필요했다. 잠재적 회심자들 또한 자신의 재구성된 이야기를 갖게 된다.

4) 상징적 보호막: 보호막이 견고하게 형성되기 위해서는 '의식'(rituals)이 필요하다. 예수의 전통에서는 새로운 이스라엘을 형성하는 세례의식(막1:11 요한과 예수의 제자(요4)들이 수행했지만, 예수께서도 하셨을 것으로 보인다)과 만찬 등과 같은 대표적 의식들도 수행되긴 했지만, 가장 전형적인 예는 식탁의 교제라 할 수 있다. 식탁은 모든 이들을 동등하게 만드는 것이며, 과거의 사회적 관습을 무효화시키며 새로운 하나님의 나라의 비전을 보여주는 사건이다. 따라서 이는 동등한 사회의 구현이라 할 수 있다(눅10:38-42).

7. 예수의 회심 사역과 헌신[36]

모든 회심의 과정에는 결정이 뒤따르기 마련이다. 결정은 반드시 극적인 순간일 필요는 없다. 위기와 같은 극적인 순간을 포함할 수도 있지만, 영혼의 부드러운 끄덕거림일 수도 있다. 예수의 회심 전통에서

---

36 McKnight, *Turning to Jesus*, 165-172.

는 후자의 경우도 적잖이 포함된다.

1) 결정: 예수께서 제시하는 하나님 나라 운동에 참여하기 위해서 잠재적 회심자들은 그에게 신뢰를 두어야 했다. 예수를 선택하고 신뢰하는 것은 쉽지 않은 길이었다(막9:42). 따라서 예수를 신뢰하기 위해서는 심사숙고가 필요했다. 누가복음 14:28-32은 제자도의 대가를 잘 설명해준다. 여기에는 자신의 소유물을 포기하는 결단이 필요했다.

2) 의식을 통한 확증과 강화: 세례는 예수께로 회심하기 위한 결정을 가장 잘 보여주는 상징이다. 갈릴리 지역 요단강 저편에서 이러한 세례의식은 대대적으로 일어났을 것으로 보인다. 사람들을 정결하게 하여 새 이스라엘을 만드는 의식이었다. 또한 예수님과 함께 식탁의 교제를 나누는 것도 예수를 통해서 시작되는 새로운 하나님 나라 운동에 참여함을 상징적으로 보여주는 것이다. 예수와 함께 식사하는 것은 매우 가시적이며 공적인 표현이었기 때문이다. 예수는 이로 인해서 조롱을 받기도 하셨다(마10:34-39, 막3:31-35 참조).

3) 포기(surrender): 예수를 따르는 것은 자기를 부인함이다(막8:34). 이러한 결정을 위해서는 갈등과 긴장이 겹치기 마련이다. 아우구스티누스나 아시시의 프란시스, 루터 등이 겪었던 영혼의 고뇌는 이를 잘 반영한다. 또는 C. S. 루이스와 같이 영혼의 온유한 수긍도 마찬가지다. 예수의 제자가 되기 위해서는 자기 십자가를 져야 했고, 이는 전인적인 순종을 의미한다. 자기 부인은 또한 자신의 이전 사회적 집단을 떠나는 것을 의미하며, 이를 통해 새로운 정체성 변혁을 거치는 것이다.

4) 공적 증명(public identification): 이는 간증, 혹은 증거라는 의미로 이해될 수 있다. 1세기에 예수의 제자 됨을 공적으로 입증하는 것은 그와 함께 식탁의 교제를 나누고 그와 함께 거하며 그를 따르는 행동이었다. 누가복음 12:8-9은 예수께서 친히 공적 증명의 예를 표명하신 것이라 볼 수 있다.

8. 예수의 회심 사역과 결과[37]

1) 새로운 관계: 회심은 정서적, 지적, 윤리적, 사회 정치적 영역에서 회심자에게 유익을 일으킨다. 회심자는 새로운 관계와 새로운 신분을 부여 받고, 인생의 의미와 새로운 소명을 안고 살아가게 된다. 예수께로 회심한 자들은 그의 사랑과 긍휼의 비전 가운데서 따뜻한 만족을 맛보며, 하나님을 아버지로 모실 수 있게 되고 다른 회심자들을 형제자매로 부를 수 있게 된다. 또한 예수의 하나님 나라 비전을 통해서 그들은 이스라엘의 역사와 그들을 향한 하나님의 계획이 신선하면서도 혁신적으로 완성되는 지적인 만족 시스템(intellectually satisfying system)을 발견하게 된다. 율법과 선지자의 가르침과 요구들이 예수 그리스도 안에서 성취되었다는 사실은 그를 따르는 이들에게 큰 유익이었다.

2) 새로운 가르침: 예수의 산상수훈은 유대교의 전통적인 토라 준수 관행에 힘겨워 하던 이들에게 새로운 윤리적 만족을 줬을 것이며(마

---

37 McKnight, *Turning to Jesus*, 172-174.

11:28-30), 동시에 그들 자신의 내면적 양심에 도전을 주었을 것이다. 그리고 그의 모든 종교적, 윤리적 가르침을 예수 신경으로 요약함으로 종교적인 가치와 윤리적인 가치를 통합해서 언약 백성의 삶을 위한 핵심 목표로 세워주었다. 아울러 그는 구체적인 기도를 가르치시고 하나님을 아바라 부르게 함으로 그를 따르는 이들에게 종교적 만족을 부여한 것이다.

3) 변화된 삶: 예수는 회심을 행동에서 나타나는 결과로 보셨다. 그는 열매로 그들을 알 수 있다고 말씀하셨다(마7:16). 회심은 행동에 관한 것이고, 결과에 관한 것이다. 그는 젊은 부자에게 재산을 다 포기하라고 하셨고, 아버지 장례를 치르겠다는 사람에게는 율법의 규정에서 벗어나 관습을 중단할 것을 요구하셨으며, 제자들에게는 십자가를 지고 자기를 부인하는 삶을 살 것을 분부하셨다. 예수께서 제시하는 회심 과정은 공식을 되풀이하거나, 교회에 등록하거나, 영접 기도를 따라 하는 모습이 아니었다. 그것은 바로 인간의 정체성을 형성하는 핵심 영역에서 그를 따르는 삶의 요구였다.

4) 변화된 정체성: 예수를 따르는 것은 새로운 삶의 목적과 사명을 부여 받는 것이었다. 예수는 처음에 그의 제자들을 부르실 때 그들로 하여금 사람을 낚는 어부가 되게 하시겠다고 말하였다. 예수의 제자들은 그의 부활과 승천 이후 교회를 세우고 이방 지역에 교회를 확장시키는 사도적 삶을 통해 예수의 사역을 지속하였다.

9. 바울의 회심 내러티브

지금까지는 스콧 맥나이트가 램보의 회심 단계론을 근거로 복음서에 나타난 예수의 사역을 분석한 것을 소개했다. 필자는 이에 비추어서 사도행전과 서신서에 나타나는 바울의 사역에 같은 방식의 회심 단계론을 적용하고자 한다. 바울의 회심과 그의 사도로서의 사역에는 명백한 연관성이 있다. 이방인을 위한 사도로 부름 받은 바울은 그러한 소명을 다메섹 도상에서의 회심 경험 때 받았다고 술회한다. 이방인과 유대인 모두를 구원하시는 하나님의 은혜에 관한 바울 신학은 그 은혜를 직접 경험한 데서 비롯되었다. 그의 회심 사건은 그리스도와의 신비로운 만남이었을 뿐 아니라(빌3:7~11, 딛3:4~7), 하나님의 불가항력적인 자비에 대한 깊은 깨달음을 가져다주었다.

바울은 기독교를 그리스-로마 세계로 확장시킨 일등 공신이다. 그는 전통적인 유대교의 경계를 넘어서 이방세계 가운데 복음을 전파하고, 교회들을 세웠다. 그의 회심 사역은 초기 기독교가 이스라엘 바깥으로 확장되고 정착되는데 가장 중요한 토대가 되었다. 따라서 바울의 회심 사역 또한 램보의 단계론을 통해 조명할만한 가치가 충분히 있으리라 본다.

1) 바울의 회심 사역과 상황

갈라디아서 4장 4절은 "때가 차매 하나님이 그 아들을 보내사…"라고 기록한다. 여기서 바울이 말한 때가 찼다는 표현을 좀더 상상해서 해석하면 하나님 나라의 복음이 전파되고 확장될 수 있는 조건을 갖춘 상황이라고 볼 수도 있다. 바울이 선교사역을 하던 그 당시는 지중해 서편의 유럽과 동편의 아시아가 알렉산더 대왕의 정복 캠페인 이후 헬레니즘 문화로 단일화되었다. 알렉산더는 고전 그리스어보다 더 사용하기 용이한 코이네 그리스어를 보급하여 당시의 로마 제국 아래서는 보편적으로 사용되는 일상 언어로 만들었다. 게다가 문화적 단일화는 어느 지역을 가더라도 적응하기에 낯선 생활체계의 문제를 어느 정도 해결해주었을 것이다. 로마제국의 비교적 공정한 법 체계와 잘 닦여진 도로망은 바울과 그의 선교 일행들이 활동하고 이동하는데 불편하지 않도록 도움을 주었다. 또한 당시의 규제되지 않은 다신교와 다원주의적 종교 상황은 새로운 종교적 틈새시장을 형성해주었을 것이다. 특히 고등종교가 발달하지 않은 1세기의 그리스-로마 상황에서 유일신교이자 높은 도덕적 규범을 요구하는 유대교에 많은 그리스인들이 관심을 가졌으나 유대교로의 절차가 너무 까다롭고 유대 민족주의적인 색채가 너무 강하기 때문에 쉽게 다가설 수 없었다. 그리스-로마 사회의 일반 시민들은 정치영역에 참여하는 것이 제한되었기 때문에 가족 모임 외에는 동종업자들, 혹은 같은 이해관계를 지닌 자들끼리의 자발적인 사회적 결사체(koinonia)로 모이는 성향도 늘어났다. 이러한 현상은 새로운 공동체로서의 교회가 시작될 수 있는 토양을 조성했을 것이다.

2) 바울의 회심 사역과 위기

1세기 그리스-로마 시대의 상황은 군사적으로나 정치적으로 강력한 제국의 통치력이 활성화되었던 시기였다. 원래 공화정으로 시작된 로마는 아우구스투스 이후 점점 사실상의 황제 중심 국가로 변모하면서, 시민들은 정치적 결정에 참여할 수 있는 길이 막히게 되고, 사람들 간에 계층의 고착화는 더욱 심해졌다. 제국의 막대한 부와 화려한 체제를 유지하기 위해 노예들은 늘어만 갔다. 고대의 많은 사회가 그렇듯, 여성들의 위상은 낮았다. 여성들에 대한 차별은 출생에서부터 발생했다. 여자 아이가 태어나면 영아살해를 해도 크게 문제되지 않는 사회였으며, 가정에서 여성들의 권리는 아동의 권리와 별 차이가 나지 않았다. 이는 로마제국 시대에 생겨난 제도가 아니라 고대 그리스의 영향력 있는 철학자인 아리스토텔레스의 가정 규율에 이미 제시된 바였다. 아리스토텔레스는 가정의 경영을 위한 삼중 지배 체제를 제시했는데, 주인은 종보다 우월하고, 부모는 자녀보다 우월하며, 남편은 아내보다 우월하다는 것이다. 따라서 성인이 미성년자를 지배하는 것처럼, 남성이 여성을 지배하는 것은 자연의 법칙에 부합된다. 심지어 여성과 아이들은 남성처럼 영혼의 일부가 있으나, 정도에서는 차이가 있다고 한다. 노예들은 아예 사유의 능력이 없다고 보았다. 아리스토텔레스는 남성과 여성의 불평등은 항구적이며 남성의 용기는 여성을 복종시키고 여성에게 명령을 내림에 있다고 지침을 내렸다.[38] 이러한 불평등한 지위의 고착화는 여성과 노예로 하여금 사회 속에서 박탈감을 갖게 하였으며, 그들을 수용하고 대우해주는 공동체에 대한 갈망을 갖게 만들었을 것이다. 또한 로마제국 시대에는 낙태와 영아살해가 횡행했을 뿐 아니라, 2세기 중반부터는 제국 전체를 뒤흔드는 전염병이 퍼지기도 했다. 서로 돌보는 시스템이 부족한 상태에서 속수무책으로 죽어가는 이 상

---

38 Aristotle, *Politics, Book 1*, XII. from http://classics.mit.edu/Aristotle/politics.1.one.html.

황은 사람들을 보듬어주는 공동체에 대한 이상을 더욱 자극했다.[39]

3) 바울의 회심 사역과 탐구

위와 같은 위기 상황에서 사람들은 좀 더 안정적인 고등종교를 찾고, 새로운 공동체를 갈망했을 개연성이 있다. 바울의 선교사역에서 일차적 접근 대상은 디아스포라 유대인들이었다. 바울은 원래 이방인을 위한 사도의 소명을 받았으나, 그의 초기 사역은 그리스-로마 제국에 흩어져 사는 유대인들이었다.[40] 이들은 유대인의 정체성을 간직하고 가급적 이방인들 가운데 살아가면서도 율법의 정결규례를 준수하고자 했다. 또한 성전에서 죄 사함의 제사를 드리고 싶으나 멀리 떨어져 있어서 항상 아쉬움 속에서 살아야 했다. 하지만 유대교와 같이 독자적 정체성과 규례가 강력한 종교의 신자들이 지리적, 문화적으로 그들 종교의 핵심 상징인 땅과 성전으로부터 요원한 상태에서 종교적 일관성을 지키는 데에는 한계가 많았을 것이다. 사도행전 13장을 보면 바울이 비시디아 안디옥에 있는 회당에서 구약 성경을 읽은 다음에 그 말씀이 예수 그리스도를 통해서 완성되었다는 취지의 해석을 한다. 회당 안에서는 분란이 일어났고 바울 일행을 내쫓았으나, 바울의 가르침을 따르는 유대인들도 있었다. 또한 바울을 따르는 이들 중에는 여성과 소위 '하나님을 경외하는 자들'(God-fearers)이라고 하는 경건한 헬라인들도 있었다. 디아스포라 유대인, 여성, 경건한 헬라인들은 유대교의 가르침에 관심을 갖고 다가왔으나, 정통 유대교의 체계에서는 온전한 구

---

39 Rodney Stark, *The Rise of Christianity* (New York: HarperSanCrancisco, 1994), ch. 4.
40 Rodney Stark, *Cities of God* (New York: HarperOne, 2006), chapter 1.

성원으로 받아들여지지 못하는 이들이었다.

바울의 공동체 안에는 좀 더 개방적인 관용성이 있던 것으로 보인다. 고린도전서 14장 23절은 "그러므로 온 교회가 함께 모여 다 방언으로 말하면 알지 못하는 자들이나 믿지 아니하는 자들이 들어와서 너희를 미쳤다 하지 아니하겠느냐?"고 기록한다. 이 구절에 근거해 볼 때, 당시 교회 안에는 '믿지 아니하는 자'와 '알지 못하는 자'가 공존했던 것으로 보인다. 바울의 공동체는 다양한 수준의 신앙 탐구를 용인해주었고, 그들의 질문에 답을 주고, 그들을 수용했던 것으로 보인다. 이는 잠재적 회심자에게 구조적 유효성(structural availability)을 제공해준다는 측면에서 향후의 신앙에 관한 상호 교류를 활성화시킬 수 있는 모판이 된다.

4) 바울의 회심 사역과 대면

바울은 예수 그리스도 복음의 옹호자로서 자신의 정체성과 소명을 강력하게 인식했다. 그는 서신서 여러 곳에서 자신의 이방인을 위한 복음 옹호자로서의 역할을 피력했다. "이 은혜는 곧 나로 이방인을 위하여 그리스도 예수의 일꾼이 되어 하나님의 복음의 제사장 직분을 하게 하사..."(롬15:16), "계시를 따라 올라가 내가 이방 가운데서 전파하는 복음을 그들에게 제시하되 ..."(갈2:2), "그리스도 예수의 일로 너희 이방인을 위하여 갇힌 자 된 나 바울..."(엡3:1) 등이 대표적인 구절들이다. 더욱 본질적으로 그는 복음의 전파하자로서 자신의 자격과 역할을 돌아보았다. 그는 "내가 너희 가운데 거할 때에 약하고 두려워하고 심히 떨

었노라. 내 말과 내 전도함이 설득력 있는 지혜의 말로 하지 아니하고 다만 성령의 나타나심과 능력으로 하여"(고전2:3-4)라고 하며 복음을 전하는 자신을 주의 깊게 성찰한다. 옹호자로서의 자기 성찰을 위해 다른 동료 신자들의 도움도 청한다. "또한 우리를 위하여 기도하되 하나님이 전도할 문을 우리에게 열어 주사 그리스도의 비밀을 말하게 하시기를 구하라…"(골4:3). 바울의 이와 같이 겸비하는 모습은 복음을 전파하는 상황에서 섬세한 옹호자로서의 면모를 보여준다. 데살로니가전서 2장 1절부터 12절은 회심을 위한 대면에서 복음을 전하고 가르치는 옹호자로서 바울이 어떠한 마음가짐과 노력을 기울였는지 보여준다.

> 형제들아 우리가 너희 가운데 들어간 것이 헛되지 않은 줄을 너희가 친히 아나니 너희가 아는 바와 같이 우리가 먼저 빌립보에서 고난과 능욕을 당하였으나 우리 하나님을 힘입어 많은 싸움 중에 하나님의 복음을 너희에게 전하였노라 우리의 권면은 간사함이나 부정에서 난 것이 아니요 속임수로 하는 것도 아니라 오직 하나님께 옳게 여기심을 입어 복음을 위탁 받았으니 우리가 이와 같이 말함은 사람을 기쁘게 하려 함이 아니요 오직 우리 마음을 감찰하시는 하나님을 기쁘시게 하려 함이라 너희도 알거니와 우리가 아무 때에도 아첨하는 말이나 탐심의 탈을 쓰지 아니한 것을 하나님이 증언하시느니라 또한 우리는 너희에게서든지 다른 이에게서든지 사람에게서는 영광을 구하지 아니하였노라 우리는 그리스도의 사도로서 마땅히 권위를 주장할 수 있으나 도리어 너희 가운데서 유순한 자가 되어 유모가 자기 자녀를 기름과 같이 하였으니 우리가 이같이 너희를 사모하여 하나님의 복음뿐 아니라 우리의 목숨까지도 너희에게 주기를 기뻐함은 너희가 우리의 사랑하는 자 됨이라 형제들아 우리의 수고와 애쓴 것을 너희가 기억

하리니 너희 아무에게도 폐를 끼치지 아니하려고 밤낮으로 일하면서 너희에게 하나님의 복음을 전하였노라 우리가 너희 믿는 자들을 향하여 어떻게 거룩하고 옳고 흠 없이 행하였는지에 대하여 너희가 증인이요 하나님도 그러하시도다 너희도 아는 바와 같이 우리가 너희 각 사람에게 아버지가 자기 자녀에게 하듯 권면하고 위로하고 경계하노니 이는 너희를 부르사 자기 나라와 영광에 이르게 하시는 하나님께 합당히 행하게 하려 함이라(살전 2:1-12).

"우리가 너희 가운데 들어간 것…"(1절)이란 복음을 전하기 위해 데살로니가 교인들과 만난 것을 의미한다. 복음을 전함에 있어서 바울은 간사함이나 부정, 속임수를 쓰지 아니하였다(3절). 그렇다고 사람을 기쁘게 하려 하지 않고 하나님을 기쁘시게 하려는 마음의 진실성을 유지하며(4절), 아첨이나 탐심의 탈을 쓰지 않았다(5절). 자신들의 권위를 주장하지 않고 그들 가운데서 유모가 자녀를 기름과 같이 유순한 자로 복음의 양육을 하였다(7절). 바울은 복음을 전하면서 열심히 수고하되 사람들에게 폐를 끼치지 않고 수고하며 스스로 생계를 해결하였다(9절). 이는 자신도 복음을 전하는데 있어서 하나님의 영광을 가리지 않도록 바르게 행동하지만, 신자들도 하나님 앞에서 합당하게 세우기 위함이었다(10-12절). 자신의 사역에 대한 바울의 이와 같은 회상은 기독교적 회심에서 옹호자의 성품과 태도가 어떠해야 하는지에 대한 모범이 될 것이다. 바울은 회당, 장터, 가정, 서원 등에서 복음을 전하였다. 그곳에서 여러 사람들을 만나면서 바울은 청중과의 일체감을 가지려는 원칙을 견지했던 것으로 보인다. 갈라디아서 4장 12절에서 그는 이렇게 호소한다. "형제들아 내가 너희와 같이 되었은즉 너희도 나와 같이 되기를 구하노라." 이와 같은 바울의 복음 옹호를 위한 청중과의 동일시 접근은 고린도전서 9장 19절부터 23절에서도 잘 나타난다.

> 내가 모든 사람에게서 자유로우나 스스로 모든 사람에게 종이 된 것은 더 많은 사람을 얻고자 함이라 유대인들에게 내가 유대인과 같이 된 것은 유대인들을 얻고자 함이요 율법 아래에 있는 자들에게는 내가 율법 아래에 있지 아니하나 율법 아래에 있는 자 같이 된 것은 율법 아래에 있는 자들을 얻고자 함이요 율법 없는 자에게는 내가 하나님께는 율법 없는 자가 아니요 도리어 그리스도의 율법 아래에 있는 자이나 율법 없는 자와 같이 된 것은 율법 없는 자들을 얻고자 함이라 약한 자들에게 내가 약한 자와 같이 된 것은 약한 자들을 얻고자 함이요 내가 여러 사람에게 여러 모습이 된 것은 아무쪼록 몇 사람이라도 구원하고자 함이니 내가 복음을 위하여 모든 것을 행함은 복음에 참여하고자 함이라.

옹호자와 잠재적 회심자 사이에 공감적 관계가 형성되는 것은 종교의 진지한 탐구에 중요한 기반이 된다. 바울의 동일시 접근은 복음 전파자로서의 자기 소명에 충실한 자세를 보여준다.

5) 바울의 회심 사역과 상호작용

본격적인 상호작용의 단계에서는 종교의 메시지가 전달된다. 바울은 회개의 메시지와 심판의 메시지(살전 1:10; 4:14; 5:1-2; 고전1:7-8)를 모두 제시했으며, 당대의 다신교 사회에서 담대하게 유일신 신앙을 전파했다(고전8:4/살전1:9). 회심을 일으키는 메시지는 단지 친숙하고 편안한 내용이 아니라, 기존 질서와는 다른 대안적 내용을 강하게 요구하는 것도 포함된다. 사도행전 17장의 아레오바고 연설에서 바울은 비록 정중한 태도로 아테네인들의 종교성을 인정하지만, 그의 메시지에서는 회개와 심판이 명백하게 담겨 있었다(행17:30-31). 따라서 바울은 타종교와 사상에 대해서 정중한 태도를 취하지만, 동시에 강력한 복음적 의사소통도 시도한다. 이는 현대 회심연구에서 회심은 애정적 인간관계와 강력한 의사소통적 교류가 필수적으로 수반되어야 한다는 점과 일맥상통한다.[41]

애정적 인간관계는 바울의 사역에서 여러 차원의 보호막 제공(encapsulation)으로 나타나기도 한다. 그는 고린도에서 1년 반을 보냈고, 에베소에서는 3년 이상을 동고동락하며 신체적 보호막을 제공했다. 또한 그의 편지들은 가족적 언어를 사용함으로 청중에게 사회적 보호막을 제공하기도 한다. 고린도전서 11장 23절에서 34절은 주의 만찬을 먹는데 있어서 먼저 온 사람과 나중에 온 사람 사이의 갈등이 일어난 상황을 가리킨다. 부자와 자유인들은 자기들의 음식을 가져와서 먼저 먹었고, 가난한 자와 노예들은 늦게 왔는데 그들을 위해 남겨진 것이 없어서 제대로 먹지 못한 것으로 보인다. 바울은 이러한 상황을 놓고 교인들을 질책하는데 그것은 주의 만찬에 합당하게 참여하려면 서로를 돌보고 섬기는 자세여야 한다는 것이다. "사람이 자기를 살피고 그 후에야 이 떡을 먹고 이 잔을 마실지니 주의 몸을 분별하지 못하고 먹고 마시는 자는 자기의 죄를 먹고 마시는 것이니라 그러므로 너희 중

---

41 김철홍, "바울의 소명의식과 복음 선포," 「신약연구」 38 (2015), 236-237.

에 약한 자와 병든 자가 많고 잠자는 자도 적지 아니하니 우리가 우리를 살폈으면 판단을 받지 아니하려니와"(고전11: 28-31). 여기서 자기를 살피고, 주의 몸을 분별하는 것은 교회의 구성원들이 서로를 돌보고 하나를 이루어야 주의 만찬에 합당하게 참여할 수 있다는 뜻을 암시한다. 교회의 핵심적인 의식은 구성원들에게 사회적 보호막을 제공하는 기능을 하고 있는 것이다. 관념적 보호막은 바울의 명료한 대비적 언어를 통해서 분명하게 드러난다. 그는 데살로니가전서 5장 4-6절에서 "형제들아 너희는 어둠에 있지 아니하매 그 날이 도둑 같이 너희에게 임하지 못하리니 너희는 다 빛의 아들이요 낮의 아들이라 우리가 밤이나 어둠에 속하지 아니하나니 그러므로 우리는 다른 이들과 같이 자지 말고 오직 깨어 정신을 차릴지라."고 하며, 빛과 어둠을 대비하며 교인들의 정체성을 규명한다. 그들은 더 이상 밤이나 어둠에 속하지 않은 빛의 아들이고 낮의 아들이다. 이와 같은 대비적이고 분리적 언어들은 기독교 신앙으로 귀의하는 자들에게 명확한 소속감을 부여했을 것이다.[42]

6) 바울의 회심 사역과 헌신

바울의 회심 사역에서 헌신의 표시는 세례를 주는 것이었다. 바울은 빌립보에서 루디아와 그의 가족, 감옥의 간수와 그의 가족을 믿게 하고 세례를 베풀었다(행16:15, 33). 고린도전서 1장 16절에서도 자기 스스로가 스데바나 집 사람에게 세례를 베풀었다는 사실을 명시한다. 회심한 교인들을 향한 바울의 사역은 그들을 그리스도의 정결한 신부로

---

42 김철홍, "바울의 소명의식과 복음 선포", 231.

드리는 것과 같았다(고후11:2). 로마서 6장에서 잘 나타난 것처럼, 세례는 예수 그리스도와의 깊은 연합을 상징한다. 또한 바울에게 있어서 예수께로 회심한다는 것은 더욱 우월하고 고등한 인식체계에 들어서는 것이다. 따라서 더 열등한 과거의 사상으로 되돌아 갈 수 없다. 바울은 예수 그리스도께 대한 헌신은 새롭고 참된 진리에 대한 헌신이기 때문에 새로운 신자가 과거의 잘못된 세계관과 신념과 절연하지 않는 것은 어리석은 짓이라고 보았다. "이제는 너희가 하나님을 알 뿐 아니라 더욱이 하나님이 아신 바 되었거늘 어찌하여 다시 약하고 천박한 초등학문으로 돌아가서 다시 그들에게 종노릇 하려 하느냐?"(갈4:9).

회심의 결정체인 헌신은 완전히 새로운 사유체계와 거룩한 성품의 존재로 초대받는 것이다. 여기에는 그 어떤 인간적 조건이나 외적 차별이 존재할 수 없다. 세례는 새로운 종류의 인간을 만들어 내며, 그들이 그리스도 안에서 새로운 관계와 질서를 이룬다. 복음의 대헌장이라 불리는 갈라디아서 3장 28절의 "너희는 유대인이나 헬라인이나 종이나 자유인이나 남자나 여자나 다 그리스도 예수 안에서 하나이니라"는 구절은 초기 기독교 공동체에서 세례를 베풀 때 주어졌던 선언으로 보인다. 왜냐하면 그 앞의 27절이 "누구든지 그리스도와 합하기 위하여 세례를 받은 자는 그리스도로 옷 입었느니라"고 하며 세례의 정황을 전제하고 있기 때문이다. 따라서 이 구절은 기독교 복음이 전파됨으로 말미암아 형성되는 반문화적 관계와 질서를 내포하는데, 그러한 변화의 동기는 세례를 받음으로 말미암는다.

7) 바울의 회심 사역과 결과

회심의 결정은 합당한 결과를 낳는다. 헌신은 회심의 여정을 완성에 이르기 한다. 이 완성이 공고해지기 위해서는 공동체에 적응하는 것과 신앙의 후속 양육을 받는 것이 중요하다. 바울은 그의 편지들에서 예수 그리스도의 몸으로서 교회를 이루고, 그리스도인들이 서로 지체가 되는 상호 관계를 중요하게 다루고 있다. 그리스도인들은 교회 안에서 새로운 사회적 관계를 경험하고 실천하도록 권면을 받는다. 그들이 서로 말씀에 순종하며 사랑과 용서의 공동체를 경험하는 것은 구원을 완성하는 것이었다(빌2:13). 예수 그리스도 안에서 상호 격려와 교제의 공동체를 이루는 것은 십자가를 통한 구원의 초대받은 삶이기도 하다. 바울은 에베소서 2장에서 예수 그리스도의 십자가는 유대인과 이방인의 대립을 와해시키며, 서로 연결되어 하나님이 거하시는 처소를 이루고 함께 지어져 가게 한다고 말한다(엡2:16-22). 따라서 교회 안에서의 평화와 사역에 참여하는 것은 기독교적 회심을 지속하는 필수적인 결과다. 이를 위해서 때로 교회의 권징을 받아야 한다. 고린도전서에서 바울은 교회 안에서의 분쟁과 징계에 관해서 정교하고 치열한 권고를 하고 있다. 이는 교회 안의 영적 가족을 위한 판단과 돌봄이었다(고전 5:12). 교회 구성원들 간의 내부 갈등을 조정하고 적절한 치리를 실행하기 위해서는 서로 복종하며 교회 지도자들의 권위를 올바르게 세울 필요가 있다. 교회의 올바른 훈육과 치리 체계, 그리고 서로를 세워주는 권위 등은 신앙의 헌신을 보호하고 보존하기 위한 장치로 작동하는 것이다.

회심은 신앙에 관한 배움을 종결시키는 것이 아니라, 더욱 온전하고 깊은 지식으로 초대하는 것이다. 바른 신앙의 지식을 전수하는 것은 새로운 신자들이 닥칠 환난에 대비해 그들을 위로하고 신앙을 올바르게 세워주는데 꼭 필요하다. "우리 형제 곧 그리스도의 복음을 전하는 하나님의 일꾼인 디모데를 보내노니 이는 너희를 굳건하게 하고 너희 믿음에 대하여 위로함으로 아무도 이 여러 환난 중에 흔들리지 않게 하려 함이라 우리가 이것을 위하여 세움 받은 줄을 너희가 친히 알리라"(살전3:2-3). 교회 주변에는 정통 신앙의 가르침을 왜곡시키는 시험과 미혹이 항상 존재하기 마련이다. 초기 기독교 시대에도 신앙의 본질을 혼란케 하는 시도들이 있었다. 바울은 복음의 왜곡과 이단의 유혹에 대해서 복음을 수호하는 자신의 역할을 단호하게 천명한다. "우리가 전에 말하였거니와 내가 지금 다시 말하노니 만일 누구든지 너희가 받은 것 외에 다른 복음을 전하면 저주를 받을지어다."(갈1:10) 따라서 바울은 새로운 신자들이 말씀에 깊이 기초를 내림으로 그들의 회심 신앙을 지속할 수 있도록 도왔다.

7장

회심의 신학적 전통과 구성

회심은 기독교 신앙과 공동체를 형성시키고 생산적으로 활동하게 하는 중심축의 역할을 맡는다. 따라서 기독교 전통에서 회심은 상당한 비중을 갖고 다루어졌으며, 신앙의 선배들이 경험한 회심의 이야기는 주요한 모본으로 전해지고 신앙 경험의 준거 틀로서 기능하였다. 본 장에서는 먼저 기독교 전통에서 나타난 회심의 유형과 이해를 비교 관찰하며, 기독교 회심의 공통적 요소들을 성경과 신학적 논의를 기초로 정리하고자 한다.

1. 기독교 전통에서의 회심

기독교 역사의 위대한 인물들은 전형적인 회심의 경험을 통과했으며, 그들의 회심으로 비롯된 신앙의 자산은 기독교 전통의 밑거름이 되었다. 아우구스티누스는 도덕적 방황과 지적 고민을 거치며 기독교 신앙에 대한 번민의 탐구를 하다가 한 책을 펴서 읽으라는 한 어린아이의 외침을 듣고 성경을 보며 회심에 이르게 되었다. 로욜라의 이그나티우스는 전쟁 포로로 프랑스의 야전병원에서 치료를 받다가 병상에서 경건서적들과 성인들의 전기를 읽으며 예수 그리스도와의 만남을 가졌다. 존 웨슬리는 루터의 로마서 주석 서문을 읽다가 마음이 뜨거워지는 유례없는 경험을 하였다. 이들의 회심 내러티브는 시간과 공간을 넘나들며 기존 회심자들과 잠재적 회심자들에게 영감과 용기를 주었고, 신앙 경험의 전통으로 자리매김해왔다.

이들이 전하는 공통적인 회심의 경험을 종합하면, 그들은 회심의 과정에서 영적인 깊이와 신앙의 열정을 경험하며 새로운 사람으로 거듭났다. 진지한 회심을 경험한 대부분의 사람들은 일회적 결단이 아닌 다양한 사람들의 영향을 받으며 복잡한 과정을 거쳐서 신앙의 헌신에 이르게 되었다. 이 과정에서 오직 성령만이 회심을 위한 유일하고도 명백한 영향력을 줄 뿐이다. 회심은 또한 평생에 걸친 성숙과 자기 해석의 과정이다. 회심이 지속적으로 건강한 신앙을 정립하기 위해서는 회심의 본질적 요소들을 얼마나 충만하게 경험하느냐가 관건이다.

1) 기독교 회심을 이해하는 전통적 관점 세 가지[43]

---

[43] 스미스, 『온전한 회심』, 153ff. 스미스는 베네딕트 수도회, 개혁주의 전통, 성결-오순절 전통을 비교하며 회심의 이해를 도모하는데, 이후에 청교도의 견해와 웨슬리의 입장, 부흥주의 전통에 대한 설명을 첨가한다. 필자는 청교도의 회심론을 개혁주의 전통과 함께 다루고, 웨슬리와 부흥주의를 성결-오순절 전통에 대한 논의에 통합하여 서술하도록 하겠다.

(1) 베네딕트 수도회: 로마 가톨릭의 대표적인 회심 모델로 베네딕트 수도회를 관찰할 필요가 있다. 베네딕트 수도회는 회심자가 새로운 변화된 존재 양식으로 재탄생하는 영적 각성을 추구해야 한다고 생각한다. 회심이란 하나님 자신의 삶과 연합됨에 참여하는 것이다. 따라서 이 관점은 과거와 현재에 이루어진 회심을 완성된 형태로 보는 것이 아니라, 미래지향적 모델로서 지속적으로 거룩한 삶의 방식을 추구하는 것이다.

마크리나 싯치아(Macrina Sitzia)는 베네딕트 수도회의 회심 서약은 그들의 삶을 경건하게 변화시키는 모태가 된다고 주장한다. 거룩한 변화의 삶은 부활하신 그리스도의 현존을 통해서만 가능하며, 그리스도의 현존하심을 깨닫기 위해서는 수덕과 인내의 훈련이 필요하다. 그리스도의 죽으심과 다시 사심이 신자의 모든 호흡마다 경험되고 실현되어야 하기 때문이다.[44] 수도회는 이처럼 그리스도의 죽으심과 부활을 내면에서 체화시키는 훈련을 통해 거룩한 변화의 삶을 추구하는 것을 회심 사역의 목적으로 간주한다. 사람들은 이와 같은 회심의 과정을 통해 신성한 삶에 참여하고 일상적인 존재가 더욱 고결한 존재로 변모한다. 세속에 물들어 신성한 빛의 조명을 받지 못하던 이들이 신의 광채를 경험하고 점진적으로 변화되어 하나님의 삶에 동참하는 영적 고양에 이르는 것이다.[45] 베네딕트 수도회에서 강조하는 회심의 성격은 지속적 변혁과 헌신이다. 예전과 수도원의 형식은 바로 이와 같은 지속적

---

44 Macrina Sitzia, "The Benedictine Vow 'conversion morum'" in *Religious Conversion: Contemporary Practices and Controversies* (New York: Cassell, 1999), 222.

45 Sitzia, "The Benedictine vow", 227.

변화를 위한 내적 삶의 훈련이 된다.

이러한 관점은 로마 가톨릭의 점진적이며 지속적인 변화로서의 영성적 회심이라는 특성을 잘 보여준다. 특히 단회적이고 급진적 체험을 강조해왔던 개신교 복음주의 운동의 회심에 대한 개념과 비교해 볼 때, 여기에는 겸손히 주목하고 배워야 할 교훈들이 있다. 그러나 이러한 회심 관점의 단점은 행위로 인한 의로움에 집중될 수 있다는 것이다. 인간의 자기 수양을 통한 의로움의 고양이 회심의 표지가 되면, 회심의 주관주의와 인간중심주의에 빠지기 쉽다. 물론 회심은 인간의 주관적 응답이긴 하지만, 그에 앞서 객관적이고 외부적인 신적 은혜가 선행한다는 점을 놓쳐서는 안된다. 본 연구에서는 로마 가톨릭과 수도원 운동의 회심 이론들을 상세히 살필 수는 없다. 다만 이 짧은 교훈과 논평을 통해 개신교의 회심 사상을 접목시킬 수 있는 여지를 찾는 것으로 충분할 것이다. 종교개혁 이후 개신교 신앙은 이신칭의라는 교리를 핵심적인 준거점으로 삼아왔다.

(2) 개혁주의와 청교도 전통: 개혁주의는 종교개혁의 이신칭의 전통에 따라 회심을 과거 시제로서 단번의 경험으로 본다. 이는 하나님의 주권적인 사랑과 용납에 근거한 것이다. 앞서 언급했던 베네딕트 수도회로 대변되는 로마 가톨릭의 회심 이해가 점진적이고 교회의 성사를 통해 거룩함에 이르는 과정이었다면 종교 개혁자 칼뱅의 회심론은 급진적이고 더욱 개인적, 주관적이라는 성향을 지닌다. 헨리 호렌에 의하면 루터는 여기서 로마 가톨릭의 회심 개념에 더욱 가깝다고 한다.[46] 이신

---

46   Gooren, *Religious Conversion and Disaffiliation*, 50.

칭의의 교리를 강력하게 주창했던 루터이지만 제도적인 차원에서 가톨릭의 유산을 계승하는데 좀 더 긍정적이었기 때문인 것으로 보인다. 그럼에도 불구하고 개혁주의의 주류 전통은 베네딕트 수도회의 관점과는 분명한 대조를 보인다.

> 개혁주의 전통의 그리스도인들은 자신의 회심을 구성하는 과거 사건에 대한 확신을 가지려고 노력하고, 그 사건을 토대로 자신이 '구원받았다'는 사실을 확신하게 된다. 개혁주의 초기에는 칭의와 성화 사이를 뚜렷이 구분하였다. 칭의는 즉각적으로 이루어지는 것이지만 성화는 점진적으로 경험된다는 이해가 바탕에 깔려 있었다. 그러므로 칭의는 그리스도인의 일차적인 판단 기준이 되었다.[47]

칭의는 개혁주의 전통에서 회심의 중심 모티브가 된다. 칭의는 하나님의 주권적인 구원에 대한 믿음의 응답으로 인해 단번에 선언되고 효력을 발휘한다. 종교개혁은 점차적으로 새로운 운동들이 생겨나면서 분화하다가, 17-18세기에 이르러는 청교도, 경건주의, 감리교 등으로 재편된다. 이러한 운동들은 개인의 회심과 마음의 경험을 중시하였다. 개혁주의 전통을 이어 받으면서도 인격적 회심을 중요하게 여긴 곳은 청교도 운동이었으며, 오늘날 복음주의 전통의 회심주의와도 맥이 닿는다.[48] 청교도들은 회심이 하나님의 구원사건인 중생에 대한 인간적 반응이긴 하지만, 회심의 진정성을 강조했다. 그래서 그들은 통회자복하는 마음과 은혜의 갈망, 그에 부응하는 행실의 변화, 깊은 성경의

47　스미스, 『온전한 회심』, 156.
48　Gooren, *Religious Conversion and Disaffiliation*, 52.

묵상과 기도, 율법으로부터의 자유, 죄에 대한 애통함, 그리스도와 함께 하고 싶어 하는 마음, 하나님께 나아오는 담대함 등을 진정한 회심의 표지들로 보았다.[49] 이와 같이 청교도들은 깊은 회심 체험을 반드시 필요한 것으로 인식했으며, 교회의 유일하고 진실한 기초도 회심에 있다고 보았다. 따라서 사회와 세상의 변화를 위한 소망도 회심을 통해서 가능한 것이었다.

칭의가 하나님의 은혜로 단번에 선언된다 할지라도, 인간의 회심은 단회적 순종이 아닌 깊이 내면화된 신앙과 변화를 요구받았다. 따라서 회심은 출발이며 기독교적 순례와 거룩한 싸움을 위한 성화로 나아가는 발판이다. 청교도 개혁주의 신학자인 조나단 에드워즈(Jonathan Edwards)도 진정한 회심은 지속적이고 영속적인 변화를 끌어내어 하나님의 권능에 더욱 의존하고 죄에 대한 깊은 확신, 하나님의 공의 앞에서의 무기력함을 깨닫고, 하나님의 은혜와 용서에 대한 확신에 이르게 한다고 보았다.[50]

개혁주의-청교도 전통에서의 회심은 인간의 경험 보다 하나님의 일하심이 우선된다는 분명한 질서를 정립하였으며, 회심으로 인한 내적 변화의 경험들은 그 자체가 회심을 일으키는 조건이 아니라 하나님의 구원적 역사로 인해 인간에게 나타난 현상일 뿐이었다. 따라서 청교도로 이어지는 개혁주의 전통의 회심 이해는 회심의 진실성은 인간의 변화된 삶에서 찾을 수 있고, 회심은 인간의 지성과 의지와 감성이 통

---

49 Gooren, *Religious Conversion and Disaffiliation*, 12-13.
50 스미스, 『온전한 회심』, 166.

합적으로 이루어지며, "회심은 하나님의 은혜를 시작하게 만드는 요인이 아니라 하나님의 은혜에 대한 반응"이라는 점을 명확히 하였다.[51]

(3) 성결-오순절 전통: 이 전통은 18세기에 이르러 기존의 개혁주의 전통에서 차별화된 신앙의 감정적 경험을 중시하는 입장이다. 구체적으로, 이 전통은 성령의 특별한 임재를 통해 변화된 삶을 강조하기 때문에, 성령 세례와 성령 충만의 경험을 회심 여정의 문지방으로 간주한다. 존 웨슬리는 하나님의 구원과 인간의 회심이라는 구도에서 인간의 자유의지에 의한 반응과 책임을 좀 더 강조했다고 볼 수 있다. 또한 각 사람의 구원이 그리스도 안에서 더욱 완전해지도록 공동체가 함께 하는 역할도 강조했다. 루터와 개혁주의 전통에서 성화가 종종 칭의에 종속되는 현상이 짙어지면서 회심이 그 자체가 목적이 되는 일이 벌어졌다. 회심은 거룩한 삶과 제자도를 위한 발걸음을 떼는 것이어야 한다. 따라서 회심은 그 이후의 변화된 삶을 견인할 만한 감동과 확신의 경험이어야 할 필요가 있다. 웨슬리는 그의 회심에서 은혜의 능력으로 인해 "뜨거워진 마음"을 경험했다고 진술한다. 이러한 마음의 감동은 깊이 있는 내적 기쁨과 도덕적 변화의 삶을 실천할 수 있는 발판이 된다. 종교개혁 전통이 감정과 지성의 통합을 견지한다면, 웨슬리 이후의 성결-오순절 전통은 감정에 더욱 우선순위를 둔 것이다.[52]

이 전통은 회심 사역과 변화된 삶을 위한 능력 부여와 두 번째 축복(second blessing)이라고 하는 성령의 실제적인 역사에 더욱 열려 있다.

---

51 스미스, 『온전한 회심』, 169.
52 스미스, 『온전한 회심』, 172.

오순절 운동은 19세기의 후기 성결주의 맥락으로부터 비롯되었지만 신학적으로는 더욱 더 확장되었다. 대부분의 오순절 운동은 고린도전서 12장과 14장에 나오는 방언과 신유를 포함한 성령의 은사들을 부여받을 수 있는 두 번째 성령 사모를 유독 강조하였다. 따라서 오순절 운동에서의 회심은 일반적인 복음주의자들의 회심 보다 더욱 강렬한 경험을 강조한다. 오순절 운동과 복음주의자들이 회심에서 함께 공명할 수 있는 요소는 종말론적 긴급성이다. 세상에 종말이 다가오고 예수께서 곧 오시니 지금 당장 그분을 영접하라는 것이다.[53]

성결-오순절 전통은 중요한 측면에서 부흥운동과도 공명한다. 18세기 말부터 미국과 영국의 기독교 세계에 새로운 활력을 불러일으킨 부흥주의는 즉각적인 회심과 결단을 하나의 유행하는 장르로 만들었다. 이 운동은 회심에서 인간의 책임과 의지를 강조하였으며, 죄 확신을 통해 회심에 이르고 영혼을 구원하는 기술을 개발했다. 그들에게 있어서 모든 삶의 문제는 그 뿌리에 불순종이 있다. 불순종을 극복하는 비결은 결단하는 것이다. 그것도 더 이상 미루지 않고 현장에서 즉각 결단해야 한다. 이처럼 회심의 신속성과 주관적 결단을 강조한 부흥주의는 기독교의 중흥에 큰 반향을 불러 일으켰다. 그러나 회심이 인간의 결단으로부터 비롯되는 열매라는 인식이 퍼지면서, 하나님의 주권적 은혜라는 요소가 약화될 수 있었고, 마음의 결단과 헌신을 강조하면서 지성적 요소가 무시될 수 있었다. 회심의 과정이 집회에서의 극적 경험으로 대치되면서 반복적이고 일상적인 삶의 변화는 상대적으로

---

53 Gooren, *Religious Conversion and Disaffiliation*, 14.

사소하게 여겨질 수 있었다. 한 개인의 회심이 일어나는데 있어서 신앙 공동체의 역할은 주변부로 밀려나고 명망가 부흥사의 특별 집회가 중심이 되었다. 그러는 가운데 기독교적 회심은 자율적 개인의 결단으로 인식되었고, 이는 근대 개인주의적 영향과 무관할 수 없다. 현장에서의 급진적인 회심의 경험과 순종을 강조하면 행동주의적 사역이 강화될 수밖에 없다. 따라서 결단의 의식, 제단 초청(altar call), 공개 참회, 영접기도 등과 같은 회심을 위한 의례들이 발전하였다.

성결 오순절 전통은 회심 사역의 실제적이고 역동적인 측면을 강화시키고 선교에 큰 기여를 했다. 인생을 바꾸는 경험이 아니라 관념적이고 정적인 일상적 과정으로 취급되던 회심을 기억에 남을 변혁적 순간이 되게 하였다. 그러나 이 전통은 회심에 이르는 변화의 여정이 많은 이들에게는 점진적이고 복합적인 과정 가운데 있음을 간과할 수 있는 단점이 있다. 새로운 전통은 항상 선행 관습의 취약한 부분을 극복하지만, 새로운 전통이 고착화되면 부각되던 장점이 진부한 관행이 되어 버릴 수 있다. 기독교적 회심은 점진성과 급진성, 이성과 감성의 균형 속에서 개별적 회심자들이 자신에게 주어진 여건에서 가장 최적의 경로를 통해 그리스도께 이르는 독특한 여정으로 인식되어야 한다.

(4) 현대 복음주의 운동의 회심에 대한 이해와 평가: 부흥주의 운동이 활성화된 이후 회심에 관한 신학에는 혼란이 있었다. 특히 부흥집회의 백미로 여겨지던 구원의 확신주의가 널리 퍼지면서 회심은 곧 특정한 일시와 장소에서 주관적, 인격적으로 또렷하게 기억되는 경험으로 간주되었다. 이러한 구원의 확신주의는 기독교 가정에서 자라거나 모

태신앙을 지닌 이들에게는 모호하고, 때로는 불확실한 기독교적 자아를 양산하기도 했다. 이러한 회심 신학의 혼란은 경험들로부터 유래된 것이기에, 현대 복음주의 운동의 과제는 성경으로부터 회심 신학의 기초를 재정립하고 성경에 나오는 회심 내러티브를 다양하고 풍성하게 해석하는 것이다. 물론 신학과 실천에서 회심의 중심성을 강조했던 복음주의의 유산과 장점들을 계승하는 과제는 지속해야 한다. 또한 복음주의 전통 밖에 있는 주류교회나 로마 가톨릭, 심지어 동방정교회 등의 경험으로부터 배우려는 자세가 필요하다. 서로 교류하고 배우는 가운데서도 복음주의 운동은 개혁주의 전통을 따라 회심이 하나님의 주도하심에 대한 인간의 반응이라는 인식(엡2:8-9)을 정립했다. 또한 성결-오순절 전통의 점증하는 영향력으로부터 성령의 일하심과 회심의 신비를 겸손히 인정하는 자세도 취할 필요가 있다. 현대 기독교에서 회심을 실제적으로 회복시키고 전개했던 복음주의 운동이 여러 전통들을 융합 수렴함으로 이론과 실천을 겸비하는 계기로 삼을 수 있을 것이다.

2. 회심의 신학적 구성요소들

지금까지 회심의 신학을 다룸에 있어서 회심의 성경적 요소들을 분석하고, 회심의 기독교 전통들을 살펴보았다. 이를 토대로 기독교적 회심 이해를 정립하기 위한 공통적인 신학요소들을 정리하고자 한다. 이는 기독교적 회심의 본질적 요소들과 함께, 회심의 경험과 개념을 서술하는 신학적 언어들을 체계화하려는 것이다. 회심을 바르게 이해하고 설명하는 신학적 언어는 회심의 진정성과 온전함을 세우는데 꼭 필요하다. 이러한 과제를 통해서 기독교 신앙의 핵심적 토대인 회심이 교회와 개인의 신앙생활에서 어떠한 비중과 위치를 차지하는지 가늠할 수 있을 것이다.

앞서 고든 스미스의 저술을 인용하며 성경에 나타난 회심의 요소들을 종합할 때, 다음과 같은 일곱 가지의 공통적인 특징들이 있다는 점을 언급한 바 있다. 그것은 각각 지적요소, 참회적 요소, 정서적 요소, 의지적 요소, 성례적 요소, 은사적 요소, 교회론적 요소라 할 수 있다.[54]

- 지적 요소: 예수 그리스도를 믿는 믿음
- 참회적 요소: 회개와 삶의 변화
- 정서적 요소: 예수 그리스도를 향한 신뢰
- 의지적 요소: 충성의 대상 변화
- 성례적 요소: 세례와 성찬에의 참여
- 은사적 요소: 성령을 선물로 받음
- 교회론적 요소: 공동체적인 삶으로의 통합

위의 일곱 가지 요소들은 크게 내적인 측면과 외적인 측면으로 나뉜다. 지적, 참회적, 정서적, 의지적 요소들은 개인의 내적인 영역에 속하며, 성례적, 은사적, 교회론적 요소는 외적이며 공적으로 드러나는 측면이다. 이 일곱 가지 요소들은 유기적 관계를 이루어 하나라도 보완되지 않거나 제대로 작동하지 않으면 회심의 굳건한 기초를 통해 영적

---

54   스미스, 『온전한 회심』, 257ff.

으로 성장하는데 어려움을 초래할 수 있다. 기독교적 회심에는 믿음과 회개가 중심적 위치를 차지하고 있으나, 회개와 믿음 또한 이러한 일곱 가지 요소들로 세분화되고 구체적으로 구현되어야 한다. 각 요소들을 신학적으로 고찰하며, 그 요소들이 지니는 기독교적 삶의 의미를 살펴보자.

1) 신념(belief 지적요소)[55]

회심은 단순히 경험이나 느낌이 아니라, 믿음의 내용을 핵심에 놓고 있다. 신념이라고 하는 belief는 믿음의 구체적 내용, 기독교적 교리의 체계를 말한다. 믿음의 사실들에 대한 수용과 고백이 없이 회심은 진정성을 가질 수 없다. 기독교의 역사적인 신조나 신앙고백들은 각 전통과 공동체가 믿는 바를 명료하게 진술해 놓은 것들이다. 기독교 회심의 지적 요소는 교리에 대한 동의 뿐 아니라, 그에 기초해서 형성된 세계와 인생에 대한 이해의 변화도 포함한다. 즉, 새로운 세계관에 대한 지적인 동의와 그에 따른 인생의 방향과 마음의 갱신도 요구된다. 기독교적 회심이 예수 그리스도께 대한 믿음과 충성이라면, 이는 그에 관한 구체적인 사실이나 진리를 믿는 것이다.[56] 회심이 정서적, 사회적 요인에 의해서 촉발되었다 하더라도, 그 회심이 올바른 궤도에 안착하기 위해서는 지적인 요소인 신념의 정립이 필수적이다.

기독교 전통은 이러한 지적 요소들을 위한 풍성한 자료들을 제공하

---

55 스미스, 『온전한 회심』, 302-312.
56 스미스, 『온전한 회심』, 263.

고 축적해왔다. 각 시대 마다 기독교 신앙의 정체성과 교리에 대한 의문과 도전이 가해질 때마다, 믿음의 내용을 점검하고 재정립하였다. 정통 기독교의 모든 종파들이 공통적으로 동의하고 역사적 신앙의 기초로 삼는 것을 신조 혹은 신경(creed)라고 한다면(사도신경, 니케아신경 등), 기독교가 여러 전통으로 분화되면서 각 전통들이 시대적 상황과 요구에 따라 믿음의 내용과 신앙생활의 쟁점들을 정립하고 체계화한 것은 신앙고백서(confession)라고 부른다(웨스트민스터신앙고백서, 하이델베르그신앙고백서 등). 어떠한 경로를 거쳐서 기독교 신앙으로 귀의하였든 간에 관계없이, 회심은 믿음의 차원이며, 믿음은 인생과 세계에 대한 진리와 구원에 관한 진술을 담고 있기 마련이다. 따라서 기독교적 회심의 진실성은 믿음의 경험이 아니라, 무엇을 믿느냐를 통해 확증된다. 그리고 그 믿는 내용은 몇몇 무리들이나 개별 교회의 회중들이 합의한 바가 아니라, 역사적 기독교가 공인하고 계승해왔던 것이어야 한다.

기독교적 회심의 신념을 구성하는 교리와 세계관 같은 내용은 성경의 내러티브로부터 핵심적이고 반복적인 주요 주제들을 도출하고 체계화시킨 것이다. 따라서 기독교 신앙의 지적요소는 반드시 성경을 절대적 원천으로 삼는다. 로마 가톨릭은 성경 뿐 아니라 그 성경의 가르침을 더욱 구체적으로 적용하고 실천해 온 전통적 지침들에도 대등한 권위를 부여하지만, 종교개혁 이후 개신교 신앙 전통은 성경의 유일무이한 해석적 권위를 고수한다.

기독교적 회심은 이처럼 이성의 전통을 중시하다.[57] 신앙의 지성적 요소는 회심의 경험과 과정을 공고히 한다. 비록 회심 사건 이후에 지적인 요소가 보완되는 순서를 취하더라도, 지적인 신념의 정립은 회심자의 경험을 더욱 안전하고 명료하게 해석해주며 자신이 믿는 내용을 공유하는 신앙 공동체에 대한 소속감을 더욱 강화시켜줄 것이다.

2) 회개(참회적 요소)

기독교 회심에서 신념(혹은 믿음)과 더불어 근간을 이루는 요소는 회개(metanoia)다. 회개는 회심의 요소들 가운데 가장 대표적이고 가시적이다. 사도 바울 이후 기독교 역사에서 영향력 있는 아우구스티누스의 회심도 죄 문제와의 지난한 갈등을 배경으로 한다. 그는 이탈리아 밀라노 북부의 카시치아쿰 정원에서 겪었던 결정적 인생 전환의 경험을 이렇게 서술한다.[58]

"오, 주여, 어느 때까지입니까? 오, 주여, 어느 때까지입니까? 당신께서 영원히 노하시려 하십니까? 나의 이전의 죄악을 기억하지 마소서."...

나는 이렇게 말하고 내가 지은 죄에 대하여 마음으로부터 통회하면서 울고 있었습니다. 그때였습니다. 갑자기 이웃집에서 들려오는 말소리가 있었습니다. 그 말소리가 소년의 것인지 소녀의 것인지 나는 확실히 알 수 없었으나 계속 노래로 반복되었던 말은 "들고 읽으라, 들고 읽으라"(Tolle lege,

---

57 스미스, 『온전한 회심』, 307.
58 어거스틴, 『성 어거스틴의 고백록』 (서울: 대한기독교서회, 1990), 263-264.

Tolle lege)는 것이었습니다. 나는 곧 눈물을 그치고 안색을 고치어 어린아이들이 어떤 놀이를 할 때 저런 노래를 부르는지 곰곰이 생각해 보았습니다. 나는 곧 눈물을 그치고 안색을 고치어 어린아이들이 어떤 놀이를 할 때 저런 노래를 부르는지 곰곰이 생각해 보았습니다. 그러나 아무리 생각해 보아도 전에 그런 노랫소리를 들어 본 기억이 나지 않습니다. 나는 흘러나오는 눈물을 그치고 일어섰습니다…

나는 바로 알리피우스가 있는 곳으로 급히 돌아갔습니다. 왜냐하면 내가 그곳을 일어나 떠났을 때 거기에다 사도의 책을 놔두고 온 까닭입니다. 나는 그 책을 집어들자마자 펴서 내 첫 눈에 들어 온 구절을 읽었습니다. 그 구절의 내용은 "방탕과 술취하지 말며 음란과 호색하지 말며 쟁투와 시기하지 말고 오직 주 예수 그리스도로 옷입고 정욕을 위하여 육신의 일을 도모하지 말라"(롬13:13-14)였습니다. 나는 더 이상 읽고 싶지도 않고 또한 더 읽을 필요도 없었습니다. 그 구절을 읽은 후 즉시 확실성의 빛이 내 마음에 들어와 의심의 모든 어두운 그림자를 몰아내었습니다.

아우구스티누스의 회심은 불현 듯 아이의 목소리를 듣고 로마서를 펼쳐 읽으며 육신의 정욕과 죄악에 대한 처절한 참회를 하는 것으로 절정에 이른다. 이 경험에 앞서 이미 그는 기독교 신앙을 지적으로 깊이 탐구해왔으나, 친구인 알리피우스를 비롯해서 여러 신앙의 조언자들과 대화를 나누며 신앙적 결단을 추구해왔다. 그러나 그에게 온전한 회심의 경지에 이르는데 있어서 가장 큰 장애물은 자신의 육신적 욕망에 대한 철저한 참회와 그로부터의 해방이었다. 카시치아쿰 정원에서의 이와 같은 신비한 경험은 아우구스티누스에게 기독교 신앙에 귀의하는데 있어서 난관을 극복하게 해주었다.

회개란 단순히 자신의 과오와 잘못에 대한 후회감이나 자책감이 아닙니다. 기독교적 회개는 첫째로 자신의 죄에 대한 인식에서 시작하는데, 그것은 C. S. 루이스가 말한 것처럼 하나님 앞에서 자신에 대한 낭패감이다. 인간의 불순종으로 인해서 하나님과의 관계가 어긋나있고, 그것이 인간 본연의 삶을 그릇된 길로 가게 했다는 인식이여야 한다. 둘째로 회개는 하나님을 떠나 자신이 중심이 되었던 죄의 생활양식을 급진적으로 바꾸는 것이다. 여기서 죄란 도덕적 범죄나 내면의 악한 동기를 말하는 것이 아니라, 그러한 행동과 마음의 죄를 초래한 근본적인 하나님과의 관계 왜곡을 말한다. 하나님을 창조주요 심판자로 온전히 인정하지 않고 자율적 존재로 자기주장의 삶을 추구하는 것이 죄이며, 이 죄는 인간과 세계의 구조적, 본성적 문제이다. 죄를 인식하고 죄의 영향력을 급진적으로 거부하는 참회의 삶은 인간이 자기 의지로 이룰 수 있는 것이 아니다. 이를 위해서 인간은 반드시 하나님의 은총에 의존해야 한다. 인간이 자신의 근본이 죄 속에 있음을 인정한다면, 자신을 구원할 더 큰 존재를 찾을 수밖에 없다. 전능자 앞에서 겸손한 자세를 취하며 자신이 죄인임을 지속적으로 고백하고 용서의 은총을 구해야 한다. 우리가 회개가 아닌 회심이라는 용어를 쓸 때 이 둘은 같은 현상을 비추면서도 범위가 다르다. 둘 다 예수 그리스도께 믿음으로 나아오는 모습을 가리킨다. 가톨릭의 영성신학자인 도널드 해거티(Donald Haggerty)는 '진지한 회심'(serious conversion)이라는 용어를 쓴다. 그는 진지한 회심이 발생하면 머지않아 선과 악의 거대한 격차가 더욱 밝히

드러난다고 한다.[59] 회심의 과정은 우리 안에 가려졌던 죄의 요소들을 더욱 인식하게 한다.

성경은 예수께로 나아오는데 있어서 깊은 죄의 고백과 참회에 이르지 못하여 회심하지 못한 부자 청년이나 바울의 설교를 듣고 머뭇거린 벨릭스 총독(행24장) 등의 사례를 보여준다. 진정한 회심은 한 사람을 돌이켜 죄에 맞서 싸우게 하며, 회개는 회심 이후에도 계속된다. 따라서 죄에 대한 뉘우침과 삶의 전환으로서의 회개는 회심의 전 과정에서 지속적인 각성 요인이 된다. 청교도들은 회심에서 참회적 요소를 가장 중요하게 보았다. 그들은 죄에 대한 자각과 생생한 뉘우침이 없이는 진정한 회심에 이르지 못한 것으로 보았다. 회개 그 자체가 구원에 이르거나 우리를 의롭게 하는 것은 아니지만 회개는 믿음으로 이끄는 가장 필수적인 조건이다. 회심한 이후에도 인간은 죄를 짓기 마련이다. 그러나 우리는 처음 회심할 때만 죄인임을 인정하고 회개하는 것이 아니라, 회심 이후에도 죄를 고백하고 회개해야 한다. 그러나 죄의 처지가 달라진다. 진정한 회심은 지속적으로 죄를 자각하며 맞서 싸우게 한다.[60] 중요한 점은 죄와의 투쟁 또한 우리의 도덕적 의지와 역량에 달린 것이 아니라 은혜의 도움을 입음으로 가능하다는 것이다. 회심과 중생의 출발이 하나님의 구원하시는 은혜이듯이, 진지하고 온전한 회심을 유지시키며 완성에 이르게 하는 것도 은혜이다.

회심이 기독교 공동체 안에서, 또는 기독교 공동체와 연관되어서

---

59 Haggerty, *Conversion*, 30.
60 스미스, 『온전한 회심』, 317.

일어나는 사건이라면 회심의 참회적 요소는 죄 고백의 공동체적 역할에 관심을 갖게 한다. 야고보서 5장 16절은 "너희 죄를 서로 고백하며 병이 낫기를 위하여 서로 기도하라 의인의 간구는 역사하는 힘이 큼이니라"고 권한다. 공동체 안에서 죄와 죄의 유혹을 명명하는 것은 죄악에 맞서 싸울 수 있는 공적 지원을 받는 것과 같다. 개인적 죄의 문제를 공동의 과제로 바꾸기 때문이다. 로더가 말한 것처럼, 회개는 믿음을 새롭게 하여, 세상의 모든 것들을 변화시키는 하나님의 역사에 따르는 연결 고리 역할을 한다.[61]

3) 신뢰와 용서의 확신(정서적 요소)

진정한 회심은 전적으로 그리스도를 의지하고 그에게 자신을 맡기는 것이다. 회심의 지적인 요소인 신념이 그리스도에 관한 구체적 사실과 진리들을 믿는 것이었다면, 여기서의 신뢰는 그리스도께 인격적으로 자신을 의탁하며 그에게 마음을 드리고 몸으로 순종하는 것이다. 기독교 전통에서 믿음은 그리스도에 관한 사실에 동의하는 것 뿐 아니라 그리스도를 의지하고 따르는 신뢰를 포함한다. 신뢰는 언어와 마음의 상태로 끝나지 않고 행동으로 나타나며 우리의 감정을 변화시킨다.

회심에서 감정은 필수적인 중요성을 갖지만, 종종 회심과 감정의 관계는 오해될 수 있다. 감정은 회심의 촉매제가 되긴 하지만 회심 경험을 일으키기 위한 수단으로 전락되면 회심을 통한 감정의 변화에 도

---

61 로더, 『종교적 체험과 삶의 변환』, 29-30.

달하지 못할 수 있다. 다시 말해서, 우리의 회심이 전인적이 되려면 우리의 감정도 회심을 통해서 변화되어야 한다는 것이다. 감정의 수단화는 회심을 피상적으로 만들 수 있다. 진정한 회심은 감정을 갱신해서 새로운 차원으로 이끈다.

그리스도를 신뢰한다는 것은 그의 속죄적 능력을 진실로 믿는 것이다. 이는 죄 용서의 확신으로서 회심의 감정적 요소에서 중심을 차지한다.[62] 우리가 그리스도께 나아오고 그를 구세주로 믿음으로 말미암아 자신이 하나님께 용납되었고 사랑받는 존재라는 사실을 진심으로 깨닫지 못한다면 회심 이후에 주어진 평안의 삶을 누릴 수가 없다. 죄 용서의 확신은 기독교적 회심이 일으키는 삶의 변화를 위한 가장 강력한 동력이다. 기독교계에서 쓰이는 찬송들을 보면 이러한 죄 용서의 은혜에 관한 감격과 감사들이 잘 드러난다. 죄 용서는 깊은 확신으로 회심 이후의 삶을 지배해야 한다. 그래야만 하나님과 화해의 삶을 누리고, 거기로부터 주어지는 기쁨의 선물을 맛볼 수 있다.

회심은 그리스도 안에서 기쁨으로 살아가는 자유를 선사한다. 예수께서는 요한복음 15장 11절에서 제자들이 그와 함께 있으며 그의 계명을 지키는 것은 기쁨이 충만한 삶을 누리기 위함이라고 하였다. 누가복음 24장에서도 엠마오로 가는 길에서 예수를 만나 그가 풀어주는 성경 이야기를 듣던 두 제자가 '마음이 뜨거워졌다'고 한다. 기쁨과 감사, 그리고 감격은 회심한 기독교인들에게 약속된 중요한 정서적 요소다. 바

---

62   스미스, 『온전한 회심』, 326.

울 역시 그의 서신서에서 기쁨과 감사의 삶을 거듭해서 강조한다. 우리가 그리스도께로 나아갔을 때 기쁨과 감사를 경험한다. 이는 더 이상 우리 자신의 공적에 근거하지 않고, 그리스도 안에서 나타난 하나님의 확고한 섭리를 발견하여, 자신의 허물과 부족함이 용서되고 있음을 실체적으로 경험하기 때문이다. 기쁨은 온전한 자아를 발견하고 회복하는 이들에게 주어지는 정서적 실체이기도 하다. 내면의 깊은 갈망과 소명이 합치될 때 기쁨을 누릴 수 있기 때문이다. 그리스도께로 나아와 진정한 자신을 발견하고 삶의 목적을 바로 잡게 되는 것은 기독교적 회심의 열매이다.

4) 헌신과 순종 (의지적 요소)

회심은 근본적으로 충성의 대상을 바꾸는 것이다. 이는 그리스도께 대한 순종으로 표현된다. 하나님의 거룩하신 뜻에 부합되는 삶의 양식으로 바꾸는 것이며, 모든 힘과 열심을 하나님의 나라를 위해서 바치는 것이다. 그래서 하나님을 사랑하고, 이웃을 사랑하는데 우리의 열심과 자원을 기꺼이 투자하는 삶이다. 기독교적 회심은 우리에게 수동적으로 주어지는 은혜일 뿐 아니라, 우리가 능동적으로 그에 응답해서 더욱 더 의미 있는 삶의 변화를 경험하도록 요청한다. 따라서 순종과 충성의 삶은 회심의 진정성을 드러낸다. 믿음이란 행동으로 신뢰하는 삶을 일으킨다. 온전한 회심에 이르게 하는 믿음은 충성과 소명으로 이어진다.[63]

---

63 구원을 위한 믿음에 충성이라는 요소가 본질적으로 내포됐음을 탁월하게 설명한 책으로는 Matthew Bates의 *Salvation by Allegiance*(Grand Rapids: Baker Academics, 2017)를

스미스는 회심의 의지적 요소를 두 가지로 표현한다.[64] 첫째, 회심의 의지적 요소는 도덕적 개혁으로 나타난다. 자발적이며 윤리적으로 자기의 행동과 선택에 하나님 앞에서 책임을 지는 것이다. 둘째는 하나님과 주 예수 그리스도를 섬기는 희생과 봉사의 삶이다. 이는 그리스도의 주권을 인정하며 그의 통치에 참여하여 그를 전하는 삶을 사는 것이다. 도덕적으로 인생을 재조정해서 더욱 착한 사람이 되는 것이 목표가 아니라 그리스도의 가르침을 따라 하나님의 성품을 반영하는 삶을 사는 것이다. 이는 단순히 종교적 광신자의 삶이 아니라, 공공 사회에서 그리스도의 선한 다스림을 반영하고 전파하는 삶을 사는 것이어야 한다.

이러한 헌신은 충성과 순종의 표현이다. 또한 헌신은 소명으로 연결된다. 소명의 발견은 기독교적 회심에서 매우 유의미한 표지가 된다. 기독교적 회심의 고유한 특징이 주인이신 예수 그리스도께 나아와 그에게 충성하는 것이라면, 그 충성은 새로운 소명에 대한 응답이기 때문이다. 바울은 다메섹 도상에서 예수 그리스도와 전격적인 만남을 통해 회심을 하고는 그 자리에서 이방인을 위한 사도로서의 소명을 받았다. 회심은 개인의 영적인 안위와 내세의 구원을 위한 경험에 그치지 않고, 그리스도의 통치 안에서 그의 제자로 살아가는 소명의 삶을 수반한다. 종교개혁자들이 모든 신자의 사제직(all believers' priesthood)을 주창한 것은 바로 성직만이 아니라 모든 회심자들에게는 모든 종류의 직업과 삶의 영역에서 그리스도의 선하신 뜻을 추구하는 소명이 부여되었다고

참조하라.
64 스미스, 『온전한 회심』, 332-333.

믿었기 때문이다. 이러한 제자도적 사명은 세례와 입교(견진성사) 예식에서 재 각성될 필요가 있다.

가벤타는 성경적 회심은 인격적 변혁의 삶을 수반한다고 말한다. 변혁은 과거를 일체 거부하는 것이 아니라 과거로부터 점진해서 더욱 근원적이고 이상적으로 발전하는 것이다. 회심을 통해서 사람들은 새로운 헌신과 정체성으로 자신의 직업과 과제를 대하게 된다.[65] 그리스도인 됨을 공식적으로 인증하는 세례나 입교는 단순히 구원을 위한 믿음의 확증 뿐 아니라 그리스도를 따르는 제자도와 그의 나라를 위한 소명을 발견하는 의미도 포함되어야 한다. 그런 면에서 회심의 의지적 요소는 내적인 요소들의 결론이 된다.

5) 세례(성례전적 요소)

한 공동체나 집단으로 귀의하는데 있어서 의례는 핵심적이며 통합적인 기능을 한다. 기독교인이 되는 대표적인 의례의 과정은 세례이다. 세례는 기독교 공동체에 입회하는데 있어서 결정적인 상징성을 갖고 있다.[66] 신약성경은 예수 그리스도를 믿고 그의 제자가 되는 문지방으로 공히 (물)세례를 지목하고 있다. 개신교 진영, 특히 복음주의 운동에서는 회심에서 내면의 주관적 결단을 중시한 나머지, 의례나 예전의 중요성을 충분히 강조하지 못했다. 개인의 주관적이고 진정성 있는 (heartfelt) 회심 결단을 중시하는 청교도나 경건주의 전통에 비추어보면

---

65 Gaventa, *From Darkness to Light*, 10-12.
66 스미스, 『온전한 회심』, 352.

의식이나 예전은 형식에 불과해 보인다. 그러나 믿음의 우선성과 아울러 성례전적 행위의 통합적 위치도 매우 중요하다. 때로 형식적, 상징적 의식은 때로 우리의 내적 상태를 더욱 견고하게 해주며 공증해준다. 우리가 믿고 고백한 것은 공적인 상징과 의식으로 표현할 때 더욱 강렬한 확신으로 남을 수 있다. 두 남녀가 서로 사랑을 하고 가정을 이루기로 약속하여 혼인 신고를 하더라도 많은 사람들 앞에서 결혼 예식을 치르며 그들의 혼인 서약을 공표하고 다른 이들의 축복을 받는 시간이 가장 중요한 하나 됨의 표현인 것과 마찬가지이다.

우리는 의례를 경험할 때 얻게 되는 종교적 수혜를 다섯 가지 측면으로 설명할 수 있다.[67] 첫째는 경험의 해석(hermeneutic of experience)이다. 세례를 통해서 새로운 사람이 탄생한다. 기독교인은 더 이상 서로를 과거의 계층이나 지위, 소유로 보지 않는다. 이는 서로를 새롭게 보는 공동체적 훈련을 수반한다. 둘째는 현존(presence)이다. 공동체는 부활하신 그리스도의 영으로 세워진 공동체이다. 세례 받은 자에게는 성령이 현존하여서 지지와 사랑의 공동체를 이루신다. 셋째는 성숙화(maturation)이다. 성령의 도우심을 받아 성품과 관계에서 새로운 존재로 성장하는 것이다. 넷째는 봉사(service)의 삶이다. 기독교 공동체는 새롭게 세례 받은 자들이 약하고 소외된 자들을 섬기는 일에 참여시킨다. 그것은 곧 예수께서 보여주시고 가르쳐주신 삶이며, 세례가 결실을 맺는 것이다. 세례에 부합되는 삶을 사는 것이다. 다섯째는 우정(friendship)이다. 하나님의 임재 안에서, 그리고 부활하신 그리스도 안에

67　Bernard Cooke and Gary Macy, *Christian Symbol and Ritual* (New York: Oxford University Press, 2005), 85-86.

서 믿음을 공유하며 성령 안에서 친교를 누리기 위해 세례를 받는 것이다. 이러한 성도의 교제는 기독교적 삶의 중심이다. 이러한 교제에 회심자는 세례 의식을 통해 초대받는다.

종종 개신교회들에서는 세례가 간헐적으로 이루어지고 그 의미가 약화되어, 회심에서 세례를 대체하는 장치들이 등장하기도 했다. 미국의 2차 대각성 운동을 전후로 해서 유행이 된 제단으로의 초청(altar call)이나 개인전도에서 사용되는 영접 기도, 또는 구원의 확신을 공언하게 하는 것과 같은 대체물들이 사실상 세례를 대신하는 회심의 표지로서 기능을 했던 것이다.[68] 그러나 세례의 의미는 내적인 믿음과 분리시킬 것이 아니라, 오히려 세례 방식과 준비, 세례의 장소, 회중의 공동 경험으로서의 세례, 세례 시의 언어 등을 신학적이며, 목회적으로 면밀하게 준비하여 회심을 위한 세례의 중심적 의미를 구현하는 것이 기독교 전통에 더욱 부합되는 실천일 것이다.[69] 종교개혁자들은 중세 로마 가톨릭의 세례를 통한 중생(baptismal regeneration) 교리를 단호히 배격했으나, 세례가 하나님의 주권적인 은혜에 대한 인간의 믿음직한 반응으로서 적합하다는 입장을 견지했다.[70] 오늘날 기독교 교회는 세례 예식이 회심 여정의 중요한 공적이며 공동체적 사건임을 재발견할 필요가 있다. 세례는 신앙 공동체의 일원임을 확인할 뿐 아니라, 신앙의 근본인 회심의 언어를 공적으로 전파하는 효과도 일으킬 수 있기 때문이다.

---

68 William Abraham, *The Logic of Evangelism* (Grand Rapids: Eerdmans, 1989), 131.
69 스미스, 『온전한 회심』, 360.
70 존 릭스, 『개혁주의 세례신학』 (서울: CLC, 2012), 171-172.

6) 성령의 선물(은사적 요소)

성령의 은사를 받는 것은 기독교적 회심에 있어서 필수적이었다. 앞서 말했듯이, 사도행전은 믿고 회개함으로 성령을 선물로 받는다는 것을 반복해서 강조했다. 성령을 선물로 받는 것은 단지 회심 과정의 초기 결신에서만 주어지는 것이 아니다. 물론 바울이 고린도전서 12장 3절에서 "성령으로 아니하고는 누구든지 예수를 주시라 할 수 없느니라"고 말한 것처럼 성령은 그리스도를 믿게 함, 즉 회심의 결단에 이르게 하는 유일한 행위자이시다. 마찬가지로, 예수 그리스도를 전하는 데에서도 성령의 역사는 결정적이다. "복음이 말로만 너희에게 이른 것이 아니라 오직 능력과 성령과 큰 확신으로 된 것"이라고 하였다"(살전 1:5). 성령과 회심의 역사는 불가분리의 관계에 있다. 그런데 우리가 회심을 한 순간이 아니라 전 인격이 거룩하게 변화되는 과정으로 본다면, 성령은 이 과정 전체를 주관하는 것이다. 회심에서 성령을 선물로 받는 것이 좋은 출발을 가능하게 한다. 신약 성경에서는 회심 경험을 가리키는데 더욱 자주 쓰이는 용어는 요한복음 3장과 베드로전서 1장에서만 등장하는 '거듭남'보다 사도행전과 서신서에서 계속적으로 강조되는 성령의 선물과 역사다.

스탠리 그렌츠(Stanley Grenz)는 회심에서 성령의 역사를 네 가지로 본다. 첫째는 '자각'(conviction)으로서 성령께서는 회심자에게 죄에 대해서 각성케 하신다. 둘째는 '부르심'(call)으로서 성령은 죄인인 인간이 하나님께서 부여하시는 구원으로 나아오도록 부르신다. 셋째는 '조명'(illumination)인데, 성령께서 회심자들에게 복음의 진리를 깨닫게 하시는 것이다. 넷째는 '능력부여'(enablement)인데, 이는 성령께서 복음에 대한 응답으로서 회개와 믿음을 가능하게 하는 능력을 부여하시는 것이다.[71] 여기서 그렌츠의 주된 논지는 회심의 전 과정을 성령이 주관하시는 역동적인 역사로 봐야 한다는 것이다.

성령의 임재와 역사는 그리스도를 주로 고백하는 회심을 일으킬 뿐만 아니라, 우리의 모든 생활 방식을 변화시킨다. 바울은 고린도전서 12장과 로마서 12장에서 공동체를 세우기 위한 성령의 은사들을 소개한다. 이 목록은 모든 은사들을 나열했다기보다는 대표적인 은사들을 제안한 것이다. 초자연적인 은사와 자연적인 은사들이 함께 등장한다. 오순절주의는 성령의 은사와 역사를 다시 부각시키고 역동적인 실체를 증명하는데 큰 기여를 했다. 그러나 종종 오순절주의는 성령의 은사를 초자연적인 능력에 집중하는 경향이 있다. 성령의 은사는 우리 삶의 전 영역에서 하나님의 섭리에 따른 새로운 영감과 방향을 공급하고, 능력을 함양하는 것이다. 성령의 선물은 우리의 회심이 그리스도의 주권에 순종하는 소명에 충실한 삶으로 이어지도록 우리를 지도하고 견인하신다.

종종 많은 개신교인들은 회심의 여정에서 주께서 갈보리에서 이루신 과업에 집중하는 반면, 주께서 오순절에 성령을 보내셔서 그를 따르

---

71 Stanley Grenz, *Theology for the Community of God* (Nashville: B&H Publisher, 1994), 538-541. 그렌츠는 기독교 공동체를 위한 조직신학이라는 독특한 전개를 하는데, 회심에 관해서는 일반적인 조직신학서들에 비해서 상당한 분량을 할애하며 특히 이를 성령론에서 다룬다.

는 이들을 근본적으로 회심시킨 역사를 소홀히 하는 경향이 있다.[72] 모두 성령의 역할을 인정하지만, 각 전통에 따라서 강조하는 초점은 약간씩 달라진다. 개혁주의 전통은 성령의 역사를 주로 말씀의 조명을 통한 지적 깨달음에 국한하는 경향이 있다. 일반적인 복음주의 전통은 회심의 중심적 요소인 회개와 믿음을 성령이 주도하시는 걸로 본다. 은사주의 전통은 실제적으로 회심에서 성령의 주도 아래 강력한 체험과 은사를 받는 것을 강조한다. 중요한 사실은 성령의 선물을 감사함으로 받아들이고 성령의 역사를 구하는 삶은 회심의 사역에서 결코 간과될 수 없는 절대적 기초이자 동력이라는 것이다. 바울이 에베소에서 어떤 제자들을 만나 물었던 질문을 상기하자. "너희가 믿을 때에 성령을 받았느냐?"(행19:2)

7) 신앙 공동체에의 참여 (교회론적 요소 혹은 집단적 요소)

구원은 개인적인 사건이 아니다. 구원은 한 개인의 영혼이 사망의 권세로부터 구제 받아 죽은 다음에 천국에 갈 길을 보장받았다는 징표가 아니다. 구원이란 그리스도의 몸 된 교회에 참여하는 것, 즉 하나님의 언약 백성에 포함되는 것이다. 회심은 우리를 하나님 나라에로 편입시키는 과정이며, 이는 구체적인 기독교 공동체에 참여함으로 가시화된다. 따라서 우리가 기독교 공동체에 헌신하기까지 온전한 회심을 말할 수 없다.[73] 회심은 공동체와 분리되어 일어날 수 없기 때문이다. 회심은 전 인격적이며 총체적인 성격을 갖고 있으며, 근본적으로 삶의 양

---

72 스미스, 『온전한 회심』, 366.
73 스미스, 『온전한 회심』, 388.

식을 전환시키는 것이다. 이러한 삶의 양식을 전환하기 위해서는 새로운 공동체적 생활 양식을 준거틀로 삼고 그 양식을 모방할 수밖에 없다. 인간이 새로운 개념과 사상을 수용하려면, 그 개념이 실천되는 공동체적 생활양식(forms of life)을 경험하고 체득하지 않고서는 불가능한 것처럼, 회심의 과정은 공동체에 참여하여 공동체의 이야기와 실천을 공유하는 것이다.

회심의 공동체적 요소는 인간이 본래 관계적 속성을 지닌 존재이기 때문이다. 이는 인간이 삼위일체의 관계로 존재하시는 하나님의 형상으로 지음 받았기 때문이다. 또한 인간이 피조세계의 일부라는 것은 그가 다른 피조물과 상호 의존적 공동체 관계 속에서 살도록 지음 받았다는 것이기도 하다. 인간은 생존과 성장에서 타인과의 의존적 관계를 지닐 수밖에 없으며, 이는 인간의 고유한 군집성을 보여준다. 따라서 그렌츠는 "회심에서 기독교 공동체의 이야기는 우리 개인의 이야기가 재구성되는 상황이 된다"고 하며, "회심은 우리가 독특한 가치 체계를 지닌 새로운 공동체와 대면하고, 그 대면을 통해서 그 공동체의 이해를 우리의 것으로 받아들일 때 발생한다"고 주장하다.[74]

그 동안 주로 근대의 복음주의 운동을 중심으로 회심을 개인주의적으로 이해하는 성향이 상당하게 형성되었다. 또한 서구 기독교의 영육 이원론 전통이 반영된 소위 '영혼구원'이라는 언어는 공동체의 역할을 소홀히 하게 만들었다. 믿음은 개인적, 주관적 결단의 문제라고 생각하

---

74   Grenz, *Theology for the Community of God*, 555-556.

는 근대 인본주의가 교회의 실천에도 영향을 준 것이다. 인간의 변화 또한 공동체에서 형성되는 것이 아니라 개인의 노력에 달린 문제라고 보는 시각도 이러한 개인주의를 반영한다. 그러나 우리가 회심을 공동체적 과정이라고 본다면, 기독교인이 되고 성장하는 것은 기독교 신앙에 내재된 덕목을 체득하는 것이라 할 수 있다. 덕목의 체득은 기독교 공동체의 실천에 참여하고 교류함으로서 가능해진다. 회심은 기독교 신앙에 특유한 인생 태도와 행동을 일으키는 심층 동기의 변혁을 수반하며, 자신에게 새로운 의미의 준거점을 제공하는 공동체와 진지하게 조우한다.

폴 마크햄(Paul Markham)은 회심에 대한 과학철학과 신학의 융합적 분석을 시도하면서 회심을 단지 개인주의적이고 내세주의적인 구원론이 아니라 현세에서의 새로운 질서를 경험하고 실천하는 공동체적 측면에서 볼 것을 제안한다. 즉, 회심을 개인의 의지나 결단에 의한 사건으로 보다는 공동체적 만남과 접촉을 통해서 자연스럽게 일어나는 공동체적 현상으로 볼 필요가 있다는 것이다.[75] 이러한 마크햄의 통찰은 회심에서 교회의 역할과 비중에 집중하게 한다. 기독교적 회심의 교회론적 요소는 기독교 공동체의 언어, 습관, 의식, 실천 등이 잠재적 회심자와 결단한 회심자에게 얼마나 중요한 지를 일깨워준다. 이는 잠재적 회심자를 둘러싼 종교-사회적 네트워크가 얼마나 풍성하며 지속적인가에 따라, 즉 사회적 자본의 풍성함이 회심의 발생에 기여한다는 종교사회학적 이론과도 공명한다. 공동체로서의 교회가 회심의 사회적 자

---

75 Paul Markham, *Rewired: Exploring Religious Conversion* (Eugene, OR: Pickwick, 2007), 207.

본을 형성하는 현장인 것이다.

지금까지 고든 스미스의 저술을 중심으로 기독교적 회심의 일곱 가지 요소들을 살펴보았다. 이 요소들은 우선 신약성경의 회심 기록에 공통적인 기반을 둔다는 점에서 기독교적 회심을 본질적으로 구성한다고 볼 수 있다. 각 전통에 따라서 좀 더 강조하는 요소는 달라질 수 있다. 예를 들어, 개혁주의가 지적 요소, 의지적 요소, 교회론적 요소를 중시한다면, 로마 가톨릭이나 주류교단과 같이 성례주의적 전통에서는 세례적 요소를 지적 요소와 교회론적 요소보다 더 앞세울 수 있다. 반면 부흥주의 전통은 회심에서 참회적 요소와 정서적 요소, 그리고 은사적 요소를 더욱 부각할 것이다. 그러나 이 일곱 가지 요소들은 온전한 회심을 위해서 모두 필요하다. 스미스는 교회의 지도자들이 신학적으로 검증된 이 요소들을 온전하게 균형을 갖추어서 회심자의 삶을 이끌지 못하면 회심 사역의 소명에 충실하지 못한 결과를 맞이하게 될 것이라고 경고한다.[76]

76　스미스, 『온전한 회심』, 297.

회심의 실천적 영역들

지금까지 회심에 대한 종교학적 이해와 성서학적 자료, 그리고 신학적 개념화를 논의했다면, 이 장에서는 회심의 실천적 측면들을 간략하게 다루고자 한다. 회심의 실천적 측면으로 본 장에서 고려할 주제들은 신앙성장, 신앙감정, 전도, 윤리적 삶이다.

1. 회심과 신앙성장론

회심은 신앙에 귀의하는 초기 과정을 다루지만, 좀 더 넓은 관점에서 본다면 지속적인 신앙의 성장을 위한 출발점이다. 따라서 회심에 대한 논의에서 회심 이후의 신앙 성장에 대한 관찰 또한 빼놓을 수 없다. 회심을 초월적이고 변혁적인 종교 경험으로 본다면, 회심 경험이 실제적으로 회심자의 삶을 어떻게 변화시키고 재형성하는지에 대한 연구는 매우 중요한 회심의 주제가 될 것이다.

먼저 살펴볼 수 있는 인간 성장 및 발달에 관한 이론을 이해할 필요가 있다. 많은 경우에 회심은 청소년, 청년기의 자녀가 부모로부터 독립하는 신앙을 주체적으로 개인화(individuation)시키는 과정으로 이해되기도 했다.[77] 따라서 회심을 신앙 성장의 측면에서 조명하는 것은 회심에 대한 주된 접근 방식 가운데 하나다. 기독교적 관점을 인간 성장론에 접목시킨 대표적인 연구는 제임스 파울러(James Fowler)의 *Stages of Faith: The Psychology of Human Development and the Quest for Meaning*이었다. 파울러는 심리학의 인간발달 이론들(에릭슨, 피아제, 콜버그)에 상응하는 기독교적 인간 성장의 접근과 해석 패러다임을 제공했다.

그는 점진적인 변화의 과정을 '발달'(development)로, 중심에서의 혁명적 변화를 '회심'(conversion)이라고 정의한다.[78] 그러한 의미에서 그는 책 전번에 걸쳐 연령에 따른 신앙의 발달 궤적과 특성을 분석한다. 에릭 에릭슨(Erik Erickson)의 인간 발달론을 파울러의 신앙 발달과 조화시킨다면, 우선 2세 전까지의 아동에게는 본질적 신뢰가 중요하며 3세까지는 자기 자신에 대한 인식이 발달한다. 파울러의 신앙 발달론이 적용되는 시점은 3세에서 6세인데, 죄의식이 생겨나는 이 시기에는 직관적 투시적 신앙이 연결된다. 이때는 부모나 성인 보호자를 통해서 신

---

77 McKnight, *Turning to Jesus*, 175.
78 James Fowler, *Stages of Faith: The Psychology of Human Development and the Quest for Meaning* (New York: HarperSanFrancisco, 1995), 34.

앙을 몸으로 경험하는 시기이다. 6세에서 12세는 신화적-문자적 신앙이라고 하는데, 아이들이 서서히 신앙의 이야기를 듣고 말씀 그대로를 듣고 자기 나름대로 신앙의 대상에 대한 그림을 그려간다. 청소년기인 13세에서 20세는 정체성과 자아상을 확립하려는 시기로서, 이때 자신의 주체적 신앙을 형성해 간다. 만약 이 시기에 신앙이 강요될 경우에는 미숙한 형태의 신앙에 머물러 성장하지 못하며, 오히려 반항의 반응이 나올 수 있다. 이는 자신의 주체적 신앙을 형성하는 시기이기 때문에 이러한 반항은 어떤 면에서는 건강하게 승화될 수도 있다. 20세 이상이 되면 새로운 자아의 동반자를 찾기 위해서 친밀감을 갈망하는데 이때의 신앙 발달은 보상이론으로 설명될 수 있다. 어릴 때 충족되지 못한 신뢰와 자존감 등이 신앙으로 회복되고 치유되는 가능성이 있다. 애착이론이 말하는 가족 관계에서 결여된 자기 정체성이 하나님과의 관계에서 회복될 수 있다. 따라서 이 시기는 친밀감과 사랑에 대한 욕구가 회심의 동기를 부여한다. 35세 이상은 인생에서 가장 많은 활동과 성과를 내는 시기이다. 이 시기의 신앙은 종합적-인습적 형태로 발달하며, 자기 자신을 반성하며 우주와의 조화를 모색하게 된다. 60세 이상은 자아 통합을 이루려는 시기이다. 이 시기에 온전한 자아 통합이 이루어지지 않으면 침체와 좌절에 빠질 수 있다. 따라서 이 시기에 종교적 옹호는 개인에 대한 배려를 통해 자기 정체성과 인생 후기의 소명을 재발견할 때 더욱 효과적일 것이다.

파울러는 회심과 같은 변혁적 전이(transition)가 어느 연령이나 어느 시기에서도 발생할 수 있음을 말한다.[79] 그는 다른 저서에서 연령별 신앙 발달 뿐 아니라, 성인의 신앙 발달에 대해서 분석을 하면서 회심은 발달에 비해서 사람에게 열정의 재중심화(recentering of one's passion), 감정의 재 정렬(realigning of one's affections), 덕의 재구조화(restructuring of one's virtues)를 수반한다고 한다.[80] 이러한 변화를 위해서 점진적인 운동을 수반하는 발달로는 충분치 않기에 회심이라는 현상이 요구된다는 것이다. 물론 회심도 한 순간의 변혁적 경험만이 아니라, 사람들의 인생 이야기를 새로운 관점에서 재조정할 수 있도록 관점을 전환시키는 확신이나 조명이며 이는 평생에 걸쳐 지속적인 과정일 수 있다. 정확히 말해서, 회심은 단순히 인간 발달과 배치되는 것이 아니라, 인간 발달의 변혁이자 성취라고 할 수 있다.[81] 파울러는 기독교적 회심에서 가장 괄목할만한 가시적 변화는 자기에게 기반을 두는 삶(self-groundedness)에서 언약적 삶(covenant)으로의 이동인데, 이는 다른 말로 해서 소명적 실존(vocational existence)의 삶으로 변화하는 것이다. 소명을 진지하게 여기고 천착하는 삶은 인간 발달의 중요한 국면으로 볼 수 있다.[82]

신앙 성장이 연령별 발달에 그치지 않고, 성인들의 회심 여정에도 적용될 수 있다는 주장은 자넷 해그버그(Janet Hagberg)와 로버트 굴리히(Robert Gulich)의 『더 깊은 믿음으로의 여정』에서도 제시된다. 그들은 영성, 믿음, 그리고 여정이라는 단계로 신앙의 여정을 분류하는 작업을

---

79 Fowler, *Stages of Faith*, 282.
80 James Fowler, *Becoming Adult, Becoming Christian: Adult Development & Christian Faith* (San Francisco: Jossey-Bass, 2000), 114.
81 Fowler, *Becoming Adult*, 115.
82 Fowler, *Becoming Adult*, 115.

한다. 이들은 1단계 하나님에 대한 인식, 2단계 제자의 삶, 3단계 생산적인 삶, 4단계 내면의 여정, 5단계 외면의 여정, 6단계 사랑의 삶이라는 단계들을 제시한다. 이 단계들은 보편적인 순서이긴 하지만, 정해진 기간에 따라 순차적으로 이동하기보다는 유동적이며 전후로 이동하며 누적될 수 있기에 연령별 신앙단계와는 차이가 있다. 또한 이것은 반드시 연속되는 것도 아니다. 어떤 사람들은 한 단계에서 오랫동안 거하며 앞의 단계들을 오갈 수도 있다고 한다. 다시 돌아간 단계는 처음 경험과는 다른 더 깊은 차원이 될 수 있다. 이를 저자들은 '주거지'와 '재방문'이라는 용어로 표현하며, 이러한 이전 단계의 새로운 경험을 통해서 전환기로 나아갈 수 있다고 말한다.[83]

윌리엄 에이브럼(William Abraham)은 기독교 신앙에 들어서는 것을 입문(initiation)이라는 용어로 표현하며, 하나님 나라의 구성원이 되는 좋은 입문이 되기 위해서는 여섯 가지를 제시하는데, 이 각각의 항목은 회심이 온전한 신앙으로 성장하기 위해서 고려해야 할 측면을 지니고 있다.[84] 그것은 '회심'으로 출발한다. 이는 신앙을 갖기로 결심한 상태다. 그리고 은총의 수단인 성례전으로서 '세례'를 통해 확증된다. 신앙의 입문은 하나님 사랑과 이웃 사랑의 '도덕적 삶'에 헌신하는 것이다. 그리고 신앙 입문자들은 기독교의 역사적인 '신조들'을 배워야 한다. 에이브럼은 사도신경 보다는 성령론이 더욱 보완되어 균형잡힌 니케아 신조를 추천한다. 이러한 지적, 의지적 회심의 요소에 '영적 은사'

---

83 자넷 해그버그·로버트 굴리히, 『더 깊은 믿음으로의 여정: 인생에서 가장 중요한 영성여행』 (서울: 디모데, 2008), 32.
84 Abraham, *The Logic of Evangelism*, 118-162.

가 보강되어야 한다. 회심자의 삶은 하나님의 권능을 경험하도록 초대받기 때문이다. 영성은 은사만이 아니라, 훈련으로 체화되어야 한다. 영적 훈련은 성찬에의 참여와 금식, 묵상, 참회의 훈련을 수반한다. 이를 통해서 회심자는 영적 분별력을 갖고 성장할 수 있다.

2. 회심과 신앙 감정론

신앙이 성장하는데 있어서 중요한 역할을 하는 것은 신앙 감정이라 할 수 있다. 감정적 요소가 회심에서 역동적 기능을 하는 것처럼, 회심 이후에 회심을 검증하는 데서도 신앙의 감정은 길잡이 역할을 할 것이다. 이 장에서는 회심의 관점에서 신앙 성장과 신앙 감정을 간략하게 다루고자 한다.

신앙 감정론(religious affections)을 적극적으로 기독교 신앙의 진정성을 위한 표준으로 제시한 이는 청교도 신학자인 조나단 에드워즈(Jonathan Edwards)다. 그는 18세기의 미국 목회자였으며 뉴저지 대학교의 총장을 역임했고 노스햄프턴(North Hampton)에서 담임 목회를 하였다. 그는 청교도의 회심 신학을 재정립했다고 볼 수 있다. 에드워즈의 외조부인 솔로몬 스타더드(Solomon Stoddard)는 17세기 뉴잉글랜드 지역에서 가장 영향력 있는 목회자로서 회심의 실체를 엄격히 검증했던 청교도의 관행을 완화시키면서 교회의 정식 회원권을 완화시켜줬다. 그러나 에드워즈는 그의 외조부가 받아들인 중도언약(The Halfway Covenant)과 결별하며 구원에 이르는 회심 체험을 고백하고 경험한 자들로 이루어지는 교회를 추구한다.[85] 청교도의 회심 전통은 "준비론"(preprarationism)이라 불리는데, 17세기 청교도 지도자였던 토머스 셰퍼드(Thomas Shepard)는 참된 회심을 위한 네 가지 단계를 죄의 각성, 통회, 겸비, 그리고 믿음으로 보았고, 에드워즈는 이러한 회심 준비론을 받아들인다.[86] 그는 이러한 사상적 전통에서 미국의 1차 대각성 운동을 위한 기초가 되는 회심과 부흥의 신학을 정립하였고, 노스햄프턴의 부흥과 대각성 운동에서 일어나는 사람들의 회심을 관찰하면서 신앙 감정론을 1746년에 집필한다. 그의 핵심 주장은 영혼을 중생시키는 참된 능력은 하나님 말씀의 탁월성과 아름다움에 있으며, 회심한 영혼은 이를 발견할 수 있는 새로운 감각을 갖게 된다고 한다.

에드워즈는 감정이란 "한 인간의 영혼을 구성하고 있는 의지와 성향이 지닌 더 활기차고 감지할 수 있는 활동"이라고 정의하였다.[87] 또한 의지와 감정은 별개의 분리된 영역으로 간주될 수 없기 때문에 의지는 감정의 영향을 받은 만큼만 행사될 수 있다. 감정은 격정(passion)이라는 말보다 더 포괄적이며, 의지와 성향이 모두 생생하게 활동되도록 하는 지점이라고 그는 주장한다.[88] 에드워즈는 감정의 본질과 중요성을 설명한 다음, 은혜로운 감정, 즉 신학적으로 온전한 감정이라고 판단할 수 있는 12가지 표지들(소극적, 적극적 표지들을 모두 합쳐 24가지)을 열

---

85 조나단 에드워즈, 『놀라운 회심의 이야기』 (서울: 크리스찬다이제스트, 2004), 35.
86 에드워즈, 『놀라운 회심의 이야기』, 140-141. 이 내용은 책의 부록으로 실린 양낙흥의 "조나단 에드워즈 회심론의 신학적 배경"에 근거한다.
87 조나단 에드워즈, 『신앙감정론』, 정성욱 역 (서울: 부흥과개혁사, 2005), 148.
88 에드워즈, 『신앙감정론』, 151.

거하는데, 이는 아래와 같다.[89]

참된 신앙 감정의 소극적 표지들

1. 신앙 감정이 매우 크게 발휘되거나 높이 고양되는 것
2. 감정이 몸에 큰 영향을 미치는 지의 여부
3. 신앙 감정이 있는 사람들이 신앙적인 일들을 매우 유창하고 열정적으로, 그리고 풍부하게 말한다는 사실 자체
4. 감정들의 자가 생산 여부
5. 신앙 감정들이 성경 본문을 마음속에 기억나게 한다는 것
6. 사람들이 체험하는 감정에서 사랑이 (현상적으로) 나타난다는 것 자체
7. 사람들이 여러 신앙 감정들을 동시에 체험했다는 사실
8. 양심의 각성과 죄에 대한 깨달음이 있은 후에 어떤 일정한 순서를 따라 위로의 기쁨이 뒤따른다는 사실 9. 사람들이 갖고 있는 신앙 감정이 그들로 하여금 신앙적인 일에 시간을 많이 사용하게 하고, 예배의 외부적인 의무들에 열심히 헌신하게 한다는 사실 10. 사람들이 가진 신앙 감정이 그들로 하여금 입으로 하나님을 찬양하고 영광을 돌리게 한다는 사실 11. 자신의 구원이나 영적 상태에 대해 '넘치게 확신한다'는 사실
12. 타인에 의한 구원의 확신 여부

참된 신앙 감정의 적극적 표지들

1. 성령의 내주로 말미암아 '영적이고 초자연적이며 신적인 영향과 작용들이

---

89 에드워즈, 『신앙감정론』, 189ff.

역사하는 것'을 체험하며 살아감
2. 자기 이익이 아니라 하나님의 영광을 위해 사랑하는 사람
3. 도덕적 탁월성 때문에 하나님과 신적인 일들을 사랑하는 사람
4. 영적인 지식은 마음의 새로운 감각 또는 신적인 것의 아름다움과 도덕적 탁월성을 이해하는 감각
5. 신앙의 확신을 가진 사람
6. 복음적 겸손: 전적인 무능함, 혐오할 만함, 그리고 추악함과 같은 심령을 가진 존재라는 것을 아는 감각
7. 본성의 변화를 입은 사람: 더 이상 죄들이 인격의 주된 요소가 되지 않는다
8. 그리스도의 성품을 닮아가는 사람
9. 부드러운 마음
10. 아름다운 균형과 조화를 이룬 삶
11. 영적인 욕구와 갈망을 더욱 크게 느끼는 사람
12. 실천적인 그리스도인: 참된 성도는 열매 맺는 삶을 산다.

위의 목록은 에드워즈의 주관적인 분류이긴 하지만, 그의 신학적 전승과 연륜이 결합되어 나타난 고전적 가치를 지니는 내용이라고 볼 수도 있다. 소극적 증거는 주로 현상적인 측면들이 많은 반면, 적극적 증거들은 의지적이고 실천적인 요소들이라 할 수 있다. 물론 에드워즈의 신앙 감정론이 회심이라는 경험을 설명하기 위한 것은 아니지만, 기독교 개혁주의 전통에서 회심의 진정성(에드워즈의 표현으로는 '참된 종교의 본질')을 이해하고 구별하는데 있어서 어떠한 점들을 고려했는지를 잘 보여준다. 이는 그가 "참된 신앙은 대체로 거룩한 감정 안에 있다"고

진술한 사실에서도 드러난다.⁹⁰ 따라서 신앙과 감정의 관계를 집중 조명한 그의 저서들은 본 연구에서 회심과 신앙 감정을 다루는데 있어서 중요한 참고 자료가 될 것이다.

에드워즈는 회심 체험에 대해서도 언급을 하였다. 그는 (특히 자신의 목회지였던 노스햄프턴에서 일어난 부흥 운동을 계기로) 기독교적 회심의 본질을 분석하는 것을 자신의 소명이자 의무로 여기면서, 건강한 회심 체험은 통일성과 다양성을 갖춘다고 주장한다.⁹¹ 이는 회심의 근간을 이루는 회개와 믿음에 있어서 통일성과 다양성이다. 첫째로, 회개 체험의 통일성과 다양성을 말한다. 이는 죄와 죄로 인한 비참함에 대한 각성으로서 심판에 대한 두려움과 은혜의 필요성을 느끼게 한다. 둘째로, 믿음 체험의 통일성과 다양성이다. 이는 특별히 은혜를 발견하는 것인데, 이를 통해 성경 구절에 대한 깨달음이 일어나고, 하나님과 그리스도에 대한 갈망이 생기며 구원의 소망을 품게 된다고 한다. 이러한 공통적 특징들도 사람들에 따라 다르게 경험의 정도가 다를 수 있다. 그로 인해서 회심에 대한 다양한 견해와 체험 양상이 나타날 수 있는 것이다. 회심의 시기와 체험 양식, 사후 자각에서 다양성이 있음에도 불구하고 회심의 진정성을 추적할 수 있는 몇 가지를 에드워즈는 성령께서 성경 말씀을 사용해서 성경의 진리를 깨닫게 한다는 것, 회심 이후 구원의 논증이 더 선명하게 다가온다는 점, 그리스도와의 사랑에 들어감, 겸손한 성품을 갖게 됨, 그리스도의 공로를 통한 은혜에 의한 구원 자각, 영적 기쁨, 그리스도께 대한 의존, 이웃 사랑과 전도에의 열심, 하나님에 대한

---

90   에드워즈, 『신앙감정론』, 147.
91   조나단 에드워즈, 『놀라운 부흥과 회심 이야기』 (서울: 부흥과개혁사, 2011), 64ff.

경외 등을 열거한다.[92] 이러한 항목들은 앞서 인용한 신앙의 거룩한 감정과 거의 일치하는 내용들이다.

    종교적 회심과 신앙 감정의 관계에 대한 에드워즈의 연구는 회심의 정서적 요소를 고려할 때 통찰력 있는 자료를 제공한다. 특히 에드워즈가 개혁주의 전통에 확고하게 서 있으면서도 청교도적 회심의 영성을 지녔다는 점에서 사변적이고 관념적인 신앙 전통에 활력을 줄 수 있다. 신앙 감정론과 관련해서 추가적으로 관심을 가질 만한 주제는 수치의 문제이다. 수치(shame)는 오랫동안 죄책(guilt)과 대비되어 사용되는 개념이어서, 회심 과정에서 회개와 믿음이 주요 모티브라고 한다면 현대인에게 있어서 종교적 회심이 갖는 기능과 의미를 수치의 극복이라는 측면에서 조명할 수 있을 것이다. 그 동안의 전통적인 서구 기독교 신학이 죄책-형벌의 문화에 기초했다면, 오늘날의 포스트모던 시대는 더욱 수치-명예 문화적 특성을 갖는다고 할 때 수치의 관점에서 회심을 본다면 새로운 측면에 대한 이해를 기대할 수 있기 때문이다. 죄책이 내가 도덕적으로 잘못 행한 것으로 인해서 갖게 되는 부정적 감정이라면, 수치는 내가 당한 것으로 인해 형성되는 부정적 감정이라 할 수 있다. 그렇다면, 기독교 신학에서 말하는 인간의 원죄성과 세계를 지배하는 죄의 구조를 고려할 때, 회심은 근원적 수치로부터의 해방이라는 관점에서 이해될 수 있다. 특히 기독교가 회심에 있어서 신적인 은혜의 주도권을 강조하고, 수치가 피동적으로 주어진 감정이라면 더욱 더 그럴 것이다.[93] 앞서 본 연구의 1부에서는 성경적 내러티브에 근거한 기

---

92   에드워즈, 『놀라운 부흥과 회심 이야기』, 96ff.
93   수치와 죄성, 그리고 수치의 기독교적 해법에 대한 연구는 다음의 자료들을 참조하였다. Curt

독교적 회심의 유형과 현상도 살펴보았다. 기독교적 회심 이해가 성서의 내러티브에 근거한다면, 이는 인간의 정체성을 형성하는 내러티브를 치유하고 회복하는데 기여하리라 본다. 왜냐하면 수치를 치유하기 위해서 인간은 그의 내러티브 속에서 수치의 위치와 비중을 찾고 성서의 내러티브에서 자기 정체성의 위치를 재설정할 수 있기 때문이다. 내러티브, 또는 이야기는 우리에게 일어난 일들의 인과 및 상관관계를 설명할 뿐 아니라, 의미를 알려주기도 한다. 의미의 발견을 통해서 우리는 정서적으로 부정적인 흔적과 장애들을 극복할 수 있게 된다. 따라서 수치의 치유는 인간의 관계뿐 아니라 자신의 새로운 삶을 위한 성장의 발판이 될 것이며, 이러한 극복의 과정에서 회심이 관여하는 상관성이 있을 것이다. 수치가 인간을 억압하는 정서적 무기라면 회심은 이러한 정서적 속박에서 인간을 자유롭게 하는 출발점의 기능을 할 수 있다.

3. 회심과 복음전도

회심은 기독교 신앙으로 귀의하는 과정을 다루기에 종교적 옹호의 역할과 깊이 연관된다. 기독교에서는 종교적 옹호를 전도라는 용어로 사용하는데, 여기서는 회심에 대한 이해가 전도에 어떠한 영향을 주는지를 살펴보기로 하겠다.

Thomson, *The Soul of Shame: Retelling the Stories We Believe About Ourselves* (Downers Grove: IVP, 2015). Jayson Georges and Mark D. Baker, *Ministering in Honor-Shame Cultures* (Downers Grove: IVP, 2016). 마크 베이커·조엘 그린, 『십자가와 구원의 문화적 이해』 최요한 역. (서울: 죠이선교회, 2013).

1) 회심에 이르는 경로(orientations to conversion)

스콧 맥나이트는 사람들이 회심에 이르는 대표적 경로(orientations)를 사회화, 예전 과정, 그리고 인격적 결단으로 분류한다.[94] 이 세 가지 회심의 경로들은 각각 기독교 전통과 실천을 반영한다.[95]

(1) 사회화(socialization): 사회화는 교회가 세속사회를 지배하던 유럽의 기독교국가(christendom) 시대의 전형적인 회심이다. 기독교화된 체제 아래서 사람들은 신앙을 수동적으로 전수받는다. 작은 사회 집단에서도 사회화에 의한 회심은 일어난다. 기독교 가정이나 기독교 학교가 이에 해당한다. 모태신앙을 가진 이들도 이 부류에 속한다. 이들은 기독교 신앙을 갖게 된 시점에 대한 인식이 약하지만 기독교적 정체성은 분명하다. 또한 회심에 이르게 된 개인의 위기나 고뇌가 약하기에 신앙의 뚜렷한 경험이 없는 편이다. 사회화에 의한 회심은 종종 형식적이고 강요적인 신앙에 대한 저항에 직면할 수 있다. 그러나 사회화가 부정적인 것만은 아니다. 그리스도의 제자가 되어 하나님 나라 백성의 삶을 배우며 실천하는 것 자체가 사회화, 성인인 경우에는 정확히 말해서 재사회화(resocialization)이기 때문이다. 만약 기독교 공동체가 물질주의적이며 비인격적이고 찰나적인 세속사회와는 차별된 가치와 경험을 제공해준다면, 사람들은 기독교 공동체 안에서 새로운 관계와 삶의 의미

---

94 McKnight, *Turning to Jesus*, 5ff.
95 이 세 가지 경로와 그에 상응하는 전도방식에 대한 이하의 논의는 「실천신학」 52호 (2016년)에 실린 필자의 논문 "전도적 관점에서의 회심 이해"의 671-675까지에 수록된 내용을 발췌하고 첨삭하였다.

를 추구할 것이며, 기독교 공동체로의 입문은 대안적 재사회화가 될 것이다. 그런 면에서 사회화는 회심의 공동체적 가능성을 되짚어 보게 해준다. 이는 앞서 주장했던 회심의 사회적 차원과도 같은 맥락이다.

존 피니(John)는 기독교 역사에서 오랫동안 케리그마(kerygma)가 복음을 전하는 중요한 양식이었다고 주장한다.[96] 원래 '전달하다'라는 뜻을 지닌 케리그마는 신앙에 대한 바른 지식을 교육시키는 방식이었다. 그러나 바른 교육은 단순히 인지적 정보를 제공하는 데서 그치지 않고, 교육자와 피교육자의 상호관계를 통한 변화까지 포함한다. 따라서 케리그마는 학습과 경험을 통한 동화의 과정이며, 이는 회심의 사회화와 연결될 수 있다. 과거 기독교국가 시대의 강요적이고, 제도적인 사회화와는 달리, 오늘날도 기독교 공동체를 통한 새로운 사회적 결속, 하나님 나라의 생활양식과 접촉함으로써 삶의 동화로서 사회화는 가능하다. 초기 기독교 교회들의 신앙문답과정은 단순히 교리를 가르치는 차원을 넘어서서 행동양식의 변화까지 포함하는 사회화를 통한 회심의 실제 사례였다.

(2) 예전적 과정(liturgical process): 예전적 과정에 의한 회심은 복음주의 개신교에서는 다소 낯선 개념이다. 특히 말씀 중심의 전통을 지닌 교회들에게 예전은 신비주의적 허례허식으로 비쳐질 수도 있다. 하지만 우리가 가톨릭의 칠성사를 인정하지 않더라도 주께서 친히 제정하신 성례전이 교회의 필수적인 기능임은 종교개혁자들도 천명하였

---

96 John Finney, *Emerging Evangelism* (London: DLT, 2011), 17ff. 이하의 세 가지 상응하는 전도방식에 대한 피니의 설명도 이 자료에 근거한다.

다. 예전은 의식화된 패턴으로서 우리에게 가장 중요한 메시지를 반복 강화시켜주는 효과가 있다. 예전(liturgy)이라는 단어 자체가 원래 사람을 가리키는 헬라어 laos와 일(work)을 가리키는 ergon이 결합된 형태로 '사람이 하는 일'을 말한다. 하나님의 임재를 경험하고 하나님께 합당한 경배를 드리기 위해 사람들이 만든 의식과 순서가 바로 예전이다. 그렇다면, 예전은 천주교나 정교회의 전유물이 아니라, 개신교에도 마찬가지로 적용된다. 최고의 예전은 영혼 깊은 곳에서 우러나오는 고백과 전인적인 참여를 수반하는 예배일 것이다. 회심의 과정, 또는 신앙 입문의 과정에서 예전이 의미 있게 사용될 경우 회심의 진정성은 더욱 명료해지고 강화될 것임이 틀림없다. 어느 교회에서는 매주일 예배 때마다 세례자들이나 초신자 양육과정을 수료한 이들을 소개하고 축하해주며, 그들 중 한 두 사람의 간증을 듣는다. 이 시간은 수세자나 양육 수료자들에게는 자신들의 위치를 하나님의 경륜 속에서 공고히 자리매김하는 영적 감응을 불러일으킬 것이며, 회중에게는 예수 그리스도께 헌신하는 삶이 신앙에서 얼마나 진지하고 소중한지를 일깨우며 깊은 책임감을 심어줄 것이다. 또한 아직 회심하지 못한 이들에게는 종교적 관심과 도전을 일으킬 수 있다. 예전에 의한 회심은 이처럼 작은 순서의 도입만으로도 개신교회에서 충분히 적용될 수 있다.

피니는 최근에 가장 주목해야 할 전도의 양식으로 미스테리온(mysterion)을 가리킨다. '신비'를 의미하는 미스테리온에 입각한 전도는 언어와 지식을 넘어서는 상징과 성스러움, 그리고 초월적 경험을 제공하는 방식이다. 분주함과 고독, 그리고 허무한 소비주의 시대를 사는 현대인들에게 상징과 예전은 더욱 심오하고 안정적인 삶에 대한 희구를 불러일으킬 수 있을 것이다. 상징적 전도 양식은 천주교의 예전 뿐 아니라 동방 정교회의 시각적 영성과도 상응하며, 초월적 경험에 대한 관심이라는 측면에서 오순절 신앙 운동도 평가될 필요가 있다.

(3) 인격적 결단(personal decision): 인격적 결단에 의한 회심은 복음주의 개신교에서는 가장 흔한 회심의 경로이다. 이러한 회심 경로에서는 인간 편에서의 응답과 선택이라는 측면이 강조된다. 지난 19-20세기의 영국과 미국, 그리고 지난 1970-80년대 한국에서도 일어났던 부흥운동들은 대중 집회나 전도 현장에서 전도자의 복음제시와 이에 응답하는 회심자의 신앙고백과 영접 기도와 같은 인격적 결단을 가장 유력한 회심 유형으로 부각시켰다. 그러나 흔히 '결신주의'라고 불리는 인격적 결단으로서의 회심 운동이 하나님의 은혜로 이루어지는 구원 역사에 대한 이해를 혼동시키며 왜곡한다는 비판도 개혁주의 진영에서 강하게 제기됐다.[97] 결신주의가 인간의 경험과 필요 중심으로 회심을 축소시키며, 회심의 성숙한 결론인 '성자성,' 또는 총체적 삶에서 그리스도를 따르는 제자도와는 무관한 단기적이고 피상적인 종교인들을 양산하는 부작용을 낳은 것도 어느 정도 사실이다. 또한 인기 있는 대중 전도인과 개인주의적 회심만이 부각되면서, 회심을 일으키는 교회 공동체의 역할이 축소된 것도 재고해야 할 사안이다.

그럼에도 불구하고 인격적 결단 그 자체는 기독교적 회심의 결정적 지점을 돌아보게 해준다. 피니는 복음의 선포와 이에 대한 응답을

---

97 켄트 필풋 / 이용복 옮김, 『진실로 회심했는가』 (서울: 규장, 2009), 52ff.

이끄는 전도 양식을 좋은 소식, 즉 유앙겔리온(euangelion)이라고 말한다. 이는 기독교 신앙의 핵심인 그리스도께 대한 헌신에 집중하는 방식이다. 이러한 신앙고백의 헌신은 모든 회심에서 요구된다. 인생의 결단과 구원의 확신이 우리의 신앙을 공고히 하는데 큰 효과가 있기 때문이다. 특히 앞서 기술된 사회화나 예전과 같은 객관적 경로를 통해 회심한 이들(점진적 회심자들이나 2세 신앙인들)은 신앙을 주체적으로 내면화시키는 인격적 결단이 꼭 필요하다. 그렇지 않으면 회심은 특별한 의미 없는 통과의례에 그칠 수 있기 때문이다. 대중 집회의 결신에 비록 허수가 많을지라도, 실질적인 열매도 무시할 수 없다. 현장에서의 인격적 결단을 회심의 완성이 아니라, 회심의 계기나 출발로 본다면 우리는 영적인 각성을 위한 집회나 이벤트를 지나치게 의심스러워할 필요가 없다. 인간에게는 자신의 삶에 전환점을 가져다주는 사건이나 의식(ritual)이 필요하기 때문이다. 중요한 것은 신앙 공동체로 이어지는 후속 양육이다. 대중적인 전도 집회에서도 결신자들을 위한 지속적인 목양과 관리가 보완되지 않으면, 실질적인 결실로 이어질 수 없다.

최근 미국의 종교 회심자들에 대한 연구 프로젝트인 '오늘의 신앙찾기'(Finding Faith Today)에 의하면, 복음주의 교회 교인들은 로마 가톨릭이나 장로교, 감리교, 루터교 등의 주류교단 교인들에 비해서 그리스도인이 되는 것을 죄용서, 예수를 개인의 구세주로 영접함, 또는 예수를 마음속으로 초대하는 것으로 정의하는 이들의 수가 3배에 이른다고 한다. 반면 주류교회 교인들은 회심에 대한 이해를 다양하게 생각한다. 어떤 이들은 믿음의 문제로, 어떤 이들은 신뢰, 헌신, 하나님과의 관계로, 또 다른 이들은 기독교적 라이프스타일이나 행동, 실천의 문제로 보기도 한다. 가톨릭 신자들은 절반 이상이 그리스도를 닮은 라이프스타일과 행동으로 본다는 점에서 복음주의자들 보다는 주류교회에 가깝다.[98] 따라서 인격적 결단으로서의 회심은 복음주의 개신교에서 더욱 두드러진 회심 경로다.

각 회심의 경로들은 각 교회들의 고유한 전통이며 개인의 배경 및 성품과 연관되어 있다. 따라서 서로의 특성을 존중해주며, 또한 서로에게서 배우는 길이 가장 이상적이다. 어느 하나의 회심 경로를 절대화시키고 강요할 경우, 다른 전통의 회심 경험과 발달 단계를 갖는 이들에게는 영적 제동이 걸릴 수도 있다. 성숙한 신앙은 이 세 가지 회심의 경로가 어느 정도 공존하는 경우라 할 수 있다. 성숙한 신앙에 이르기 전, 한 가지를 지나치게 강요할 경우 역반응이 일어난다. 건강한 회심 논의는 언제, 어떻게 회심이 일어났느냐가 아니라, 예수께 대한 믿음과 그의 가르침과 성품을 기준으로 사람들이 변화되는 회심의 과정에 들어섰느냐 하는 것이다. 그리고 그 변화에는 단순히 내세적 구원이나 영생에 대한 확신이라는 단일한 요소가 아닌 복합적 차원이 수반된다.

2) 회심과 전도의 상응 관계

리챠드 피스(Richard Peace)는 "우리가 어떻게 회심을 이해하는가에 따라서 우리가 어떻게 전도를 할 것인지가 결정된다"고 단언한다.[99] 고 주장한다. 특히, 회심의 시간적 측면인 급진적 회심이나 점진적 회심을

---

98 Stone, *Finding Faith Today*, 10-11.
99 Peace, *Conversion in the NT*, 286.

전제로 받아들이는 여부에 따라 구체적 전도 모델들이 다르게 나타난다는 것이다. 성경에 나오는 급진적인 회심 경험의 대표적 사례는 사울이 다메섹 도상에서 예수 그리스도를 만난 사건이다. 사울의 다메섹 회심은 하나의 특정한 회심이 아니라, 거의 모든 기독교적 회심의 전형으로 간주되기도 했다.

반면 성경에는 다른 유형의 회심도 존재한다. 피스는 마가복음에 나타난 제자들의 예수 이해는 랍비로부터, 선지자, 메시아, 인자, 다윗의 자손, 하나님의 아들이라는 6단계를 거쳤다는 측면에서 바울의 급진적 회심과 형태상 대조되는 점진적인 양상을 보인다고 한다. 급진적 회심과 점진적 회심을 대조하는 구도는 회심의 시간적 측면을 고려할 때 늘 제기되는 이슈다. 사울의 다메섹 도상 회심이 워낙 회심을 대표하는 사건으로 인식되다보니 회심의 전형처럼 여겨지지만 실제 회심 경험에 대한 조사에서는 점진적 회심이 더욱 높은 수치로 나타난다.

2018년에 발표된 미국의 조사에서도 복음주의자들의 경우에 점진적 회심을 경험한 이는 65%인 반면, 급진적 회심의 경험자는 35%로 나타났다. 그러나 비복음주의자들, 즉 로마 가톨릭 교회 교인들이나 주류 교단 교인들의 경우에는 점진적 회심이 79%이고 급진적 회심이 21%로서, 점진적 회심의 비율이 더욱 높게 나왔다. 조사의 결과가 보여주듯, 점진적 회심이 다수의 경험이긴 하지만 급진적 회심 또한 여전히 유의미하게 발생한다. 한국의 초기 기독교 전래 시에도 급진적 회심

과 점진적 회심이 모두 나타났다.[100]

한국교회 부흥의 선구적 지도자였던 길선주(1869-1935)는 젊은 시절 선도(仙道) 수련에 몰두하였으나 당시 그가 거하던 평양이 청일전쟁의 한복판이 되면서 주민들이 극심한 피해와 고통을 당하고 있는데도 자신이 닦은 도술이 무력함을 깨닫고 회의를 갖게 된다. 그래서 길선주는 자신을 전도한 김종섭이 전해준 『장원량우상론』과 『천로역정』을 읽으면서 기독교에 대한 관심을 갖게 된다. 선도에 익숙했던 길선주는 천로역정의 구도 과정에 흥미를 보이고 더 큰 존재를 탐구한다. 그는 상제님께 참 도를 가르쳐 달라고 기도하기 시작했고, 어느 날 새벽에 옥피리 소리와 총 소리를 들으며 두려움 가운데 휩싸이고 자신의 죄를 회개하다가 몸이 뜨거운 불덩이처럼 달아오르는 체험을 한다. 다음과 같은 체험을 하게 된다. 그리고 비로소 하나님을 아버지라고 부르며 종래에 선도에서 불렀던 비인격적이고 중성적인 삼령신군이 아니라 인격적 절대자를 발견하는 계기를 갖는다. 이렇게 그가 하나님을 아버지라 부르며 참회의 기도를 드리는 가운데 신령한 경험을 한 사건은 그의 개인적 회심일 뿐 아니라 1907년 부흥운동에서 나타난 연속되는 회개의 대열로 이어진다. 길선주는 후일에 평양 장대현 교회의 목사가 되어, 한국 장로교회 발전에도 크게 기여하게 된다.[101]

이 길선주를 기독교 신앙으로 귀의하는데 도움을 준 이는 김종섭(1862-1940)이었다. 그는 길선주와 마찬가지로 평양에서 살았으며 구한

---

100 Stone, *Finding Faith Today*, 14.
101 이덕주, 『새로 쓴 개종이야기』 (서울: 한국기독교역사연구소, 2003), 404-405.

말의 비탄한 상황 속에서 어머니와 아내, 그리고 아이들까지 잃는 큰 불행을 겪게 된다. 극도의 실망에서 불가에 입문하려 하였으나 그 또한 실행하지 못하였고 대신 종교적 탐구 속에서 천지신명께 기도하며 자기 수양에 매진했다. 도인으로서 김종섭의 생활은 주변에도 널리 알려졌고 그를 따르는 이들도 늘어났다. 하지만 진지한 열의에도 불구하고 그의 구도적 삶은 만족할만한 경지에 이르지 못했다. 그러던 가운데 김종섭은 1891년 미국 북장로교회 선교사 마펫(S. A. Moffett)과 조우하게 된다. 마펫의 통역자인 서상륜을 먼저 만난 그는 기독교를 받아들인 나라들이 부국강병을 이룬다는 이야기를 듣고 솔깃해했다. 그 뒤 마펫을 직접 만난 김종섭은 기독교에 대한 오해를 풀고 성경을 연구하기 시작했다. 김종섭은 1894년 청일전쟁의 난리를 피해 교회에서 신앙 집회에 참석하게 되었고 거기서 성경강해 수업에 참여하다가 점차적으로 회심하기에 이른다.

길선주가 신비한 음성과 환상을 경험한 것과는 달리, 김종섭은 극적인 전환의 경험 없이 평범하고 자연스럽게 기독교의 은혜를 점진적으로 경험하게 된다. 부지불식간에 무위이화(無爲而化), 즉 아무런 특별한 시도나 경험을 하지 않았음에도 어느 순간에 신앙의 경지에 이르게 된 것이다. 그의 회심 전과 후를 가르는 특이한 경험은 없었지만, 그의 마음에 절대자에 대한 신앙이 자리 잡은 것은 사실이고 그로 인한 기쁨 충만한 기도를 드리게 된 것은 분명하다.[102]

---

102 이덕주, 『새로 쓴 개종이야기』, 62-69.

이처럼 한국의 초기 기독교 형성기에 회심한 두 사람, 길선주와 김종섭은 같은 시기에, 같은 지역에 살았으며, 심지어 매우 가까운 관계였음에도 불구하고 그들이 기독교 신앙으로 귀의하는 과정은 뚜렷하게 달랐다. 이는 교회로 하여금 회심에 대한 이해를 통해서 복음전도의 사역을 구상하고 설계하는데 있어서 지혜로운 분별을 요구하게 한다. 즉, 급진적 회심을 토대로 한 대면지향적 전도 활동과 점진적 회심을 토대로 하는 과정지향적 전도 활동의 구분이다.[103]

(1) 대면(encounter) 지향적 전도 활동

급진적 회심을 전제로 한 전도 활동들은 기독교회에서 가장 익숙하고 관행회되었던 것들로서 다음과 같다.

a. 대중 전도(mass evangelism): 이는 많은 대중이 밀집된 곳에서 벌이는 집회형 전도를 말한다. 부흥주의 시대의 가장 보편적인 전도 방식이었고, 특별하게 전도적 목적으로 구성된 집회에서 전도 설교 도중, 혹은 그 직후에 결신의 시간을 통해서 회심을 이끄는 방식이다. 대표적으로 빌리 그레이엄의 전도대회(Billy Grham's Crusade)를 들 수 있다. 흥미로운 통계는 대중전도 집회를 통해서 결신에 참여한 이들은 전혀 교회 배경이 없는 불신자보다, 명목상 신자들에게 더욱 의미있는 효과를 냈다고 한다.

---

103 이하에 나오는 내용들은 Peace의 *Conversion in the NT*, 285-343의 내용들을 요약한 것이다.

b. 개인 전도(personal evangelism): 이는 개인들을 중심으로 불특정인을 길거리에서 만나거나, 혹은 가정 방문을 통한 전도하는 방식이다. 사영리나 전도폭발 등과 같은 전도책자들이 이러한 개인전도의 도구로 널리 사용되었다. 개인전도는 대중전도와 더불어 매우 익숙한 방식이기도 한데, 간단한 복음의 개요를 대화 형식으로 증거하지만, 그 대화가 사실상 관계를 전제로 하지 않는 표준화된 대화이자 독백인 경우가 대부분이기도 했다.

c. 미디어 전도(media evangelism): TV 설교나 영화, 인터넷 등을 동원한 매체 전도이다. 전도를 목적으로 한 다큐멘타리나 영화(Jesus Film)가 만들어지기도 한다. 일단 미디어 전도는 불특정한 대규모 청중을 염두에 두고, 때로 많은 투자가 이루어진다. 문제는 실제로 그러한 미디어 작품을 볼 청중 가운데 비기독교인의 비율이 얼마나 되느냐 이며, 투자에 대비해서 실제 열매가 매우 빈약하다는 약점도 늘 제기된다. 반면, 멀티미디어 시대에 작품성 있으면서, 교회의 전도 활동을 보완해줄 자료로서의 필요성 또한 점증하는 것도 사실이다.

(2) 과정지향적 전도

반면 회심을 급진적 대면과 더불어 순간에 발생하는 것이 아니라, 점진적인 과정을 통해서 어느 정도의 시간을 거쳐 이루어지는 것으로 본다면 전도 모델에 대한 시각은 다음과 같이 개선될 수 있다.

a. **영적순례(spiritual pilgrimage)**: 모든 인간은 영적인 순례자다. 비록 그들 모두가 자신이 영적인 탐구자라는 사실을 의식하지 않더라도, 인간은 자신들의 삶을 가장 의미 있게 해줄 가치를 찾아 나선다. 오늘날 도시화와 기술문명이 더욱 심해지고 자본주의적 경쟁이 치열한 가운데 사는 많은 이들이 명상과 내적 치유를 갈망하는 현상은 고전적 영성과 예전에 대한 회복의 필요성을 부각시켜준다. 미국에서는 교외에 위치한 피정 수양관 등지에서 기독교 영성 프로그램을 일반인을 위해서 개설하는 등의 시도가 행해지고 있다.

b. **소그룹 전도**: 소그룹은 기독교에만 특유한 형태가 아니다. 이미 많은 이들은 자기 취미나 동호회 등을 통해서 소그룹에 관여하고 있다. 인간은 관계와 공동체에 대한 욕구를 가지고 있기 때문이다. 사람들은 자신의 존재가 인식되고, 서로 배려할 수 있는 공동체를 원하는 본래적 욕구가 있다. 소그룹은 함께 여정으로 신앙에 대해서 탐구하기에 안전한 공간이기도 하다. 특히 최근 코로나 팬데믹으로 인해 사회적 거리두기가 보편화되자, 신뢰할만하고 안전한 사람들의 소모임 교제가 대안으로 부상하고 있음을 볼 때 소그룹 전도는 과거의 집회전도나 축호전도를 대체할 유력한 대안이 될 수 있다.

c. **생활방식으로서의 전도(lifestyle evangelism)**: 이미 오래전부터 관계와 우정을 기초로 한 생활전도의 중요성은 많이 부각되었다. 그러나 관계를 기초로 한 전도라고 할 때, 심각하게 제기되는 잠재적 회심자를 하나의 프로젝트 대상으로 간주할 위험성이 있다. 이러한 식의 관계적 접근은 오히려 더욱 심한 거부감을 불러일으키기도 한다. 순수한 인격

적 교류 보다는 목적을 갖고 관계를 구축하는 것으로 느껴지기 때문이다. 이 지점에서, 성경에서 일관되게 가르치는 '환대'(hospitality)의 신학과 실천은 생활방식 자체를 새롭게 조성하는데 매우 중요한 안목을 제공할 것이다.

d. 예배전도: 이는 구도자, 혹은 찾는 이를 우선적으로 배려하는 예배의 구성과 진행을 가리킨다. 구도자 중심의 예배는 참석자들의 신원을 파악해서 회심 결신을 시키기 위한 의도적 프로그램을 갖지 않는다. 다만, 사람들이 편안한 마음으로 교회 예배에 적응되면서, 자연스럽게 교인이 되고, 관계성을 기초로 한 다양한 소그룹으로 연결시키겠다는 의도도 있다. 그러나 구도자 중심예배를 비롯한 예배 전도는 고급한 수준의 인력과 기술력, 자본을 바탕으로 하기 때문에, 일반적인 교회의 여건에서는 한계가 있다는 논란이 있었다.

(3) 평가: 대면 지향적 전도와 과정 지향적 전도는 각각 회심의 시간적 이해를 전제로 해서 실험되고 설계된 것들이다. 회심은 우리에게 신앙의 전 과정을 되새겨 주는 역할을 하며, 더욱 중요하게는 우리가 회심을 어떻게 보느냐에 따라 우리가 어떻게 복음을 전할 지가 결정이 된다. 만일 우리가 회심을 경계적 사고에서 급진적인 시간대에 이루어지는 것으로 본다면, 전도는 미리 정해진 방식과 모델을 갖고 불특정다수와 대면하는 양상으로 전개될 것이다. 하지만 우리가 회심을 점진적 과정으로 본다면, 전도에서의 중요한 질문은 잠재적 회심자가 어떠한 영적 여정 중에 있으며 옹호자는 어떻게 그 과정을 도울 것인가로 귀결될 것이다. 이는 회심의 유형과 과정이 다양한 것만큼, 실제 현장에

서 다양하고 섬세하게 접근되어야 할 것이다.

4. 회심과 기독교 윤리

회심은 어떠한 종류의 삶을 만들어낼까? 회심이 단순히 종교적 경험과 결단으로 끝나는 것이 아니라, 개인과 공공의 영역에서 변화된 삶을 끌어내는 원리는 무엇인가? 데럴 구더는 '지속적 회심'(continuing conversion)이라는 개념을 통해서 기독교 회심이 구원의 사사화(privatization)에 머무르는 실태를 지적한다. 회심이 개인적 구원에 머무르면 기존 사회의 문화에 순응되면서 기독교의 진리와 복음도 왜곡된다는 것이다. 이는 복음을 그 사회의 문화에 환원시키는 우를 범하게 한다. 기독교 문명의 세계에서 복음은 사회 질서와 관습을 유지하기 위한 차원으로 적응하고 순응하는 환원주의를 낳게 되는 것이다. 따라서 지속적 회심이란 이러한 순응주의를 회개하고 문화와 공적인 영역에서 하나님의 나라를 추구하는 시도라 할 수 있다.[104]

누가복음 19장에 나오는 삭개오의 회심 사례에서 볼 수 있듯이, 복음서의 회심은 때로 사회적, 경제적 변혁을 수반한다. 맥나이트는 예수께 대한 회심은 하나의 사회적 운동이었다고 주장한다.[105] 이는 기독교적 회심에 사회적이며 공공적인 요소가 내포되어 있음을 의미한다. 지

---

104 Darrel Guder, *The Continuing Conversion of the Church* (Grand Rapids: Eerdmans, 2000), 72.
105 McKnight, *Turning to Jesus*, 179.

속적 회심은 그리스도 안에서 구현되는 하나님의 나라에 초점을 맞춘다. 하나님의 의도는 그리스도 안에서 새로운 이스라엘을 만드는 것이었다. 그것은 바로 열방에 복이 되는 이스라엘이다. 그 소명은 이스라엘을 거부함으로써가 아니라 이스라엘의 하나님 경험에서 항상 핵심에 있었던 좋은 소식의 확장을 통해서 실현된다. 구더에 의하면 회심의 본질은 외부 세계와의 차별적이고 적절한 관계를 갖는 것이다.[106] 진정한 기독교적 회심은 체험은 기존에 익숙했던 삶에 균열을 일으킨다. 그래서 종교 체험을 한 뒤에는 이전의 삶으로 돌아갈 수 없다.

회심이 지속되면 개인구원의 한계를 벗어나 우리의 삶에서 사회적 책임과 공공 윤리에 대한 각성을 불러온다. 회심의 사회성을 강조한 복음주의 사회윤리 운동가인 짐 월리스(Jim Wallis)는 기독교적 회심은 개인의 삶을 변화시키고 종교적 위안과 소망을 주는데서 그치는 것이 아니라, 그가 속한 사회와 공공 영역의 변혁을 위해 참여하는데 까지 이르러야 한다고 주장한다. 그는 역사적이고 구체적인 상황에서 회심이 의미하는 바를 발견하고자 한다.[107] 회심이 개인적, 추상적 차원에서 머무는 것이 아니라, 구체적 상황에서 하나님 나라를 위한 섬김으로 부름 받아, 사회의 불의와 대면하는 삶으로 나아가도록 용기를 부여하는 것이 되어야 한다. 월리스는 이러한 사회적 회심, 또는 회심의 공공성을 일깨우는 것이 진정으로 핵심적인 문제라고 확신한다.[108] 반면, 기독교 회심이 역사적 의미를 상실할 때 신앙의 비전은 공허하게 축소될

---

106 Guder, *The Continuing Conversion*, 90.
107 짐 월리스, 『회심』 (서울: IVP, 2008), 24.
108 월리스, 『회심』, 27.

것이다.

　월리스는 기독교적 회심의 의미가 현대의 자기애적 문화에 적응하면서 자아실현에 이르는 길로 변질되었다고 한다. 그래서 회심이 예수를 향한 것이 아니라, 예수가 우리의 삶에 접붙여지는 역전 현상이 일어난다고 한다. 바울의 회심에서 본 것처럼, 예수를 향해서, 예수를 주로, 예수와 연합하여, 예수께로부터 받은 소명을 추구하는 삶이 아니라, 예수가 우리를 더 잘 해주시는 삶으로 변모했다는 것이다. 그래서 "회심은 단지 우리를 위한 것이지, 세상을 위한 것이 아니다. 우리가 어떻게 예수의 왕국을 섬길지를 묻지 않고, 예수께서 어떻게 우리 삶을 충족시키실지를 묻는다."고 한다.[109]

　회심이 불러일으키는 공적 윤리 의식은 인간의 사회 뿐 아니라 피조세계에 대한 책임도 각성시킬 수 있다. 마가렛 불릿-조나스(Margaret Bullit-Jonas)는 기독교적 회심은 인간으로 하여금 피조세계 안에서의 삶을 급진적으로 돌아보고 회개하게 만든다고 주장한다.[110] 조나스는 생태적 회심을 세 단계로 설명한다. 첫 번째 단계는 창조인데, 이는 하나님의 창조세계의 아름다움에 흠뻑 빠져드는 것이다. 우리가 피조물로서 얼마나 사랑받고 있는지 아는 것이라 한다. 두 번째 단계는 십자가다. 십자가는 하나님의 우리의 부인을 깨트린 곳이다. 우리가 피조세계를 파괴하고 낭비했던 죄를 고백하는 자리여야 한다. 피조세계의 파괴와 오염에 대해서 애통하고 분노하는 것이다. 셋째 단계는 부활이다.

109　월리스, 『회심』, 59-60.
110　마가렛 불릿-조나스, "생태정의로의 회심", 전현식 역 『기독교사상』 82 (2011년 7월호), 82.

이는 우리가 세상으로 나가 창조세계를 돌보는 과업에 참여하는 것이다. 피조세계를 재생하고 보존하는 구체적 활동을 실천하고 공동의 과제도 감당해야 한다.[111]

---

111 조나스, "생태정의로의 회심", 84-88.

회심과 타문화 선교

회심은 기독교 전통에서 고유하고 중심적인 위치를 점하고 있지만, 문화가 교차하는 가운데 그 의미와 양상을 새롭게 고찰하는 경우가 생긴다. 2000년 동안 주로 서구문명과 동조화된 기독교세계(Christendom) 내에서 회심에 대한 논의가 생성된 측면이 분명히 있다. 따라서 오늘날 세계의 문화들과 민족들이 동시적인 교류를 하는 상황에서 한번 회심의 의미를 짚어볼 필요가 있으며, 이는 선교적으로 반드시 직면해야 하는 과제이기도 하다.

1. 세계화 시대의 종교적 회심

오늘날 과거 기독교 문명이었던 서구사회가 지속적으로 세속화되는데 반해 기독교 교세는 남반구 대륙인 아프리카와 남미 등지에서 더욱 확산되고 있다. 기독교 뿐 아니라 이슬람의 성장과 확산세도 두드러지고 있으며, 유럽이나 미국과 같이 역사적으로 기독교 문화가 지배적이었던 사회에서도 다양한 종교들이 도입됨으로 종교성 자체는 줄어들지 않고 있다.[112]

이슬람은 유럽과 미국에서 상당한 신도수를 거느린 종교이며, 불교, 힌두교, 시크교 등이 전통적인 기독교 문화권에 깊이 침투하면서 또 다른 종교의 중흥을 이루고 있다. 오늘날 종교가 증가하는데 있어서 가장 주된 배경에는 국가 간 이동과 세계화(globalization)가 놓여 있다 해도 과언이 아니다. 헨리 호렌은 현대사회에서 종교와 세계화는 긴밀한 관계를 형성한다고 보며 이를 네 가지 차원에서 설명한다.[113] 첫째는, 오늘날 종교는 대륙 간 이민 네트워크를 따라간다. 이는 종교 간 만남과 갈등을 유발하기도 한다. 둘째로, 따라서 글로벌한 종교적 네트워크와 정체성이 구축되는 것은 자연스럽다. 많은 종교들이 토착 문화의 범위를 넘어서게 된다. 셋째로, 메스미디어의 폭발적 증가 또한 종교를 보급하고 전달하는데 중요한 역할을 한다. 넷째로, 정치적 종교나 종교적 근본주의 또한 종교를 창궐하게 하는데 기여를 하였다. 과거에 종교와 정치의 결탁은 중동이나 이슬람 국가들에서 일어나는 현상이었는데, 최근에는 미국과 심지어 한국에서도 정치세력과 종교의 연대가 그리 낯설지 않은 풍경이 되어가고 있다.

---

112 이 점에서 한국사회에서 비종교성이 증가하는 현상은 별도로 연구할 필요가 있다. 한국에서는 비단 기독교만이 아니라 불교와 천주교를 모두 포함해서 비종교화가 진행되고 있는데, 필자는 이러한 현상을 한국사회가 겪고 있는 문화적 자유주의의 세속화라는 측면에서 이해해야 한다고 생각한다.

113 Gooren, *Religious Conversion and Disaffiliation*, 8.

위의 네 가지 차원들은 오늘날 세속화가 지배적인 현대문명에서도 종교가 계속해서 번창하는 이유를 설명한다. 따라서 문화를 가로지르는 종교의 전달과 확산은 회심과 관련해서 새로운 질문을 제기하며, 회심에 대한 이해를 심화시켜 주기도 한다. 이를 기독교 신학의 선교학적 측면에서 좀 더 고찰할 필요가 있다.

2. 세계 기독교운동과 회심 이해

앤드류 월스(Andrew Walls)는 기독교 선교 역사에서 회심은 정체성 질문과 연결되었다고 말한다. 그는 기독교 선교의 역사를 번역이라는 관점에서 이해하는데, 그것은 하나님의 구속 사역이 새로운 시대와 문화의 현실에서 표현된다. 그리고 이러한 하나님의 구속적 활동이 일어날 때 그에 대한 적절한 반응으로, 사람들이 과거의 신념과 습관으로부터 그리스도께로 새로운 방향 전환하는 것이 회심이다.[114]

기독교는 고대로부터 중세, 종교개혁, 근대, 그리고 오늘날의 세계화 시대에 이르기까지 본질적인 예배와 그리스도께 대한 신앙을 견지하면서도 새로운 문화적 환경에서 지속적으로 번역됐다. 예수 그리스도께 대한 신앙은 원래 시작된 팔레스타인의 문화와 양식에 고정되지 않고 그리스 문화와 사상, 중세 아일랜드 수도사들의 생활양식, 현대 아프리카의 민속적 풍습과의 조우를 통해서 새롭게 표현된 것이다. 이

---

114 앤드류 월스, 『세계 기독교와 선교 운동』 (서울: IVP, 2018), 24.

에 관해서 월스는 다음과 같이 단언한다.

> 기독교의 중심에는 성육신하신 말씀, 즉 사람이 되신 하나님이 있다. 하나님이신 그 말씀은 특정한 인간 사회라는 상황에 나타나셨다. 말하자면, 그 말씀은 번역된 것이었다. 그리고 이 하나님이신 말씀은 온 인류를 위해 오셨으므로, 그분을 받아들이는 사람들의 모든 문화에 맞게 다시금 번역되신다. 아랍어로 정해진 하늘의 법칙으로 쿠란에 담긴 예언의 말씀은 불변성을 가진다… 그러나 단일한 기독교 문명이란 존재할 수 없다. 기독교의 성경은 쿠란처럼, 원래의 언어로 전해졌을 때에만 하나님의 말씀이 되는 것은 아니다. 그리스도인들은 하나님의 말씀을 세상에 있는 어떤 언어로도 표현할 수 있다고 이해하고 있다. 하나님의 아들은 일반적인 인간이 되신 것이 아니라 특정 장소와 문화 안에서 구체적인 인간이 되셨다.[115]

따라서 기독교 신앙의 번역이란 각자의 고유한 문화에 속한 사람들이 자기들의 언어와 정서로 원래의 역사적 정통 신앙을 담아내고 표현하는 것을 말한다. 따라서 회심이란 복음 전달자의 언어나 문화가 아니라 회심자 자신의 진정성을 담아낸 신앙의 고백과 헌신이다. 그래서 월스는 "기독교 신앙이 번역에 기초해 있는 것처럼 회심에도 기초해 있다."[116]고 말한다. 번역이라는 개념이 기독교 신앙이 새로운 문화나 상황에 적절하게 수용되는 것을 말한다면, 회심은 이러한 수용 과정에서 사람들로 하여금 기존의 사유와 행동양식을 신앙의 새로운 가치로 전환시키는 것이다. 그것은 심지어 신앙을 전달한 자들의 생활양식을 흉

---

115 월스, 『세계 기독교와 선교 운동』, 114-115.
116 월스, 『세계 기독교와 선교 운동』, 78.

내 내는 것이 아니다.

이방인 제자들은 엄격한 유대인들은 평생 아무것도 몰랐던 삶의 영역으로 그리스도를 모셔 와야 했다. 그런데 만일 그들이 전향자가 되어 실제로 유대인 그리스도인들을 본받게 되었다면, 그들은 그리스도를 자기들의 생활 영역으로 모셔 올 수 없게 될지도 모를 일이었다...헬라인 제자들은 어찌 할지 결정해야 했다. 만약 그들이 신앙의 선배이며 경험도 많고 당시로서는 최고의 그리스도인이었던 유대인 신자들을 따라했다면, 그리스도에 관한 말씀이 헬라인 가정과 사회생활에 들어갈 수 있는 여지는 없었을 것이다.[117]

회심은 진정성과 온전함 가운데 기독교 신앙에 헌신하는 것이다. 인간은 누구나 자기가 속한 문화의 영향을 받아 행동과 마음의 습관을 형성하게 된다. 월스는 회심은 번역이라는 "신의 행위에 대한 인간의 적절한 대응"이라고 하면서, 사람이 자기가 속한 문화 안에서 총체적인 삶의 방향을 하나님께로 재설정하는 것이라고 한다.[118] 하나님이 성육신 사건을 통해서 그의 구속 활동을 역사 속에 드러내셨다면 이 사건은 번역과 회심이아른 이중적 과제를 요구하게 된다. 기독교는 세계사적으로 다른 문명과 사회에서 번역과 회심의 과정을 통해서 늘 새롭게 표현되었다. 구약과 유대인들 중심의 원시 기독교와 그리스 사상의 틀을 빌려 교리적으로 정립된 기독교는 표현 양식에서 달라졌다. 그러나 하나님을 예배함과 그리스도께 유일한 구원의 근거를 두는 데 있어

---

117 월스, 『세계 기독교와 선교 운동』, 122-123.
118 월스, 『세계 기독교와 선교 운동』, 79.

서는 변함이 없었다.

이러한 측면에서 윌스는 "회심은 본질적으로 과거에 일어난 단 한 차례의 행위가 아니라 연속적인 과정"[119]이라고 말한다. 새로운 문화적 표현양식에 적응하는 동시에 그리스도께 대한 충성으로의 변혁적 삶을 추구하는 회심은 기독교가 전파될 때마다 계속해서 신선하게 일어나야 한다. 이는 문화적 존재로서의 인간이 그리스도 안에서 과거와의 연속성과 단절 가운데 자기를 새롭게 발견하는 과정이기도 하다. 기독교가 새로운 문화로 전파됨에 따라 그 문화 속에서 형성된 사람이 전파된 기독교 신앙의 본질적 공통분모를 유지하면서도 자기의 체화된 고백으로 그 신앙을 수용하고 표현하느냐가 바로 선교적 측면에서, 그리고 세계 기독교라는 측면에서 회심의 과제이다.

3. 회심 과정의 도식화

선교학자 앨런 티펫(Alan Tippettt)은 선교적 관점에서 회심의 역동적 과정을 도식화(shcematization)하였다. 그는 오세아니아 지역에서의 20년간 선교사역 경험을 바탕으로 그곳 원주민들이 신앙에 헌신하게 되는 과정을 정리하며 집단 회심(group)이 주된 결정 기제임을 밝힌다. 기독교 신앙에 귀의하는 자들은 자신이 속한 집단과의 관계 속에서 회심 과정을 겪게 된다. 그는 이교도에서 그리스도인으로 이동하는 회심의

119　윌스, 『세계 기독교와 선교 운동』, 79.

과정이 시간의 축으로 진행될 때 세 가지의 뚜렷한 단위를 관찰했다고 하는데, 그것은 (1) 인식의 시기(period of awareness), (2) 결정의 시기(period of decision), 그리고 (3) 연합의 시기(period of incorporation)이다. 그리고 인식에서 결정으로 넘어갈 때는 자각점(point of realization)이 있고, 결정에서 편입으로 넘어갈 때는 대면점(point of encounter)이 존재한다고 한다.[120]

티펫은 각 단계의 세부적 특성도 설명하는데, 기독교에 대한 인식을 불러일으키는 요인들로는 문화적 사회화의 과정과 유사한 자연적 발달(natural development), 기독교의 문명적 이점에 동화되게 하는 사회-경제적 압력, 개인적 문제, 재난, 질병 등의 내적인 위기상황, 그리고 직접적인 포교를 언급한다. 이 시기는 잠재적 회심자로 하여금 과거와는 다른 패러다임의 변화를 경험하게 함으로 회심을 추구하게 만든다. 결정의 시기는 타문화의 집단에게는 오랜 시간을 요하며, 여러 개인들이 변화하는 총합의 과정이라 할 수 있다. 결정이라고 해서 반드시 기독교를 수용한다는 의미는 아니다. 결정은 여러 다른 형태로 나타날 수 있다. 첫째는 거부의 행위로서, 부족집단이 회심을 거부하며 기독교에 대한 적대감을 표출하는 것이다. 그러면서 이 집단은 기존의 전통적인 신앙을 더욱 강화시키는 방향으로 갈 수 있다. 이와는 정반대로 전폭적인 수용의 양상이 나타날 수도 있다. 그러나 한 집단이 기독교를 전면적으로 수용하는 이유가 신앙 자체보다는 경제적 요인과 같은 외부적 상황

---

120 Tippett, "Conversion as a Dynamic Process," 207. 티펫의 이와 같은 회심 과정의 단계적 분석은 앞서 소개했던 루이스 램보의 종교사회학적인 7단계 분석 보다 앞서 나온 연구라는 점에서 의의를 지닌다.

에 의해서일 경우에는 신앙의 지속성은 상당히 불안정할 수 있다. 세 번째 양태는 보완을 동반한 수용이다. 여기서 보완은 자칫 혼합주의의 위험성과 본질을 견지하면서 문화적으로만 적응하는 토착화가 될 수도 있다. 네 번째는 분열로 귀결되는 양상이다. 이는 기독교가 한 집단에 전파됐을 때 기존의 사회적 균열에 따라 수용적인 부류와 거부적인 부류로 나뉘는 것이다. 끝으로, 연합의 시기는 기존의 종교나 관습을 배격하고 새로운 규범을 세우는 과정이다. 이는 생애의 중요한 시기마다 새로운 역할과 의미를 부여받는 통과의례와 유사한 절차를 거쳐 토착화된 종교로 정착되는 시기라 할 수 있다.[121]

티펫은 이 세 시기를 넘어서 진정한 기독교적 회심으로 이어지는 네 번째 시기를 가리킨다. 그것은 성숙의 시기(period of maturity)라고 하며, 여기서 완성점(point of consummation), 또는 확신점(point of confirmation)을 거쳐야 한다고 한다.[122] 그는 선교사 시절 형식적으로 기독교 신앙을 수용한 몇몇 부족들이 후일에 집단적으로 배교하며 토착 신앙으로 돌아가는 현상을 목격했다. 따라서 그는 회심의 과정은 연합의 시기로 종결되는 것이 아니라, 새 생명의 확신으로 이어지는 신앙경험으로 이어져야만 한다는 것을 강조한다. 이러한 성숙의 시기가 명료한 성령의 역사이며 은혜 안에서 성장하는 것이라고 그는 말한다.

121　Tippett, "Conversion as a Dynamic Process," 208-211.
122　Tippett, "Conversion as a Dynamic Process," 219-220.

4. 경계집합 vs. 중심집합

타문화적 관점에서 기독교 신앙에 귀의하는 과정은 그 문화의 인식체계에 따라 달라질 수 있다. 폴 히버트(Paul Hiebert)는 인생과 문화를 범주화하는데 사용되는 네 가지 변수를 말한다. 그는 비판적 실재론(critical realism)을 타문화권에 적용해서, 종교적 회심의 구조와 유형이 서구 기독교 중심의 인식론과는 다를 수 있음을 주장했다. 그는 사람들의 지식과 언어는 다양한 범주로 표현될 수 있기 때문에, 서구 기독교 전통에서 회심의 정체성을 정립하는 것과 비서구권에서 종교적 회심을 경험하고 표현하는 과정은 상당히 차이를 보인다고 말한다. 그는 이러한 회심의 인식론적 범주를 형성하는데 영향을 끼치는 변수들로서 집합(set)이라는 용어를 제시하며 집합이 형성되는 차원을 두 가지로 설명한다. 첫째로, 집합이라는 변수는 본질적 집합(intrinsic sets)과 관계적 집합(extrinsic/relational sets)로 나뉘는데, 본질적 집합은 요소들 각각이 지니고 있는 자체의 고유한 특성에 근거해서 집합을 형성하는 것이다. 관계적 집합은 사물의 본질보다는 사물이 다른 요소들이나 준거점과 어떠한 관계를 가지느냐에 관한 것이라 한다.[123]

히버트는 집합을 형성하는 둘째 변수는 경계에 관한 것이라고 말하며, 이를 확정 집합(well-formed sets)과 불확정 집합(fuzzy sets)으로 구분한다. 확정 집합은 사물의 성격에 대한 분명한 경계선을 갖고 있는 범주인 반면, 불확정 집합은 분명한 경계선 없이 서로 교류하고 변동하는

---

123 폴 히버트, 『선교현장의 문화이해』 (서울: 조이출판사, 1997), 140.

범주를 말한다.[124]

정리하자면, 이렇게 네 가지 집합 변수들이 서로 결합되면서 사람들의 종교적 회심에 대한 선 이해와 경험과정을 결정할 수 있는 것이다. 본질적 집합과 확정 집합이 결합되면 '경계 집합'이 되어 종교적 회심은 분명한 교리적 내용에 대한 동의와 형식의 뚜렷한 변화를 강조하게 된다. 반면, 관계적 집합과 확정 집합이 결합되면 종교적 회심은 교리적 내용과 부합되는 삶의 변화가 얼마나 더욱 중심으로 가느냐를 강조하는 '중심 집합'으로 흐르게 된다. 여기서는 경계보다는 방향이 더욱 중요하다. 경계 집합과 중심 집합이 종교적 회심의 양태를 구분하는 가장 주요한 설명이라면, 본질적 집합과 불확정 집합이 만나는 '본질적 불확정 집합'이나 관계적 집합과 불확정 집합이 만나는 '관계적 불확정 집합' 또한 종교적 회심현상에서 가능한 양태를 설명해주는 도구가 될 수 있다. 따라서 이 네 가지 집합 현상이 종교적 회심에서 모두 가능하며, 이는 서구인들의 종교적 회심 양태와 비서구인들의 종교적 회심 양태에서 발생하는 차이를 이해하는데 도움이 될 것이다.[125]

경계집합(본질적 확정집합)에서 회심은 본질적 속성과 뚜렷한 경계를 강조한다. 따라서 회심은 눈에 보이는 경계를 넘어서는 동질적 변화를 수반한다. 사물의 본질과 실재의 궁극적이고 불변하는 구조(보편적 원리)에 관심을 가져온 그리스세계관에 기초한 서구문화는 본질적 확정집

---

124 히버트, 『선교현장의 문화이해』, 141.
125 히버트, 『선교현장의 문화이해』, 140-175. 이하의 네 가지 집합 범주들에 관한 논의는 히버트의 설명을 요약 발췌했으나, 본 연구자의 해석을 담아 재 진술 하였다.

합을 발전시켜 온 것으로 간주된다.[126] 이러한 경계집합에서 기독교적 회심은 외적인 증거에 관심을 둔다. 교리에 구술적 동의를 했는지, 교회를 정기적으로 다니며 등록했는지, 세례를 받았는지, 특정 기독교인 집단이 합의하고 따르는 생활방식을 공유하고 수호하는지가 중요하다. 기독교인과 비기독교인의 차이는 이러한 외적인 증거들을 기준으로 명확하게 그려진다. 따라서 신앙의 성장이나 관계의 중요성은 덜 강조된다. 교회는 공통의 신념과 관심사를 공유하는 동질적인 사람들의 모임이다. 교회의 성원권은 위와 같은 경계들을 통과한 자들에게로 엄격하게 제한된다. 클럽이나 협회와 같은 성격을 띠게 되며, 경계가 중요한 만큼 선교는 '우리가 견지하는 범주'로 사람들을 끌어오는 것으로 이해된다.

본질적 불확정 집합은 본질과 특성을 강조하지만 뚜렷한 경계를 표방하지 않는 방식이다. 본질적인 가치나 신념은 중요하게 여긴다. 하지만 그러한 본질에 이르는 형식이나, 그 형식의 경계는 느슨하다. 종교다원주의나 포괄주의(inclusivism)에서 이러한 양상이 나타날 수 있으며, 여기서의 선교는 대화와 교육에 중점을 둔다. 왜냐하면 모든 종교들이 함께 공유하는 본질적 특성에 기초를 두는 집합이기 때문이다. 교인 자격을 구분하는 예리한 경계선은 거부하기에 관용적이고 열린 공동체적 성격이 짙어질 것이다. 히버트는 본질적 불확정 집합을 단일한 속성으로의 회귀를 강조하거나 범신론적인 성격을 띠는 힌두 문화의 사례에서 보곤 한다.

---

126 히버트, 『선교현장의 문화이해』, 150.

중심(관계적 확정) 집합은 내적인 본질보다는 관계적 관점에서 실재를 보려고 한다. 그러나 확정집합이기 때문에 중심이나 준거점을 중요하게 여기며, 또한 그 중심과 맺고 있는 관계도 마찬가지의 중요성을 반영한다. 중심을 향한 방향과 움직임이 소속감과 정체성을 정의하는 데 가장 중요하다. 중심 집합에서 회심을 본다면, 이는 기독교의 예배 대상인 예수 그리스도와의 관계라는 관점에서 기독교인 됨의 의미를 측정하게 될 것이다. 회심이란 삶의 관계성과 방향에서의 변화를 의미한다. 본질은 사물 안에 내재된 고정적 특질이 아니라, 관계 속에서 경험하고 만나는 것이다. 따라서 중심집합에서 회심은 이러한 관계적 성장을 위한 여정의 출발점이라고 봐야 한다. 기독교적 회심은 예수 그리스도를 따르는 자들로서 성화와 제자도의 삶을 사는 것이다. 확정집합이기 때문에 기독교인과 비기독교인의 구분은 명확하다. 그러나 강조점은 경계가 아니라 관계와 방향이다. 신앙은 교리에 대한 지적 동의보다는 인격적 신뢰가 될 것이고, 교회의 형태는 계층이나 절차보다는 관계를 증진하는데 있어서 필요한 형태로 유연해질 것이다. 선교는 그리스도를 따르는 삶으로의 권유와 초대가 될 것이다. 최근의 선교적 교회운동은 이러한 중심집합형 회심과 더욱 조화될 것이다.

관계적 불확정 집합은 많은 연구가 이루어지지는 않은 분야다. 여기서 기독교인이 되는 회심은 특별한 지점이나 형식적 경계는 중요하지 않고 그리스도를 따르는 신실함으로만 의미를 갖는다. 다양한 성숙도나 수준을 인정하기에 기독교인이 어떠한 사람이어야 하는가에 대한 정의가 없다. 포교나 회심을 강조하는 선교도 강조될 수 없다. 만일 누군가 교회의 구성원이 되고 싶다면 즉각적 세례가 시행되고 성원권이 부여될 수 있다. 하지만 경계가 희미한 만큼, 정체성과 소속감도 약할 것이다. 이는 오늘날의 포스트모던 사회에서 사람들이 느슨한 연대 속에서 종교적 경험을 시험해보는 양상이 될 수도 있다. 본질적 불확정 집합은 공통의 보편적 신념과 가치에 대한 합의가 있지만, 여기서는 관계 그 자체가 중요한 기준이 된다. 그러나 관계에 대한 정도와 수준을 가늠하는 경계는 뚜렷하지 않기에, 매우 자유롭고 유연한 종교적 삶이 예상된다.

5. 회심과 세계관

선교 인류학자인 찰스 크래프트(Chales Kraft)의 『기독교 문화인류학』에서 세계관의 문제를 논하며, 각 문화권마다 세계관 형성에 다른 요인들이 작용할 수 있음을 말한다.[127] 그는 초자연 지향적 세계관, 물질지향적 세계관, 사회관계 지향적 세계관 등을 열거하며, (서양이든, 동양이든 간에) 전근대적 사회가 초자연 지향적 세계관이라면, 근대 서구사회는 물질지향적 세계관에, 동양사회는 사회관계 지향적 세계관에 더 가까울 것이다. 회심 이해에서 세계관이 중요한 이유는 세계관은 일종의 가정이나 전제로서 논리적으로 추론되거나 형성되는 것이 아니라, 선례적 증거 없이도 참되다고 받아들이는 것이기 때문이다.[128] 또한 한 집단의 세계관은 그 구성원들에게 실재를 인식하고 해석하게 관점이나 틀을 제공하기 때문에, 종교적 회심을 경험한 이들은 새로운 세계관으로

---
127 찰스 크래프트, 『기독교 문화인류학』 (서울:CLC, 2005), 128ff.
128 크래프트, 『기독교 문화인류학』, 131.

삶을 조망할 수 있게 된다. 종교적 회심, 특히 기독교적 회심이 (1년차 연구에서 논의된 것처럼) 삶의 전 존재적 양식에서의 변화를 수반한다면, 이는 곧 문화적 세계관의 변화와 밀접한 연관이 있다고 볼 수 있으며 상당한 생애의 과정을 수반하게 된다.

이러한 세계관과 회심의 관계에 대한 크래프트의 논의는 그가 기독교적 회심은 충성(allegiance)의 변화이며, 이는 세계관의 변화로 이어져야 한다고 주장한 것과 일맥상통하다.[129] 히버트 또한 세계관을 논의하면서, 이는 회심의 세 가지 층위를 구분한다.[130] 그것은 바로 (1) 행동과 의식의 변화: 흡연이나 음주를 삼가고, 세례를 받으며 교회를 다닌다든지, 교리문답과 성경구절을 외우며, 단정한 옷을 입고 성경을 읽고 기도하는 모습이다. (2) 신념과 신념체계의 변화: 회개하고 죄를 고백하며 예수를 영접하고 따르며 성경을 아는 것이다. (3) 세계관의 변화: 과거의 문화적, 종교적, 세속적 세계관을 변화시켜 성경적 세계관을 따르는 것이다. 히버트는 더 나아가 세계관의 변화 또한 세 가지 방식으로 전개하는데, 첫째 전통적이거나 관습적인 방법으로 풀 수 없는 문제를 직면했을 때 우리 자신의 세계관을 비판적으로 검토하게 된다. 둘째, 대안적 세계관과 직면했을 때 그 능력과 결과에 인상을 받게 된다. 셋째, 새로운 생활의 의식을 창출함으로서 우리는 가장 깊은 신념과 감정, 도덕성을 긍정하고 새로운 공동체에 들어서게 된다.[131]

---

129 Charles Kraft, *Christianity in Culture: A Study in Dynamic Biblical Theologizing in Cross-Cultural Perspective* (Maryknoll, N.Y.: Orbis, 1979), 348-349.
130 Paul Hiebert, *Transforming Worldviews: An Anthropological Understanding Of How People Change* (Grand Rapids: Baker Academic, 2008), 316.
131 Hiebert, *Transforming Worldviews*, 319-324.

크래프트는 타문화권에서 회심이 일어날 때 더욱 근본적으로 세계관의 변화와 재정립을 강조한다. 이는 자칫하면 타문화에서의 회심이 기독교를 옹호하는 이의 문화에 동화되거나, 흡수되는 양상이 될 수도 있다. 그래서 크래프트는 회심의 최종 단계가 문화적 회심이 되는 경우도 많으며, 이는 더 우월한 힘의 위치에 있는 문화가 종교의 이름으로 상대 문화에 자신의 회심 모델, 즉 회심에 수반되는 행동이나 의례의 변화를 강요하는 방식이 될 수도 있음을 지적한다.[132] 서구 선교사들이 타문화권의 현지인들을 기독교로 회심시키는데 있어서 그처럼 자기 문화의 양식을 덧입히고 따르는 것을 회심의 유력한 표현으로 취급한 예가 있었는데, 그것은 회심에 수반되는 세계관의 변화로 인한 그로 인한 자생적 성장과 성숙을 통한 생활규칙의 변화라는 과정을 왜곡되게 이해한 결과라고 크래프트는 비판한다.[133] 그런 의미에서 회심에서 세계관의 변화는 단순히 (종교 옹호자의) 문화적 형식을 따르는 것이 아니라, 준거틀로서 세계관의 변화에 의거해 자생적으로 새로운 삶의 규칙과 신념 체계를 형성하는 것이어야 한다.

이 장에서는 20세기의 영향력 있는 선교학자들의 논의를 소개하며 타문화적 관점에서 기독교적 회심의 의미를 살펴보았다. 티펫이 주목한 것처럼, 타문화권에서의 회심이 문화와 세계관, 그리고 생활양식을 진지하게 다루고 깊이 뿌리내리지 못하고 질적 변화가 없이 이루어지면 그것은 오래 못가서 기독교로부터 집단적 이탈을 초래할 수도 있

---

132 Kraft, *Christianity in Culture*, 338.
133 Kraft, *Christianity in Culture*, 341-343.

다.[134] 회심의 과정과 언어는 그 자체로 중립적인 것이 아니라, 각 문화 안에 내포된 세계관과 인식의 틀 속에서 번역되고 상황화되어야 한다. 이러한 점을 염두에 두는 것은 자민족 중심의 회심 이해나 강요를 극복하는데 도움이 될 것이다. 또한 문화는 고착된 것이 아니라, 서로 상호작용을 통해서 역동적으로 변화하기 때문에 문화에 대한 감수성은 서로 배우고 새롭게 적응하는 겸손한 자세를 요구한다.

---

134 Alan Tippettt, "Conversion as a Dynamic Process in Christian Mission" *Missiology: An International Review*, Vo.5 (1977), 220.

결론

　본 연구는 종교적 회심의 과정에 대한 융합적 고찰을 시도하였다. 여기에는 종교 심리학, 종교 사회학, 종교 현상학을 통한 일반적 해석 이론들과 아울러, 성서적, 신학적, 실천적, 선교적 차원에서의 조명을 통한 신학적 해석까지 수반되었다. 종교적 회심은 여러 각도에서 조명될 수 있지만, 근본적으로는 인간의 정체성을 탐구하는 질문이라 할 수 있다. 기독교적 회심은 당연히 기독교인은 누구이며, 기독교가 말하는 인간은 어떠한 존재이고, 어떠한 존재여야 하는가 라는 질문에 답을 제공할 것이다. 기독교적 인간론의 기저에는 회심이 존재한다. 인간은 그리스도께로 회개하고 돌이킴으로 온전한 자기 정체성을 확립할 수 있기 때문이다.

　그렇다면 회심에 대한 연구는 제 분야들의 융합되고 다양한 관심사들이 복합적으로 작용하여 수행될 수 있지만, 그 결론은 인간의 자기 정체성에 대한 종교적 탐구라 할 수 있다. 기독교적 인간론이 회심이라는 경계를 설정한다는 것은 기독교만의 고유한 자기 정체성에 대한 이해가 존재하기 때문이다. 그것은 회심의 존재론이다. 회심은 기독교적 자아의 원천이 된다.

따라서 고든 스미스가 지적한 것처럼 기독교인과 교회의 영적 깊이와 성숙함이 결여된다면 그것은 회심에 관한 불문명한 이해에 기인할 가능성이 높다.[135] 회심은 초기적이지만, 온전한 회심의 요소들은 우리 평생에 영향을 줄 것이다. 그 평생의 회심 과정은 인간을 지속적으로 새롭게 형성하며, 인간으로 하여금 새로운 소명을 찾게 만들 것이다. 회심은 개인에게서도 장기간으로 경험되는 여정이지만, 또한 문화적, 시대적으로도 계속해서 새롭게 마주해야 하는 과제이다.

기존의 기독교적 회심에 대한 고정관념은 단순히 중생 경험의 사건과 관련된 경우가 많았다. 그러나 회심은 구원의 확신 이후에도 지속적으로 기독교적 부르심에 합당한 삶으로 이끄는 원동력이다. 그러한 의미에서 기독교적 회심은 체험 그 자체보다 내용과 결과적으로 나타난 인격적 형성이 중요하다. 회심은 하나님의 주권적 은혜로 위로부터 주어지는 구원의 선물에 대한 응답이지만, 이 응답이 온전한 차원에 이르기까지는 과정이 필요하다. 따라서 회심은 점진적으로 일어나더라도 변혁적이며, 수동적이면서도 능동적이다. 회심은 개인적이며 공동체적이며, 사적이면서 공적이다. 회심은 수동적이며 능동적이다. 또한 회심은 세상으로부터 물러나는 것이면서, 그리스도께로 나아가는 것이다. 회심은 끝이면서 시작이기도 하다. 회심은 최종적인 것이며 아직 완전

---

135 스미스, 『온전한 회심』, 295-296.

히 끝나지 않은 것이다. 회심은 기독교 신앙의 지속적인 성장과 성숙으로 부르는, 그래서 창조와 구원의 의도를 점점 풍성히 체험하고 구현하는 과정이다. 회심을 연구하는 것은 그리스도인 됨의 의미를, 기독교적 제자도, 그리고 나는 누구인가를 세심하게 발견하는 신선한 기회다.

참고문헌

김선일. "최근 회심자 연구". 「복음과 실천신학」 42 (2017): 48-82.
김성민. 『종교체험: 기독교 회심체험에 대한 연구』. 서울: 대한기독교서회, 2015.
김철홍. "바울의 소명의식과 복음 선포". 「신약연구」 38 (2015): 206-243.
박노권. "기독교 회심에 대한 심리-영적 이해". 「한국 기독교상담학회지」 13 (2007): 126-148.
박종석. "회심의 경험: 종교심리학적 조명". 「신학과 선교」 39 (2011): 87-116.
그린, 조엘. 『십자가와 구원의 문화적 이해』. 최요한 역. 서울: 죠이선교회, 2013.
로더, 제임스. 『신학적 관점에서 본 인간 발달』. 유명복 역. 서울: CLC, 2006.
버터필드, 로사리아. 『뜻밖의 회심』. 오세원 역. 서울: 아바서원, 2013.
벌코프, 루이스. 『조직신학』. 권수경 이상원 역. 서울: 크리스챤다이제스트, 2001.
소형근. "너는 돌아와 다시 야웨의 말씀을 청종하고(신30:8) - 구약성서에 나타난 이스라엘의 회심에 대한 고찰". 「구약논단」 17 (2011): 105-123.
웨버, 로버트. 『그리스도인 형성을 위한 기독교 사역론』. 안은찬 역. 서울:CLC, 2010.
제임스, 윌리엄. 『종교체험의 여러 모습들』. 김성민 정지련 역. 서울:대한기독교서회, 1998.
로더, 제임스. 『종교 체험과 삶의 변환』. 김성민 역. 서울: 한국신학연구소, 2006.
로이드-존스, 마틴. 『성령 하나님과 놀라운 구원 교리강좌 시리즈 2』 임범진 역. 서울: 부흥과 개혁사, 2007.
루이스, C. S. 『순전한 기독교』. 이종태 역. 서울: 홍성사, 2013.
릭스, 존. 『개혁주의 세례신학』 김상구 김태규 역. 서울: CLC, 2012.
베이커, 마크 · 조엘 그린. 『십자가와 구원의 문화적 이해』. 최요한 역. 서울: 조이선교회, 2013.
벨, 캐서린. 『의례의 이해: 의례를 보는 관점들과 의례의 차원들』. 류성민 역. 오산: 한신대학교 출판부, 2009.
불릿-조나스, 마가렛. "생태정의로의 회심". 전현식 역 「기독교사상」 82 (2011년 7월호): 82-89.
스미스, 고든. 『온전한 회심: 그 7가지 얼굴』. 임종원 역. 서울: CUP, 2012.
안신. "회심의 다양성과 회심학의 등장: 램보의 통합적 종교심리학을 중심으로". 「종교연구」 54 (2009): 269-296.
월리스, 짐. 『회심』 정모세 역. 서울: IVP, 2008.

월스, 앤드류. 『세계 기독교와 선교운동』 방연상 역. 서울: IVP, 2018.
에드워즈, 조나단. 『신앙감정론』. 정성욱 역. 서울: 부흥과개혁사, 2005.
_____. 『놀라운 회심의 이야기』 양낙흥 역. 서울: 크리스챤다이제스트, 2004.
이덕주. 『새로 쓴 개종 이야기』. 서울: 한국기독교역사연구소, 2003.
이용원. "선교적 관점에서 본 회심과 개종". 「선교와 신학」 9 (2002): 11-35.
전석원. "1884~1910년의 급성전염병에 대한 개신교 의료선교사업: 개항기 조선인의 질병관, 의료체계에 대한 계몽주의적 접근". 「한국기독교와 역사」 36 (2012): 16-21.
제임스, 윌리엄. 『종교체험의 여러 모습들』. 김성민/정지련 공역. 서울: 대한기독교서회, 1999.
조성돈 · 정재영. 『그들은 왜 가톨릭 교회로 갔을까?』. 서울: 예영, 2007.
크래프트, 찰스. 『기독교 문화인류학』. 이대헌 역. 서울: 기독교문서선교회, 2005.
터너, 빅터. 『의례의 과정』. 박근원 역. 서울: 한국심리치료연구소, 2005.
해그버그, 자넷 · 로버트 굴리히. 『더 깊은 믿음으로의 여정』. 변명혜 역. 서울: 디모데, 2008.
히버트, 폴. 『선교현장의 문화이해』 김영동 · 안영권 공역. 서울: 조이선교회, 1997.
정재영. "개종의 사회 문화적 요인." 「신학과 실천」 14 (2008), 217-244.
최재락, "회심과 자기 정체성 확립," 「신학과 실천」 31 (2012): 283-307.
크라이더, 알렌. 『회심의 변질』. 박삼종 외 역. 서울: 대장간, 2012.
피니, 존. 『새로운 복음전도가 온다』. 한화룡 역. 서울: 비아, 2014.
필폿, 켄트. 『진실로 회심했는가』 이용복 역. 서울: 규장, 2009.
황홍렬. "에큐메니칼 운동에서 본 한국 기독교의 회심과 변혁의 과제." 「선교와 신학」 (2016).

Abraham, William. *The Logic of Evangelism*. Grand Rapids: Eerdmans, 1989.

Allport, Gordon. *Individual and His Religion: A Psychological Interpretation*. New York: Macmillan, 1967.

Cooke, Bernard and Gary Macy, *Christian Symbol and Ritual*. New York: Oxford University Press, 2005.

Dodds, E. R. *Pagan and Christian in an Age of Anxiety: Some Aspects of Religious Experience from Marcus Aurelius to Constantine*. Cambridge: Cambridge University Press, 1965.

Drury, Amanda H. *Saying Is Believing*. IVP Academic, 2015.

Dyrness, Williamd and Veli-Matti K rkk inen. *Global Dictionary of Theology*. Downers Grove: IVP, 2008.

Ferguson, S. & D. Wright ed. *New Dictionary of Theology*. Downers Grove, ILL: IVP, 1988.

Finney, John. *Finding Faith Today: How Does it Happen?* London: Bible Society, 1996.

Fowler, James W. *Becoming Adult Becoming Christian: Adult Development & Christian Faith*. Jossey Bass, 2000.

Gaventa, Beverly R. *From Darkness to Light: Aspects of Conversion in the New Testament*. Minneapolis: Fortress, 1986.

Georges, Jayson Georges and Mark D. Baker. *Ministering in Honor-Shame Cultures*. Downers Grove: IVP, 2016.

Grenz, Stanley. *Theology for the Community of Go*d. Nashville: B&H Publisher, 1994.

Gooren, Henri. *Religious Conversion and Disaffiliation: Tracing Patterns of Change in Faith Practices*. New York: Palgrave Macmillan, 2010.

Guder, Darrel. *The Continuing Conversion of the Church*. Grand Rapids: Eerdmans, 2000.

Haggerty, Father Donald. *Conversion: Spiritual Insights Into An Essential Encounter With God*. San Francisco: Ignatius Press, 2017.

Helminiak, Daniel A. *Spiritual Development: An Interdisciplinary Study*. Chicago: London University Press, 1987.

Hiebert, Paul. *Transforming Worldviews: An Anthropological Understanding Of How People Change*. Grand Rapids: Baker Academic, 2008.

Hood, Ralph W. Jr. et al, *The Psychology of Religion*. New York: Guilford, 2009.

Jones, Scott. *The Evangelistic Love of God and Neighbor: A Theology of Witness and Discipleship*. Nashville: Abingdon, 2003.

Kallenberg, Brad. *Live to Tell: Evangelism for a Postmodern Age*. Grand Rapids: Brazos, 2002.

Kerr, Hugh & John Mulder. *Famous Conversions: The Christian Experience*. Grad Rapids: Eerdmans, 1994.

Kraft, Charles. *Christianity in Culture: A Study in Dynamic Biblical Theologizing in Cross-Cultural Perspective*. Maryknoll, NY: Orbis, 1979.

Kreider, Alan. *The Change of Conversion and the Origin of Christendom*. Valley Forge, PA: Trinity Press International, 1999.

Lamb, Christopher & M. Darrol Bryant ed. *Religious Conversion: Contemporary Practices and Controversies*. New York: Cassell, 1999.

Lofland, John and Stark, Rodney. "Becoming a World-Saver: A Theory of Conversion to a Deviant Perspective." *American Sociological Review* 30 (1965): 862-75.

Long, Thomas. *Talking Ourselves into Being Christian*. Jossey-Bass, 2004.

Markham, Paul. *Reweired: Exploring Religious Conversion*. Eugene. OR: Pickwick, 2007.

McKnight, Scot. *Turning to Jesus: The Sociology of Conversion in the Gospels*. Louisville, KY: Westminster John Knox, 2002.

Nock, Authur. D. *Conversion: The Old and the New in Religion from Alexander the Great to Augustine of Hippo*. New York: Oxford University Press, 1933.

Peace, Richard. *Conversion in the New Testament*. Grand Rapids: Eerdmans, 1999.

Rambo, Lewis R. "Bibliography: Current Research on Religious Conversion." *Religious Studies Review* 8 (1982): 158-9.

_____. *Understanding Religious Conversion*. New Haven/London: Yale University Press, 1993.

_____. "Conversion: Toward a Holistic Model of Religious Change." *Pastoral Psychology* 38 (1989): 47-63.

Rambo, Lewis & Charles E. Farhadian. *The Oxford Handbook of Religious Conversion*. New York: Oxford University Press, 2014.

Richardson, James T. "The Active vs. Passive Convert: Paradigm Conflict in Conversion/Recruitment Research." *Journal for the Scientific Study of Religion* 24 (1985): 164-66.

Smith, Gordon T. *Beginning Well: Christian Conversion & Authentic Transformation*. Downers Grove: IVP, 2001.

Snow, David A. and Machalek, Richard. "The Sociology of Conversion." *Annual Review of Sociology* 10 (1984): 167-190.

Stark, Rodney. *The Rise of Christianity*. New York: HarperSanFrancisco, 1994.

_____. *Cities of God: The Real Story of How Christianity Became an Urban Movement and Conquered Rome*. New York: HarperOne, 2006.

Stark, Rodney & Roger Finke. *Acts of Faith*. Berkley: University of California Press, 2000.

Stone, Bryan. *Evangelism After Christendom*. Grand Rapids: Brazos, 2007.

_____. *Finding Faith Today*. Eugene: Casade Books, 2018.

Thompson, Curt. *The Soul of Shame: Retelling the Stories We Believe about Ourselves*. Downers Grove, ILL: IVP, 2015.

Tippettt, Alan. "Conversion as a Dynamic Process in Christian Mission." *Missiology: An International Review*, Vo.5 (1977): 203-221.

Ullman, Chana ed. *The Transformed Self: The Psychology of Religious Conversion*. New York: Springer Science+Business Media, 1989.

Wallace, Anthony F. C. "Revitalization Movements," *American Anthropologist* 58 (1956): 264-281.

Williams, D. H. *Evangelicals and Tradition: The Formative Influence of the Early Church*. Grand Rapids: Baker, 2005.